Oksana Havryliv

Nur ein Depp würde dieses Buch nicht kaufen

Oksana Havryliv

Nur ein Depp würde dieses Buch nicht kaufen

Wirklich ALLES über das Schimpfen, Beschimpfen, Fluchen und Verwünschen

KOMPLETTMEDIA

Klimaneutral
Druckprodukt
ClimatePartner.com/12360-2008-1003

FSC® MIX Paper from responsible sources FSC® C100431

Originalausgabe
1. Auflage 2023
Verlag Komplett-Media GmbH
2023, München
www.komplett-media.de

ISBN: 978-3-8312-0625-4
Auch als E-Book erhältlich

Korrektorat: Novokolorit, Berlin
Umschlaggestaltung: FAVORITBUERO, München
Satz: Daniel Förster, Belgern
Druck & Bindung: MultiPrint Ltd.,10A Slavyanska str., 2230 Kostinbrod, Bulgaria

Gedruckt in der EU

Dieses Werk sowie alle darin enthaltenen Beiträge und Abbildungen sind urheberrechtlich geschützt. Jede Verwertung, die nicht ausdrücklich vom Urheberrecht zugelassen ist, bedarf der vorherigen schriftlichen Zustimmung des Verlags. Das gilt insbesondere für Vervielfältigungen, Bearbeitungen, Übersetzungen, Mikroverfilmungen und die Speicherung und Verarbeitung in elektronischen Systemen sowie für das Recht der öffentlichen Zugänglichmachung.

INHALT

VORWORT ODER: DER LANGE WEG ZU DIESEM BUCH 7

SCHMUTZIGE WÖRTER? NEIN – SCHMUTZIGE VORSTELLUNGEN! 13

SCHIMPFEN IST NICHT GLEICH SCHIMPFEN 21

WAS IST EIN SCHIMPFWORT? 32

WER IST EIN ARSCHLOCH? 39

IN DER SCHIMPFWÖRTER-WERKSTATT 45

SCHIMPFEN OHNE SCHIMPFWÖRTER 56

DIE ÜBERZEUGENDE KRAFT DER VULGARISMEN 64

BESTIE, ICH HAB DICH GERN! SCHIMPFWORT ALS KOSEWORT? 70

VERDAMMTE SCHEISSE! ODER: WIE FLUCHEN WIR 76

ARSCHLOCH! TROTTEL! IDIOT! ODER: WIE BESCHIMPFEN WIR 82

GEH IN ARSCH – DA HAST DU'S NICHT WEIT! ÜBER AGGRESSIVES AUFFORDERN 89

ICH MACH DICH PLATT WIE KEBAB! ODER: WIE DROHEN WIR	94
DIE ENTE SOLL DIR EINEN TRITT GEBEN! DIE KREATIVITÄT DES VERWÜNSCHENS	101
HINTER JEMANDES RÜCKEN SCHIMPFEN? EINE GAR NICHT SO ÜBLE IDEE	112
WARUM SCHIMPFEN WIR?	119
SCHIMPFWÖRTER GEHÖREN ZUR KINDHEIT	132
FUCK YOU, DIGGER! SCHIMPFEN UND TEENAGER	142
WARUM SCHIMPFEN WIR, WIE WIR SCHIMPFEN? ÜBER DIE SCHIMPFKULTUREN	155
WENN EIN SCHWANZ ZUM ARSCHLOCH WIRD: METAMORPHOSEN BEIM ÜBERSETZEN VON SCHIMPFWÖRTERN	167
WIE SCHIMPFEN FRAUEN? WIE SCHIMPFEN MÄNNER?	178
SELBER ARSCHLOCH! WAHRNEHMUNG VON UND REAKTIONEN AUF BESCHIMPFUNGEN	190
BIN ICH NOCH AGGRESSIV ODER SCHON GEWALTTÄTIG?	201
DANKSAGUNG	213
PRIMÄRLITERATUR	215
SEKUNDÄRLITERATUR	218

VORWORT ODER:
DER LANGE WEG ZU DIESEM BUCH

Liebe Leserin, lieber Leser,
    raten Sie mal, welche Frage mir als Sprachwissenschaftlerin, die sich mit den Schimpfwörtern und dem Schimpfen beschäftigt, am häufigsten gestellt wird. Nicht nach den häufigsten Schimpfwörtern, nicht nach den Ursachen des Schimpfens sowie Besonderheiten verbaler Aggression bei Frauen und Männern (obwohl diese Fragen meist im Anschluss folgen). Nein, am häufigsten wird mir die Frage gestellt, die wahrscheinlich auch bei Ihnen aufgekommen ist: Warum habe ich ausgerechnet dieses Forschungsthema gewählt? Mit einer Antwort auf diese Frage möchte ich auch mein Buch beginnen.
    1994 kam ich, als frisch gebackene Germanistik-Absolventin, aus der Ukraine im Rahmen eines Austauschprogramms nach Wien. Damals war ich auf der Suche nach einem interessanten Thema für die Doktorarbeit, für das ich zwei Kriterien hatte: Es sollte unerforscht und lebensnah sein. Eines lauen Sommerabends saßen wir, junge NachwuchswissenschaftlerInnen aus aller Welt, beim Heurigen[1]. Als ich in die Runde meine Frage nach dem möglichen Forschungsthema stellte, war die Stimmung schon ziemlich ausge-

---

1 Heuriger (von »heuer« – österreichisch »dieses Jahr«) hat zwei Bedeutungen: 1. Junger Wein; 2. Lokal, in dem Wein ausgeschenkt und es auch traditionelle Speisen gibt.

lassen, und so kam der nicht ganz ernstgemeinte Tipp, doch über Schimpfwörter zu forschen. Alle haben gelacht, aber ich dachte mir: »Warum eigentlich nicht? Es entspricht doch genau meinem Anforderungsprofil.« In der heiteren Heuriger-Atmosphäre klang das Thema wahnsinnig interessant, im wissenschaftlichen Alltag erwies es sich aber als eine echte Herausforderung. Ich habe mich dieser tapfer und erfolgreich gestellt, promovierte über die Schimpfwörter am Beispiel moderner deutschsprachiger Literatur, leitete größere und kleinere Forschungsprojekte, publizierte fast hundert wissenschaftliche Beiträge zum Thema, schrieb drei Bücher und gab sogar das *Deutsch-Ukrainische Schimpfwörterbuch* heraus.

Irgendwann spürte ich, dass der akademische Rahmen für mich zu eng ist und ich meine Forschungsergebnisse und Erkenntnisse nicht nur mit KollegInnen, sondern auch mit der breiten Öffentlichkeit teilen wollte. Die zahlreichen Interview-Anfragen von Massenmedien und die Einladungen zu öffentlichen Vorträgen haben mich in diesem Vorhaben bestärkt.

Da verbale Aggressionen im sozialen Umfeld von Schulen leider allgegenwärtig sind, folgten wissenschaftskommunikative Aktivitäten mit SchülerInnen und Lehrenden sowie ein Lehrgang für Lehramtsstudierende an der Universität Wien, der sie auf die bevorstehenden Herausforderungen im schulischen Alltag vorbereiten sollte.

In diesem Kontext kam die Anfrage des Komplett-Media Verlags, ein populärwissenschaftliches unterhaltsames Buch über das Schimpfen zu schreiben, sehr gelegen. Denn auf diesem Weg bekam ich die Möglichkeit, mein im Laufe von drei Jahrzehnten erworbenes Wissen an einen so hoffentlich doch sehr breiten LeserInnenkreis weiterzugeben.

So habe ich am 23. Februar 2022 den Vertrag unterschrieben und wollte ihn zur Post bringen. Aber es war bereits dunkel, kalt, und es setzte Nieselregen ein. Deshalb habe ich es auf den nächsten Tag verschoben, an dem aber nichts mehr wie vorher war… Denn im Morgengrauen des 24. Februar 2022 begann russland[2] mit den Bombardierungen mehrerer friedlicher ukrainischer Städte einen breitangelegten Angriff auf mein Heimatland. In Sorge um Eltern, FreundInnen und Verwandte, um das Schicksal des Landes, fassungslos angesichts der Grausamkeit der vorrückenden Truppen, wurde mir klar, dass ich nicht im Stande sein werde, ein Buch in diesem Format zu schreiben. So habe ich die gerade begonnene Arbeit unterbrochen und konnte mich nur noch mit dem Thema Sprache und Krieg beschäftigen, dessen Aspekte auch in dieses Buch hier und da eingeflossen sind.

Erst nach einem halben Jahr habe ich mir gesagt: »Wenn deine KollegInnen in der Ukraine in Bunkern unterrichten und ihre wissenschaftlichen Beiträge schreiben sowie zwischen den Luftalarmen Tagungen organisieren, dann kannst du in sicherer Umgebung umso mehr an deinem Buch arbeiten. Reiß dich also zusammen, beginne mit dem Schreiben und setze damit das Zeichen, dass *der beschissene Terrorstaat* mit seinem *wahnsinnigen Zwerg* an der Spitze dich daran nicht hindern kann.« So habe ich im Herbst 2022 die Arbeit am Buch aufgenommen, und der Schreibprozess wurde für mich zu einer Form des Widerstands gegen den Aggressor.

Die gerade gefallenen Beschimpfungen kommen aus den sozialen Medien und sind von mir aus dem Ukrainischen übersetzt worden. Sonst entstammen die meisten Schimpfwörter, Flüche und Beispiele anderer Formen verbaler Aggression schriftlichen und mündlichen Umfragen, die ich im Laufe meiner wissenschaftlichen

---

2 Hier und weiter wird bei *russland* und *weißrussland* sowie bei den Namen *putin* und *lukaschenko* Kleinschreibung verwendet. Die Kleinschreibung ist ein Solidaritätszeichen mit UkrainerInnen, die diese Wörter seit dem russischen Angriff klein schreiben, und entspricht der ukrainischen orthografischen Regel, laut der Namen von Personen, die missachtet werden, kleingeschrieben werden. Was die Ländernamen anbetrifft, gibt es in der ukrainischen Rechtschreibung keine solche Regel; die Sprachwissenschaft hält es aber in der aktuellen Situation für möglich, die vorherige Regel auch hinsichtlich der Ländernamen anzuwenden. https://1plus1.ua/snidanok-z-1-1/novyny/ci-isnue-pravilo-ake-dozvolae-pisati-rosia-z-malenkoi-bukvi-poasniv-movoznavec-oleksandr-avramenko [Zugriff am: 27.07.2023].

Arbeit mit WienerInnen durchgeführt habe. Insgesamt habe ich 700 Personen befragt, davon 72 in mündlichen Intensivinterviews.[3] Die befragten Personen gehörten verschiedenen Bildungs- und Altersgruppen an, Männer und Frauen sind gleichermaßen vertreten. Viele Wörter und Ausdrücke habe ich dabei eingedeutscht, weil sie für das ganze deutschsprachige Gebiet gelten: *Oasch (Arsch), Leck mi am Oasch (Leck mich am Arsch), Oaschloch (Arschloch)* und so weiter. Dasselbe betrifft auch andere Wörter wie die Personalpronomen: *da – dir, di – dich, i – ich, mi – mich*. Die für das Österreichische Deutsch beziehungsweise Wienerische typischen Wörter und Wendungen, die gegebenenfalls nicht sofort verständlich sind, habe ich zusätzlich erläutert.

Ich höre oft den Einwand: »Aber die Belege stammen nicht aus realen Konfliktsituationen, sondern aus den Umfragen, wenn die Personen in einer ruhigen Atmosphäre über ihr aggressives Verhalten reflektieren«. Diese Tatsache war mir natürlich bewusst, und ich stellte die Hypothese auf, dass es im Affektzustand kaum Zeit zum Kreieren ausgefallener Schimpfwörter gibt und deshalb spontan auf die häufigsten Wörter und vorgefertigten Muster zurückgegriffen wird, die auch bei Umfragen als Erste angeführt werden. Und tatsächlich konnte ich beobachten, wie die Befragten auf die Frage nach Schimpfwörtern, die sie gebrauchen, ohne Zögern *Scheiße – Arschloch – Trottel – Idiot* nannten, um dann nach einer Pause fortzusetzen. In den Fragebögen wurden dieselben Wörter dann zuvorderst notiert. Die Beobachtung realer Konfliktsituationen im öffentlichen Raum hat meine Hypothese ebenfalls bestätigt. Auch am Beispiel erschütternder Ereignisse wie Terroranschläge und Amokläufe sehen wir an Reaktionen von ZeugInnen, dass ihnen im Zuge von Fassungslosigkeit und Ohnmacht die einfachen und gebräuchlichsten Schimpfwörter rausrutschen. So lautet der Spruch des Jahres 2020 in

---

3 Die Umfragen erfolgten im Rahmen der vom Wissenschaftsfonds FWF geförderten Projekte.

Österreich *Schleich di, du Oaschloch!*, aufgenommen beim Filmen des Terroranschlags in Wien am 2. November 2020, der laut meinen Studien das häufigste Schimpfwort *Arschloch* und die häufigste aggressive Aufforderung *Schleich di* enthält. Dasselbe können wir in einem von einem Zeugen des Amoklaufs in München am 22. Juli 2016 gefilmten Video konstatieren: Während der Täter auf dem Parkdeck des Münchner Olympia-Einkaufszentrums herumläuft, wird er von der angrenzenden Wohnanlage mehrmals als *Arschloch* sowie mit anderen häufigen Schimpfwörtern wie *Wichser* und *Vollidiot* beschimpft.[4]

Daher mein Tipp: Legen Sie sich ein Vorrat an harmlosen Schimpfwörtern und Schimpfkonstruktionen an, die Sie vorher ausprobieren, einüben und dann in einer ärgerlichen Situation spontan anwenden können.

Die geführten Interviews hatten übrigens auch positive Aspekte für Befragte selbst. So schreiben viele dem personenbezogenen Schimpfen spontan beleidigende Absicht zu. Erst durch Selbstreflexion wird den Leuten bewusst, dass sie die beschimpften Personen eigentlich nicht beleidigen, sondern sie in expressiver Form auf einen Missstand aufmerksam machen, eine Verhaltensänderung erzielen oder nur ihre negativen Emotionen abreagieren wollen. Die nächste Erkenntnis ist dann, zukünftig auf starke persönliche beleidigende Ausdrücke und Phrasen zu verzichten und stattdessen beispielsweise situations- oder sachbezogen zu schimpfen. Im konkreten Beispiel könnte es dann statt *Du, faules Aas, solltest mir noch letzte Woche den Bericht abgegeben haben!* heißen *Verdammt noch mal, du solltest mir noch letzte Woche den Bericht abgegeben haben!* Natürlich ist das immer noch nicht die feine englische Art, und es wäre besser, ein konstruktives Gespräch zu führen, aber wenn es schon das Schimpfen sein muss, so wird auf diese Weise wenigstens nicht die andere Person unmittelbar angegriffen, es wird ihr aber klar, dass die Situation ernst ist und sie etwas tun muss.

---

4 https://www.youtube.com/watch?v=ASZFfICWId4 [Zugriff am: 17.07.2023].

Neben den Umfragen enthält das Buch auch Belege aus literarischen Texten und den Medien. Der Hauptakzent liegt hierbei auf den Schimpfwörtern und Schimpfausdrücken im Deutschen, doch es werden auch Beispiele aus den anderen Sprachen angeführt, so auch aus meiner Muttersprache, dem Ukrainischen. Außerdem lasse ich Sie an meinen privaten Erfahrungen und witzigen Situationen teilhaben, die mit den Schimpfwörtern verbunden sind.

Das Buch bietet ein komplexes Bild von verbaler Aggression, ihren Realisierungsformen und dem Vokabular, den Funktionen und Besonderheiten je nach Gruppe oder kultureller Herkunft. Manche Aspekte, wie Cybergewalt oder die juristische Dimension, konnten aus Platzgründen nur angerissen werden.

Die Beschäftigung mit den Themen, die als »unappetitlich« gelten, verlangt nach einem Ausgleich mit den schönen Dingen im Leben. Für mich ist es die Natur: So fand ich beim Nordic Walking, Beobachten von Vögeln und Fotografieren Ruhe und Inspiration. Doch selbst das half nicht immer. Dann flüchtete ich mich in die Hausarbeit und erkannte, dass verstopfte Rohre zu reinigen nicht nur die Abflüsse frei, sondern auch neuen Gedanken Platz machte. Irgendwann war das Buch fertig und meine Fenster und Abflüsse so sauber wie noch nie.

Im Verlauf der Arbeit kamen ab und zu auch die Ängste, die alle Eltern unter Ihnen wahrscheinlich kennen: »Was wird aus meinem Kind, wenn mir etwas zustößt?« Als ich dann am Tag nach der Textabgabe über ein Hindernis stolperte, war mein erster Gedanke: »Wenn mir jetzt etwas passiert, wird das Buch trotzdem erscheinen!« Mir ist nichts passiert, und nun schicke ich mein »Kind« in die weite Welt hinaus. Ich hoffe, Sie werden beim Lesen nicht nur Spaß haben und Neues über dieses allgegenwärtige Phänomen – das Schimpfen – erfahren, sondern sich vielleicht auch einmal kritisch hinterfragen, wie Sie es so mit dem Schimpfen halten, und gegebenenfalls Ihre Wortwahl überdenken. Damit wäre ein weiterer Schritt in Richtung gewaltfreier Kommunikation getan.

SCHMUTZIGE WÖRTER?
NEIN – SCHMUTZIGE VORSTELLUNGEN!

> *An sich sind alle Wörter rein und unschuldig,*
> *sie gewannen erst dadurch Zweideutigkeit,*
> *daß sie der Sprachgebrauch halb von der Seite*
> *ansieht und verdreht.*
>
> (Gebrüder Grimm. *Deutsches Wörterbuch*)

Schimpfwörter werden in vielen Sprachen auch als schlechte, schmutzige, hässliche Wörter bezeichnet: »bad words« und »κακές λέξεις«/»kakes leksis« im Englischen und Griechischen, hässliche Wörter – im Kroatischen, Polnischen und Tschechischen (»ružne riječi«, »brzydkie slowa« »ošklivá slova«), grobe Wörter (»les gros mots«) im Französischen, »schamlose Wörter« (»сороміцькі слова«/»soromiz'ki slowa«) im Ukrainischen, »unanständige Wörter« im Slowakischen (»neslušné slová«) und Russischen (»непристойные слова«/»nepristojnyje slowa«) und so weiter. Doch können Wörter überhaupt schlimm und schmutzig sein? Die Antwort lautet: Nein, das Negative steckt nicht im Wort selbst; Wörter sind – wie es auch im Epigraf zu diesem Kapitel steht – »rein und unschuldig.« Und auch nicht in Sachverhalten oder Personen, die sie bezeichnen, sondern in unseren Köpfen, in den gesellschaftlichen und persönlichen Ansichten diesen Sachverhalten oder Personen gegenüber. Dies ist insbesondere bei den Euphemismen (Ersatzwörtern) sichtbar: Wenn sich keine Veränderungen in gesellschaftlichen Ansichten bezüglich bestimmter Personengruppen vollziehen, wird sich jedes neue beschönigende Wort automatisch von dieser negativen Ansicht negativ aufladen und Ersatz brauchen – ein Prozess, der in der Sprachwissenschaft als »Euphemismus-Tretmühle« bekannt ist:

Krüppel – Invalide – der/die Behinderte – gehandicapt – disabled.

Der verhüllende Effekt wird auch dadurch verstärkt, dass auf fremdsprachige Wörter zurückgegriffen wird.

Einige ältere WienerInnen, die ich im Rahmen meiner Forschungsprojekte interviewt habe, erinnerten sich an das Wien der Nachkriegszeit, als an den Häuserwänden oft das Wort *FUT* (in Österreich vulgäre Bezeichnung der Vulva sowie universale, sehr abwertende Bezeichnung für eine Frau, gleich stark wie in Deutschland *Fotze*) geschmiert wurde. Die HausbesorgerInnen fanden einen Weg, dieses unanständige Wort hinter dem neutralen zu verstecken: sie Veränderten den ersten Buchstaben und fügten am Ende das »O« hinzu – das Ergebnis wurde das neutrale Wort *AUTO*. Doch alle, die dieses Wort sahen, wussten, welches vulgäre Wort es verhüllte, und schon allein Gedanke daran trieb vielen Schamesröte ins Gesicht. Nach einiger Zeit wurde deshalb auch das neutrale »Auto« auf den Häuserfassaden als unanständig wahrgenommen.

In Deutschland ist das Schimpfwort *Fut* dagegen Vielen unbekannt. Eine österreichische Freundin erzählte mir, von einer deutschen Firma eine Mail mit dem Betreff »FUT« erhalten zu haben – eine Abkürzung der ersten Buchstaben der Firmeneigentümer. Als sie den deutschen Kollegen kontaktierte und es ihm diplomatisch erklärte, brach er in ein hysterisches Gelächter aus. In Bairisch-Österreichischen Dialekten hat *Fotzn* wiederum eine eher neutrale Bedeutung: »Mund«, »Schnauze« (bei Tieren) oder »Ohrfeige«, die sich auch als Teil neutraler zusammengesetzter Wörter wie *hinterfotzig* (»hinterlistig«) und *Fotzenhobel* (»Mundharmonika«) wiederfinden. Viele ÖsterreicherInnen der älteren Generation kennen das Wort *Fotze* als Bezeichnung für die Vulva gar nicht, mit diesem Stamm verbinden sie nur Wörter und Wendungen wie *Fotz* (»Mund«), *an Fotz ziagn* (»das Gesicht abfällig verziehen«, »einen Flunsch ziehen«), *die Fotzen* (»Ohrfeige«) oder *Fotzerl* (»Gesichtchen«). Sogar eine dreißigjährige Frau hat mir erzählt, erst mit dreiundzwanzig erfahren zu haben, worum es sich bei dem Begriff »Fotze« handelt, der in der Schule überall an die Wände geschmiert wurde.

Auch das Wort *pissen* wird von ÖsterreicherInnen als nicht so vulgär im Vergleich zum einheimischen *brunzen* wahrgenommen. Robert Sedlaczek, der Autor einer Reihe von Wörterbüchern zum österreichischen Deutsch sowie unanständigen Wörtern, erinnert sich (2014: 6) an die Verwunderung seiner deutschen Bekannten, als sie die von der Stadt Wien auf Hundespielplätzen eingerichteten Hundeklos in Form von Autoreifen mit der Aufschrift *Pissringe* sah.

Dass das Obszöne nicht am Schimpfwortkörper haftet, lässt sich sehr gut am Beispiel der sprachlichen Erscheinung erklären, die als zwischensprachliche Homonymie bekannt ist. Als *Homonyme* (griechisch »mit gleichem Namen«) werden Wörter bezeichnet, die gleich klingen und aussehen beziehungsweise nur gleich klingen (Untergruppe »Homophone«) oder nur gleich aussehen (Untergruppe »Homographe«), aber Verschiedenes bedeuten. Homonyme können wir sowohl auf der Ebene einer Sprache (zum Beispiel »die Bank« zur Bezeichnung der Sitzgelegenheit und des Geldinstituts) als auch verschiedener Sprachen beobachten. Im zweiten Fall haben wir es mit der zwischensprachlichen Homonymie zu tun. Sie können sich sicherlich an einige Situationen in Ihrem Leben erinnern, als Sie bei einem fremdsprachigen Wort peinlich berührt waren, weil dieses Wort mit einem Schimpfwort in Ihrer Muttersprache identisch war. So erinnert der Ausruf *Hui!*, besonders wenn er stärker eingehaucht ausgesprochen wird, viele Leute mit slawischen Muttersprachen an das sehr vulgäre Wort zur Bezeichnung des männlichen Gliedes (*chuj* im Polnischen, Slowakischen und Tschechischen, *хуй/chuj* im Ukrainischen und Russischen). Ich muss bei diesem Ausruf immer daran denken, wie ich mit meinem Papa, als er mich in Wien zum ersten Mal besuchte, an einem Kinderspielplatz vorbeiging, wo eine Mutter ihr Baby schaukelte und immer wieder *HUI! HUI! HUI!* ausrief. Sie können sich sicher vorstellen, was für große Augen mein Vater machte. Auch *Hui, Hui, Hui* auf dem Werbeplakat eines österreichischen Mobilnetzanbieters, die Aufschriften auf Wiener Mülleimern *Drinnen hui, daneben pfui*, die Mitteilungen des Tierparks Schönbrunn über den (leider schon verstorbenen) Pandabär *Long Hui* oder der Name des Schlossgespenstes *Hui Buh* – der Hauptfigur einer deutschen Hörspielreihe und eines Films – lassen mich immer schmunzeln. Noch ein Beispiel: Der deutsche lautmalerische Ausdruck *Blabla* für sinnloses Gerede ist mit dem Ersatzwort *бля/blja* des derben Wortes *блядь/bljad'* (russisch »Hure«) gleichklingend, das bereits ebenfalls als unanständig gilt. Dieses Wort kommt in den Liedtexten von Deutschrappern wie *Capital Bra* häufig vor – ob in seiner wörtlichen Bedeutung »Hure«, bedeutungsentleert als Ausruf (sinngemäß dem deutschen *Scheiße!*) oder gar als Pausenfüller im Gespräch.

Da viele österreichische Nachnamen von slawischen Sprachen beeinflusst sind, sind auch hier witzige Zusammenfälle vorprogrammiert. Von vielen Beispielen, die mir im Wiener Alltag begegnen, erwähne ich nur diejenigen, bei denen die Nachnamen, zum Buchthema passend, negative Assoziationen wecken, etwa wenn ich an Immobilienfirma *Chalupa* vorbeigehe (das Wort bedeutet im Ukrainischen (*халупа*) und Polnischen (*chałupa*) »arme Hütte«) oder Lastwagen mit dem Firmenlogo *Pisdulka* begegne (das auf Kroatisch, Serbisch, Slowakisch, Slowenisch, Polnisch, Ukrainisch und Russisch wie ein derb vulgärer Diminutiv des weiblichen Geschlechtsorgans klingt (von *pizda/pisda, пизда, пизда* – »Fotze«) – vergleichbar mit dem deutschen »Fötzchen«). Zwischensprachliche Homonyme werden umgangssprachlich zu Recht auch als »falsche Freunde« bezeichnet, denn sie können oft irreführen und lustige Situationen verursachen. Insbesondere im Geschäftsbereich sollte die Möglichkeit anderer, nicht gerade vorteilhafter Bedeutungen eines Wortes in anderen Sprachen in Betracht gezogen werden. Die nächsten Beispiele zeigen, wie ein Markenname im Kontext einer anderen Sprache zum Gespött werden kann: Ich erinnere mich, wie wir uns zu meiner Studienzeit bei Partys mit »Bitte gib mir ein Glas Erbrochenes« amüsierten. Und nein, wir waren nicht sturzbetrunken, sondern das Mineralwasser der Marke *Blue Water* hat einfach lautliche Ähnlichkeit mit *блювота/bljuwota* (ukrainisch »das Erbrochene«). Übrigens können sich auch beim Zuprosten in der interkulturellen Bier- oder Weinrunde Gefahren verstecken: italienisch *cincin!* klingt im Japanischen wie ein Schimpfwort (ちんちん – »Pimmel«), genauso wie das deutsche *Prost!* im Rumänischen »dumm« bedeutet.

Zu den Markennamen: Was könnte der Hersteller in solchen Fällen tun? Ganz einfach – einen anderen Namen kreieren, wie es Mitsubishi gemacht hat: So heißt der *Mitsubishi Pajero* in Spanien *Mitsubishi Montero,* da *pajero* im Spanischen die Bedeutung »Wichser« hat. Einen anderen Namen müsste sich für den bulgarischen und ukrainischen Markt auch der französische Kosmetikhersteller *Laino* ausdenken, weil das gleichklingende Wort (*лайно/lajno*) in diesen Sprachen »Scheiße« bedeutet... Sollte auch der slowenische Wickelkommodenhersteller *Sraka* in die Ukraine expandieren, müsste er unbedingt im Firmennamen einen Vokal hinzufügen und einen verändern, denn so ähnlich die slawischen Sprachen auch sein mögen, so viele Missverständnisse diese Ähnlichkeit auch verursachen kann: im Slowenischen bedeutet *sraka* »die Elster«, im Ukrainischen dagegen »der Arsch«

(*срака*). Damit das Wort dieselbe Bedeutung wie im Slowenischen erhält, müsste es zu *Soroka* (*сорока* – ukrainisch »Elster«) umgewandelt werden.

Auch im Rahmen einer Sprache kann es passieren, dass ein Produktname oder Werbeslogan einer Veränderung bedarf. So beobachte ich am Beispiel des Ukrainischen, dass im Kriegsalltag die übertragene Bedeutung von Kriegsmetaphern wie *jemanden mit Fragen bombardieren* oder *Das ist Bombe!/bombastisch* in den Hintergrund tritt, da diese Wörter momentan in der direkten Bedeutung gebraucht und negativ wahrgenommen werden. Ausgehend von diesen bedeutungsverändernden Prozessen wäre es sinnvoll, Werbeslogans wie jener von Colgate *вибухова свіжість* (»explosive Frische«)[5] oder den Namen des Elektronik-Supermarktes *Бомба/Bomba* (»Bombe«) umzuformulieren beziehungsweise umzubenennen. Neulich erzählte mir meine Freundin von einem Vorfall: Sie fuhr in Lwiw (Lemberg) in einem Bus, an dessen Endstation sich der besagte Supermarkt befindet. Als der Fahrer an der Endstation *Bombe. Alle aussteigen!* in die Sprechanlage brüllte, hat das nicht-einheimische Fahrgäste zu Tode erschreckt.

Zurückkehrend zu den Missverständnissen aufgrund der Ähnlichkeit slawischer Sprachen fällt mir eine vermasselte romantische Geschichte ein, die einer Bekannten von mir passierte und die sprichwörtlich in die Hose ging: Bei einem der ersten Dates wollte ihr künftiger Mann, ein Pole, seine Gefühle in poetisch-musikalischer Form äußern, indem er ein polnisches Liebeslied sang, wo immer wieder die Worte *Do Twojego serca pukam: puk p*uk (»Ich klopfe an Dein Herz: klopf klopf«) vorkommen. Ihm war es ein Rätsel, warum die von ihm Angebetete offensichtlich ständig ein Lachen unterdrückte. Die Erklärung: Das polnische *pukać* wie auch das lautmalende *puk puk* fürs Klopfen ähneln den ukrainischen

---

[5] https://www.colgate.com.ua/products/toothpaste/colgate-zero-spearmint [Zugriff am: 28.08.2023].

пукати/pukaty für »Darmwind ablassen« und dem entsprechenden lautmalerischen *пук-пук/puk-puk*, weshalb die im Polnischen romantische Liedzeile für ukrainische Ohren so viel bedeutet wie: *Ich furze in dein Herz: furz furz*.

Missverständnisse können auch auf Grund der Ähnlichkeit vom polnischen *szukać* und ukrainischem *шукати/šukaty* (»suchen«) und dem tschechischen *šukat* sowie slowakischem *šukať* (»ficken«) entstehen. Das bosnische/kroatische/serbische *majka* (»Mutter«) bedeutet im Ukrainischen »Unterhemd« (майка/*majka*), deshalb klingt der in diesen Sprachen häufige Fluch *Jebem ti majku* (»Ich ficke deine Mutter«) für UkrainerInnen wie »Ich ficke dein Unterhemd«. Auch die im Bosnischen, Kroatischen und Serbischen derbe Bezeichnung *pička* (»Fotze«) ist im Ukrainischen ein neutrales Wort – »Ofen« (*нічка*).

Auf Reisen kann es passieren, dass uns ein Ortsschild begegnet, das an ein obszönes Wort erinnert. Das oberösterreichische *Fucking* hatte lästige TouristInnen (ganze Busladungen englischsprachiger reisten nur wegen des Fotos an), Scherze in sozialen Medien und Diebe von Ortschildern so satt, dass es sich 2021 in *Fugging* (nach alter Schreibweise des Dorfes) umbenannte. Mich hat einmal die Ortstafel des spanischen *Los Yébenes* aus dem Auto aussteigen und ein Foto machen lassen, da es dem ukrainischen Wort für »ficken« ähnelt.

Noch einen Aspekt zwischensprachlicher Homonymie stellen Namen bzw. Namensvarianten dar, die in einer anderen Sprache ein negatives Wort ergeben: Mit diesem Phänomen bin ich bereits im Sandkasten konfrontiert worden; damals wunderte ich mich sehr, warum eine Oma ihr Enkelkind »Sau« nannte. Die Erklärung: das russische *Лёха/Ljocha* als Abkürzung von *Алексей/Aleksej* ist gleichklingelnd mit dem ukrainischen *льоха/ljocha* (»Sau«). Jahre später musste ich einem deutschen Geschäftsmann erklären, warum die Reaktionen der UkrainerInnen oft etwas merkwürdig ausfallen, wenn er sich vorstellt: Der Name *Alfons* wird mit einem

Mann in Verbindung gebracht, der sich von einer Frau aushalten lässt. Danach hat dieser Mann sich mit einer an die ukrainische Realität angepassten Namensvariante vorgestellt – *Alfi*. Die Abkürzung *Орко/Orko* vom ukrainischen aus dem Griechischen stammenden Namen *Орест/Orest* hat zuletzt auch negative Konnotationen bekommen, und zwar aufgrund der Ähnlichkeit mit *Ork, Orks* – den zombieähnlichen Wesen aus *Der Herr der Ringe* –, die auch zur Bezeichnung für das russische Militär verwendet werden.

Aus dem Bereich der Frauennamen fällt mir die negative Bedeutung der Namensvariante *Sisi* im Englischen (*sissy* – »Feigling«, »Weichei«) und im Russischen (*сиси/sisi,* auch *сиськи/sis'ki* – »Brüste«) ein. Deshalb macht es für alle Elisabeths Sinn, sich in diesen Ländern nicht in Anlehnung an den Kosenamen der berühmten Kaiserin Sisi zu nennen, sondern *Betti*. Für Frauen, die den wohlklingenden Namen *Ludmilla* haben und sich im deutschsprachigen Raum mit seiner Abkürzung vorstellen möchten, ist es ebenfalls ratsam, ihren Namen auf den zweiten Teil (*Milla*) und nicht auf den ersten (*Luda*) abzukürzen, weil die Ähnlichkeit mit dem Schimpfwort *Luder* frappant ist.

In meiner Studienzeit habe ich oft eine Kurzform meines Namens verwendet – bis mir jemand sagte, dass es sich bei *Oxi* um die Bezeichnung einer Droge handelt...

Kurze Zusammenfassung: Das Schmutzige liegt nicht im Wort selbst verborgen, sondern in unseren Vorstellungen, was die vielen Beispiele mit zwischensprachlichen Homonymen sehr bildgewaltig bestätigen können – Wörter aus verschiedenen Sprachen, die gleich aussehen und/oder klingen und in einer Sprache neutral, in der anderen dagegen ein Schimpfwort sind. Auch Ersatzwörter zeigen, wie wichtig unsere Einstellungen sind, denn jedes beschönigende Ersatzwort wird irgendwann, wenn sich die gesellschaftliche Ansicht nicht ändert, negative Konnotationen annehmen.

SCHIMPFEN IST NICHT GLEICH SCHIMPFEN

> *Was zum Teufel willst du hier,* möchte ich am liebsten sagen. Oder im Grunde nur: *Grrrrrrr.*
>
> (Sophie Kinsella, *Mini Shopaholic*)

Wenn Sie, liebe Leserinnen und Leser, zu den Leuten gehören, die behaupten, nie zu schimpfen, dann würde ich entgegnen, dass Sie einfach nicht wissen, dass Sie es tun. Denn Schimpfen ist mehr als jemanden mit wüsten Schimpfwörtern einzudecken oder in einer ärgerlichen Situation zu fluchen. Schimpfen im breiten Sinne umfasst alles, was wir ausrufen, wenn etwa der PC oder die Waschmaschine spinnen (*So was Blödes!*) oder wenn wir uns an der Tischkante gestoßen haben (*Aaaaah! Hrrrrrrrrrrr! Haaaarggghhh!*). Auch Emotions- und Situationsthematisierungen wie *Ich platze vor Wut!* oder *Das ist eine unverschämte Rücksichtslosigkeit!* sowie Ausdrücke wie *Herrgott!* oder *O mein Gott!* (an sich schon Gotteslästerungen, da sie gegen das zweite Gebot verstoßen: »Du sollst den Namen des Herrn, deines Gottes, nicht missbrauchen«) gehören in das Feld der verbalen Aggression.

Und im weitesten Sinne zählen ebenfalls alle Äußerungen des Unmuts, der Empörung sowie Kritik und Nörgelei dazu, auch

wenn dabei keine Schimpfwörter gebraucht werden. Der produktive Aspekt von Emotions- beziehungsweise Situationsthematisierungen besteht darin, dass sie nicht auf die Adressatin oder den Adressaten referieren und ihr Image angreifen, sondern auf die schimpfende Person beziehungsweise Situation. **Emotionsthematisierungen** benennen (oft in bildhafter Form und als feste Redewendungen) den emotionalen Zustand Schimpfender:
Ich hasse das! Ich flipp aus! Ich koch über! Das bringt mich auf die Palme! Du bringst mich zur Weißglut! Mir reißt gleich der Geduldsfaden!

Diese Äußerungen dienen als Warnung vor negativen Emotionen schimpfender Personen und den damit verbundenen möglichen weiteren verbalen oder sogar körperlichen Aggressionen. Durch Gebrauch von Emotionsthematisierungen kann somit Konflikteskalation vermieden werden.

Situationsthematisierungen beziehen sich ebenfalls nicht auf die Person, sondern auf die Situation, die durch ihr (rücksichtsloses, verantwortungsloses u. a.) Benehmen entstanden ist:
Das gibt's doch nicht! Das ist wirklich das Letzte! Das ist eine unerhörte Unverschämtheit!

Auch wenn dabei das normverletzende Benehmen genannt wird, sind Äußerungen wie *So eine Frechheit!* oder *So eine Rücksichtslosigkeit!* trotzdem schonender als *Du freches Luder!* oder *Du rücksichtsloses Arschloch!*

Emotions- und Situationsthematisierungen zielen darauf ab, der Adressatin oder dem Adressaten Grenzen aufzuzeigen, ohne ihr Image – im Gegensatz zu anderen Formen des Schimpfens, die ich Ihnen in diesem Buch vorstellen werde – direkt anzugreifen.

Schimpfen als umgangssprachliche Bezeichnung verbaler Aggression ist somit ein Überbegriff für alle aggressiven Sprechakte, die sowohl mit typischen Konstruktionen und Vokabular wie Schimpf- oder Fluchwörtern realisiert werden (Beschimpfen, Drohen, Verwünschen, Fluchen, aggressiv Auffordern) als auch für aggressive

Äußerungen, die mittels neutraler Sprache erfolgen. Umgangssprachlich steht Schimpfen auch oft für »Fluchen«. Dazu möchte ich Folgendes sagen: Als Überbegriff aggressiver Sprechakte bedeutet Schimpfen natürlich auch Fluchen, doch Fluchen ist nur eine Spielart.

Mit der breiten Auffassung des Schimpfens ist auch die breite Auffassung des Begriffs »Schimpfwort« verbunden. Konkret bedeutet es, dass jedes aggressiv verwendete Wort als Schimpfwort auftreten kann, Schimpfen also auch ohne Schimpfwörter möglich ist. Im Falle des Schimpfens mit neutralen Wörtern zählt noch stärker als sonst nicht das Was, sondern das Wie. Bei dieser Art spielt die Lautstärke eine äußerst wichtige Rolle. Viele der von mir Befragten betonen, dass nicht der Grad an Vulgarität des Wortes zum Dampfablassen beiträgt, sehr wohl aber die Lautstärke, und stufen die befreiende Wirkung vom laut ausgeschrienen *NEIN!!!* oder *Es reicht!!!* (auf die Lautstärke weisen in schriftlicher Form die Ausrufezeichen beziehungsweise Großschreibung hin) als genauso stark wie von *Verdammt!* oder *Arschloch!* Neben dem lauten Schreien wird beim Schimpfen auch das leise, aber dadurch umso bedrohlichere Zischen verwendet.

Paralinguistische Mittel wie Mimik und Gestik sind ebenfalls nicht zu unterschätzen. Beleidigende Gesten können das Schimpfen begleiten oder auch alleine auftreten: Mittelfinger oder einen Vogel zeigen, mit der Faust drohen und so weiter. Diese Gesten sind sozusagen zeitlos, andere kommen in Mode und werden dann seltener oder verschwinden ganz. Ich erinnere mich, dass nach dem Erscheinen des Videospiels »Fortnite« im August 2017 ein mit Daumen und Zeigefinger gebildetes »L« vor der Stirn für das englische Schimpfwort *Loser* sehr verbreitet war (nach dem »Loser-Dance« namens »Take the L«-Tanz).

SCHIMPFEN KANN ALLES SEIN: GESUND, PRODUKTIV, WITZIG, GEWALTTÄTIG ODER KRANKHAFT

Beim Schimpfen kann man zwischen produktivem und gewalttätigem Schimpfen differenzieren. Im letzten Fall handelt es sich um eine bewusste Strategie, ansonsten wird oft reflexartig geschimpft. Während das gewalttätige Schimpfen bewusst auf die Beleidigung einer anderen Person ausgerichtet ist, verschafft das produktive Entlastung, befreit von Angst, schweißt die Gruppe zusammen oder bringt andere zum Lachen. All diese und noch mehr Funktionen des Schimpfens werden Sie in diesem Buch kennenlernen.

Die wichtigste Funktion des Schimpfens – Wut abzulassen – ist hinsichtlich physischer und mentaler Gesundheit sowie sozialer Beziehungen förderlich. Auf den Nutzen des entlastenden Schimpfens wurde noch im »Deutschen Schimpfwörterbuch« von 1839 hingewiesen: »Schimpfen befördert die Gesundheit.«[6] Die moderne Medizin geht auch davon aus, dass es zu Bluthochdruck oder Entzündungen und Magengeschwüren kommen kann, wenn negative Gefühle unterdrückt werden. Im Bereich mentaler Gesundheit wird auf den Zusammenhang zwischen verdrängtem Ärger und der Depression verwiesen. Außer in Depression können unterdrückte negative Gefühle auch in Gewalt münden. Galt zu Freuds Zeiten die unterdrückte Sexualität als Hauptursache emotionaler Probleme, sieht die aktuelle Hypothese die Ursache in verdrängter Aggression.

Unter diesen Umständen kommt der emotiven Sprachfunktion eine wichtige Rolle zu. Denn zur Kommunikation gehört auch, unsere Unzufriedenheit, unsere negativen Emotionen auszudrücken, auf Missstände aufmerksam zu machen, Grenzen aufzuzeigen, um dadurch eine Veränderung zu erzielen sowie mittels Sprache eine

---

6 https://books.google.at/books?id=pzkLAAAAQAAJ&pg=PA3&hl=de&source=gbs_toc_r&cad=3#v=onepage&q&f=false [Zugriff am: 10.07.2023].

weitere Konflikteskalation zu vermeiden. Marshall Rosenbergs Konzept der gewaltfreien Kommunikation sieht ebenfalls vor, dass Ärger und Wut nicht heruntergeschluckt, sondern vollständig und gewaltfrei zum Ausdruck gebracht werden.

Doch der reinigende Effekt des Schimpfens ist begrenzt und entfaltet sich in Situationen mit schwacher beziehungsweise mittelstarker emotionaler Spannung. Das Schimpfen kann im Alltag, wenn wir uns über die Kleinigkeiten aufregen, gut entlasten. In Situationen mit starker Stressbelastung (Unfall, Verlust eines nahestehenden Menschen, schwere Erkrankung u. a.) tritt es dagegen seltener auf. Bei der Arbeit an diesem Buch wollte mein Laptop nicht immer so, wie ich mir das vorgestellt habe. Als er einmal »hängen« blieb und eine große Textmenge, die nicht gespeichert war, verloren ging, habe ich – obwohl ich mangelhaft funktionierende Geräte sonst bei jeder Kleinigkeit gerne beschimpfe – hinsichtlich des Ausmaßes dieses Desasters nur vor Wut gezittert.

Neben dem Wutablassen wird oft scherzhaft geschimpft – um andere zum Lachen zu bringen oder als originelle Form der Freundschaftsbekundung, zum Beispiel in Anreden oder als freundschaftliches Lob. Diese Fälle bezeichne ich als fiktives Schimpfen: Der Form nach sieht es nach einer Beschimpfung aus, in der Tat handelt es sich um etwas anderes, zum Beispiel um ein Lob. Bei fiktiver Aggression können brutalste Schimpfwörter in die Rolle von Kosewörtern schlüpfen, während bei der echten Aggression neutrale Wörter zu Schimpfwörtern werden.

Neben den produktiven Funktionen kann dem Schimpfen auch eine auf Kränkung und Herabsetzung ausgerichtete Absicht zugrunde liegen – in diesem Fall haben wir es mit verbaler Gewalt zu tun. Im Zeitalter des Internets und der damit verbundenen vermeintlichen Anonymität kann verbale Gewalt als Cybergewalt bisher nicht gekannte bedrohliche Ausmaße annehmen. Trenn- und Berührungspunkte zwischen verbaler Aggression und verbaler Gewalt werden im letzten Buchkapitel skizziert.

Ob es im Hirn ein fürs Schimpfen zuständige Areal gibt, ist noch unzureichend erforscht. Doch viele Hinweise deuten darauf hin, dass das Schimpfvokabular in der rechten Gehirnhälfte verankert ist. So gebrauchen PatientInnen mit Aphasie, bei denen es infolge krankhafter Vorgänge in der linken Gehirnhälfte zu Sprechbeeinträchtigungen kommt, problemlos Schimpf- und Fluchwörter. Mit den Gehirnfunktionen ist auch krankheitsbedingtes Schimpfen verbunden, wie etwa bei dem Tourette-Syndrom, das neben Ticks manchmal auch mit unkontrolliertem Fluchen aufwarten kann. Neurotische Schimpfer befinden sich im Zustand dauernder Spannung und suchen krampfhaft sowie ohne Anlass nach einer Möglichkeit, Dampf abzulassen. Bei Demenz- oder Alzheimererkrankten kann eine Störung der Kontrollinstanz im Gehirn dafür sorgen, dass diese Personen anfangen derb zu fluchen, obwohl sie das vorher nicht getan haben.

Vulgarismen aus dem Bereich der Fäkalsprache können in zwanghafter unbewusster und nicht anlassbezogener Verwendung auftreten, die in der Psychiatrie als Koprolalie (vom Griechischen als »Dungsprache« übersetzbar) bezeichnet wird und eine der Ausprägungen vom Tourette-Syndrom darstellt. So würde Mozarts Vorliebe für fäkal-anale Anspielungen und Witze sicherlich genug Stoff für eine eigene Studie bieten. Hier möchte ich nur eine Passage aus einem Brief vom 28. Februar 1778 zitieren, die der modernen fäkal-analen Dichtung in nichts nachsteht:

So schreiben sie mir baldt, damit ich den brief erhalt, sonst wenn ich etwa schon bin weck, bekomme ich statt einen brief einen dreck. dreck! -dreck!-o dreck! o süsses wort!- dreck!- schmeck! auch schön! -dreck, schmeck! dreck! -leck-o charmante! dreck, leck! Das freüet mich! -dreck, schmeck und leck! -schmeck dreck, und leck mich! -dreck, schmeck und leck! -schmeck dreck, und leck dreck! (zitiert nach Dundes 1985: 67)

Der Komponist verwendete ebenfalls die in dieser Zeit verbreitete Praxis, den Brief mit einem skatalogischen Witz zu beenden (wie hier im Brief an seine Schwester): »*Jetzt wünsch ich eine gute nacht, scheißen sie in bett daß es kracht; schlafens gesund, reckens den arsch zum mund*« (Zitat nach Dundes 1985: 66) Oder er unterschrieb wie folgt: »*W. A. Mozart, der ohne einen Furz scheißt*« (ebd.: 67). Nicht zu vergessen ist auch Mozarts 1782 komponierter Kanon *Leck mich im Arsch* KV 231.

GESCHIMPFT WIRD ÜBERALL UND VON ALLEN

Konfliktsituationen können überall entstehen, wo Menschen interagieren, doch es gibt Bereiche, in denen es öfter zur verbalen Aggression kommt. Die erste Stelle belegt hier zweifelsohne das Schimpfen beim Autofahren – auch Personen, die behaupten, sonst nicht zu schimpfen, tun es doch, wenn sie hinter der Steuer sitzen. Auch im häuslichen Bereich wird verbale Aggression häufig ausgelebt. Es handelt sich aber weniger um Konflikte innerhalb der Familie, vielmehr ist die Familie Schauplatz indirekter Aggressionen, die sich auf eine dritte (abwesende) Person richten (ArbeitskollegInnen, Vorgesetzte, GeschäftspartnerInnen) und die Familienmitglieder als Zuhörende auftreten. Hinter dem Rücken über Personen Ärger auszulassen, deren direkte Beschimpfung oft unerwünschte Folgen hätte, kann als produktive Form des Schimpfens betrachtet werden, die den sozialen Frieden sichert. Auch dieser Form ist ein einzelnes Buchkapitel gewidmet.

Wir schimpfen, wie gesagt, alle – und laut meinen Forschungsergebnissen auch mehr oder weniger homogen, was die Geschlechtszugehörigkeit oder das Bildungsniveau anbetrifft. Denn es hält sich bis jetzt die Vorstellung, Männer würden mehr und mit stärkeren Schimpfwörtern schimpfen als Frauen, und Menschen mit niedrigerem Bildungsgrad mehr und vulgärer als AkademikerInnen. Anhand durchgeführter Umfragen ist es mir gelungen zu beweisen, dass es wichtig ist, nicht ausschließlich aufgrund Geschlechtszugehörigkeit oder Bildungsstatus Schlussfolgerungen zu ziehen, sondern die Kombination beider zu berücksichtigen. Wie konkret es funktioniert, veranschauliche ich an diesem Beispiel: So zeigen meine Studien zum indirekten Schimpfen (in Abwesenheit der beschimpften Person), dass diese Form mit dem Bildungsgrad zunimmt. Als ich im weiteren Schritt die Ergebnisse in beiden Geschlechtergruppen verglichen habe, stellte es sich heraus, dass dies nur bei den Männern der Fall ist. Auch bei der Überprüfung weiterer Hypothesen hat sich erwiesen, dass das Schimpfverhalten von Frauen in allen Bildungsgruppen homogen ist, bei den Männern dagegen wesentliche Unterschiede zwischen Nicht-Abiturienten einerseits und den Abiturienten sowie Hochschulabsolventen anderseits bestehen. Mehr darüber sowie über die geschlechtsspezifischen Besonderheiten, die unabhängig vom Bildungsniveau auftreten, erfahren Sie im Kapitel »Wie schimpfen Frauen? Wie schimpfen Männer?«.

Als Beispiel, dass auch die zu den höheren sozialen Gruppen Zugehörenden derbe Wörter nicht scheuen, wird oft die Watergate-Affäre 1974 erwähnt, als es zur Veröffentlichung von Tonband-Protokollen der Gespräche zwischen dem damaligen US-Präsidenten Richard Nixon und seinem Berater kam, in denen der Präsident schimpfte und fluchte. Ein ähnlicher Vorfall ereignete sich in der Ukraine, als im Jahr 2000 die heimlich aufgenommenen Tonbänder publik wurden, in denen der damalige ukrainische Präsident Leonid Kutschma in seinen Äußerungen übelste Schimpfwörter gebraucht.

Geschimpft wird nicht nur mündlich, sondern auch schriftlich. In schriftlicher Form liegen Beschimpfungen von literarischen Texten bis Häuserwandaufschriften und Graffiti, von privaten Drohmails bis zur Hassrede auf sozialen Netzwerken vor. Im öffentlichen Raum inspirieren die Wahlplakate häufig zum Draufschreiben oder Draufkleben von Beschimpfungen – hier nur einige Beispiele aus dem Wiener Alltag: *Scheiß auf die Wahlen!*, *Schiebt* euch die FFP-2-Maske in den Oasch!, Verbrecherpartei, Parasiten, Schweine, Rassistenpack, Fucknazis. Oder ganz allgemein: *Politiker san Oasch!*

Da Schimpfwörter vorwiegend in gesprochener Sprache funktionieren, werden sie in der schriftlichen Form oft als stärker empfunden. Andererseits fällt es vielen Leuten leichter, ein Schimpfwort aufzuschreiben, als es auszusprechen. Noch weniger Überwindung kostet es, sie zu buchstabieren.

SCHIMPFEN IN KRISENZEITEN

In Krisenzeiten kommt der expressiven Sprachfunktion und somit auch der verbalen Aggression wichtige Bedeutung zu.

So hat uns die Corona-Pandemie nicht nur eine Reihe von Neologismen, darunter auch im Bereich der Schimpfwörter geschenkt, wie zum Beispiel das in vielen Sprachen vorhandene *Covidiot*. Im veränderten Schulalltag mit Zoom-Konferenzen sind auch ausgefallene Formen verbaler Aggression entstanden: Wie der Tik-Tok-Trend #schulestürmer, der darin bestand, dass TikTokerInnen Schulkonferenzen »stürmen«, indem sie LehrerInnen beschimpfen (österreichische Tageszeitung *Heute* vom 17.03.2021: 15).

Während der Pandemie und des dadurch veränderten Alltags mit Homeoffice und Distanzunterricht ging man davon aus, dass sich die Familie verstärkt zum Austragungsort von innerfamiliären Konflikten wandelte, die früher aufgeschoben wurden und sich nun an Kleinigkeiten entluden. Die Überforderung mit dem Distanzunterricht bewirkte möglicherweise auch häufigere verbale Aggression von Eltern an die Adresse ihrer Kinder. Bisher aber gibt es keine Studien, die diese Annahmen bestätigen oder widerlegen würden. Im Corona-Alltag haben auch die Beschimpfungen bestimmter beruflicher Gruppen zugenommen: BeamtInnen, ÄrztInnen, MitarbeiterInnen der Corona-Hotlines, HelferInnen in den Corona-Teststraßen und insbesondere PolitikerInnen, die nicht selten Opfer verbaler Gewalt in Form von Todesdrohungen wurden.

VERBALE AGGRESSION UND KRIEG

Als Ukrainerin kann ich natürlich auch verbale Aggression im Krieg nicht außer Acht lassen. Seit dem ersten Tag des breitangelegten russischen Angriffs gegen mein Heimatland setze ich mich mit diesem Thema auseinander und habe viele Aspekte auch in dieses Buch eingebaut. In der blutigen Kriegsrealität beobachten wir eine gewisse Legalisierung von Schimpfwörtern, die aus dem Bereich alltäglicher umgangssprachlicher Kommunikation sogar in offizielle Schreiben und Präsidentenreden eingegangen sind – wie diese Reaktion von Wolodymyr Selens'kyj auf den Beschuss eines Fluchtkorridors durch russisches Militär: »*Blutrünstiger Abschaum! Ihr werdet für jedes verlorene ukrainische Leben Verantwortung tragen.*«[7]

Ein interessantes Beispiel stellt auch das offizielle Schreiben des ukrainischen Grenzschutzes an die entsprechende Institution in weißrussland dar, in dem die Behörde auf den russischen Angriff von weißrussischem Territorium reagiert. Es beginnt mit einer sachlichen Stellungnahme und endet mit emotiv-expressiver Sprache, die durch Großschreibung verstärkt wird: angefangen mit positiver Bekräftigung (*WIR WERDEN SIEGEN!*), gefolgt von Verwünschungen (*SEID VERFLUCHT, IHR UNMENSCHEN!*) und abgeschlossen mit einer alles andere als wohlwollenden Abschiedsformel (*MIT VERACHTUNG*)[8].

---

7 https://www.pravda.com.ua/news/2022/09/30/7369779/ [Zugriff am: 10.11.2022]. Hier und weiter alle Übersetzungen aus dem Ukrainischen und Russischen von der Buchautorin.

8 https://dpsu.gov.ua/ua/news/budte-vy-proklyaty-tvari-reakciya-golovi-dpsu-na-pidtrimku-rosiyskogo-vtorgnennya-bilorussyu/ [Zugriff am: 27.06.2023].

Im Kriegsalltag sehen wir auch, wie nah sich die positive und die negative Sprache sind: Nach jeder Bombardierung explodieren die sozialen Medien mit unterschiedlichen Schimpfformen, um sich gleich danach dem Positiven zuzuwenden – dem Trost und dem Mutmachen, der gegenseitigen Unterstützung, dem Gebet: *Wir halten durch! Der Sieg ist nahe! Die Ukraine steht es durch!*

Die Nähe zweier emotionaler Sphären – des Betens und des Schimpfens – habe ich auch anhand Reaktionen auf den Terroranschlag in Wien am 2. November 2020 beobachtet: einerseits die Beschimpfung *Schleich di, du Oaschloch,* die zum Spruch des Jahres 2020 wurde, andererseits Hashtag und Facebook-Postings *Pray for Vienna.* Passend dazu möchte ich zum Schluss noch folgende Anekdote aus meiner Familie erzählen: Ich stamme aus der westukrainischen Stadt Lwiw, die sich seit jeher durch Multikulturalität auszeichnet. So war mein Urgroßvater Pole, redete im Alltag Ukrainisch und wechselte zu seiner Muttersprache, dem Polnischen, in zwei Fällen: wenn er schimpfte und wenn er betete.

WAS IST EIN SCHIMPFWORT?

Um diese Frage zu beantworten, möchte ich Sie auf eine Reise in die Bedeutungsstruktur von Schimpfwörtern einladen und gleichzeitig einige Termini erklären: Schimpfwörter gehören zusammen mit den Kosewörtern zur emotiven Lexik. Sie fragen sich jetzt wahrscheinlich, warum ich »emotiv« und nicht »emotional« gebrauche? Nun ist es so, dass eine Emotion eine psychologische Kategorie ist (deshalb: emotionaler Charakter, emotionales Benehmen), während Emotivität eine linguistische Kategorie darstellt (deshalb: emotive Lexik, emotives Suffix).

Die Besonderheit von emotiven Wörtern besteht darin, dass sich ihre Bedeutung aus zwei Teilen zusammensetzt: der begrifflichen oder denotativen (von lat. »denotare« = bezeichnen) und der konnotativen Bedeutung (von lat. »connotation« = Mitbezeichnung). Im konnotativen Bedeutungsaspekt kommen der psychische Zustand der schimpfenden Person und ihre Stellung zur beschimpften Person, zum Gegenstand, Sachverhalt oder zur Situation zum Ausdruck. Die Konnotation spielt bei den Schimpfwörtern eine sehr wichtige Rolle und drängt die begriffliche Bedeutung in den Hintergrund, manchmal dergestalt, dass wir nicht mehr an die wörtliche Bedeutung des Wortes denken. So ist bei den Kindern und Jugendlichen das Wort *behindert* allgegenwärtig, sie verwenden es in jeder ärgerlichen Situation – sowohl personenbezogen (*Du bist behindert!*) als auch situationsbezogen (*Das ist soooo behindert!*), ohne sich der wörtlichen Bedeutung oder der Tatsache bewusst zu sein, dass sie dadurch indirekt Personen beleidigen, die in ihren Möglichkeiten eingeschränkt sind. Bei den Workshops, die ich regelmäßig an Wiener Schulen abhalte, beobachte ich oft, dass sich die Kinder, nachdem sie mit der wörtlichen Bedeutung dieses Wortes konfrontiert wurden, dazu entscheiden, es aus ihrem Sprachgebrauch zu verbannen. Wie kreativ sie dabei vorgehen, erfahren Sie im Kapitel »Fuck you, Digger! Schimpfen und Teenager«.

Sowohl Schimpf- als auch Kosewörter verfügen über konnotative Bedeutung, es unterscheidet sich lediglich die Qualität der Emotionen – bei den Kosewörtern sind sie positiv und bei den Schimpfwörtern negativ. Das erklärt auch die Nähe zwischen dem Schimpf- und Kosewort: die beiden stehen, wie der österreichische Schriftsteller Robert Musil sagte, »im Dienste des Affektes« (1978: 1282).

Die zweiseitige Bedeutungsstruktur von Schimpfwörtern lässt sich im Vergleich mit einem neutralen Wort, das denselben Menschen bezeichnet, gut herauslesen. Betrachten wir das Wortpaar *Alkoholiker – Säufer*. Die begriffliche Bedeutung ist bei den beiden Wörtern dieselbe: ein Mann, der alkoholabhängig ist. Die Bedeutungsstruktur des ersten Wortes besteht nur aus dem begrifflichen Aspekt, und das Wort dient ausschließlich der Bezeichnung. Die Bedeutungsstruktur des zweiten Wortes schließt noch den konnotativen Aspekt ein, weshalb es neben der Beschreibung – Mann, der krankhaft Alkohol konsumiert – noch die negative Ansicht (Antipathie, Verachtung) ausdrückt.

Die zweiteilige Bedeutungsstruktur von Schimpfwörtern bedingt auch ihre doppelte Referenz: einerseits beziehen sie sich auf die bezeichneten Personen, andererseits auf den emotionalen Zustand Schimpfender. Die Emotionen drängen dabei die begriffliche Bedeutung in den Hintergrund, weshalb Schimpfwörter mehr über die schimpfende Person sagen (dass sie wütend, an ihre

Grenzen gebracht ist, ihre negativen Emotionen auf konstruktive Art und Weise nicht äußern kann usw.) als über die, die so beschimpft wird.

Der negative konnotative Bedeutungsaspekt ist also das, was das Schimpfwort ausmacht. Negative Konnotationen können aber auch kontextuell auf das neutrale Wort »aufgeklebt« werden, weshalb im Kontext jedes Wort die Rolle eines Schimpfwortes einnehmen kann. Die Bildung solcher »okkasionellen« Schimpfwörter wird durch die bereits erwähnte Eigenschaft von Schimpfwörtern begünstigt, dass ihre konnotative Bedeutung über der begrifflichen dominiert und deshalb nicht entscheidend ist, was gesagt wurde, sondern wie es gesagt wurde. Als schönes Beispiel dient Peter Handkes *Publikumsbeschimpfung*, ein Stück, bei dem den zuerst gebrauchten echten Schimpfwörtern neutrale Wörter folgen, die im Kontext ebenfalls als Schimpfwörter wahrgenommen werden:

Ihr Damen und Herren ihr, ihr Persönlichkeiten des öffentlichen und kulturellen Lebens ihr, ihr Anwesenden ihr, ihr Brüder und Schwestern ihr, ihr Genossen ihr, ihr werten Zuhörer ihr, ihr Mitmenschen ihr. Sie waren hier willkommen. Wir danken Ihnen. Gute Nacht. (1966: 48)

Nicht nur in den literarischen Texten, auch im realen Leben finden sich viele Beispiele für das Schimpfen mit neutralen Wörtern, die situativ mit negativen Konnotationen aufgeladen werden und als Schimpfwörter auftreten. Ein anschauliches Beispiel dafür beschreibt Sigmund Freud in einer Krankengeschichte:

Als er noch sehr klein war /.../, soll er etwas Arges angestellt haben, wofür ihn der Vater prügelte. Da sei der kleine Knirps in eine schreckliche Wut geraten und habe noch unter den Schlägen den Vater beschimpft. Da er aber noch keine Schimpfwörter kannte, habe er ihm alle Namen von Gegenständen gegeben, die ihm einfielen, und gesagt: du Lampe, du Handtuch, du Teller usw. Der Vater hielt erschüttert über diesen elementaren Ausbruch im Schlagen inne und äußerte, der Kleine da wird entweder ein großer Mann oder ein großer Verbrecher.[9]

Solches Schimpfen ohne Schimpfwörter funktioniert gut bei Kleinkindern, was ich auch mit einem meiner Söhne ausprobiert habe: Als er vom Kindergarten das Wort *blöd* mitbrachte und jedes Mal, wenn er sich über mich ärgerte (ob wegen seiner Meinung nach nicht ausreichender Dauer beim Trickfilmschauen oder der gesunden Mahlzeit, die nicht gerade seinem Lieblingsessen entsprach) *Mama ist blöd!* ausrief, habe ich zu ihm gesagt: »Ich verstehe, dass du auf Mama böse bist, aber so ärgert man sich nicht. Am besten kannst du deinen Ärger über die Mama loswerden, wenn du ausrufst: *Ach du mein liebes Mamilein!*«. Und es hat tatsächlich funktioniert – stellen Sie sich einen wütenden Knirps vor, der mit dem Fuß stampft, *Ach du mein liebes Mamilein!* ausruft und dadurch seinen negativen Emotionen Luft macht. Auch Grundschulkinder experimentieren gerne mit der Sprache und sind fasziniert darüber, dass sie mit *Krawuzi-Kapuzi*[10], *Du fliegende Tomate!* (Siegner 2010: 53) oder *Du Goldfisch!*[11] negative Emotionen genauso loswerden wie mit *Scheiße* und *Idiot*.

Vielleicht haben auch Sie ihre eigenen Schimpfwörter kreiert oder kennen welche, die nur im Rahmen einer Gruppe existieren. Denn die Besonderheit von individuellen Schimpfwörtern ist, dass sie oft nur im begrenzten Kreis gebraucht werden (Familie, FreundInnen und Bekannten, KollegInnen, Schulklasse). So begegnete mir bei einem Schulworkshop das Wort *Frisör* als Schimpfwort, allerdings nur in einer Klasse. Die SchülerInnen erklärten, dass es in ihrer Klasse für »Homosexueller« steht, und zwar in Anlehnung an eine Serie, in der es einen homosexuellen Frisör gab.

---

9   Freud, Sigmund: Zwei Krankheitsgeschichten. Bemerkungen über einen Fall von Zwangsneurose. https://www.projekt-gutenberg.org/freud/zwangneu/chap008.html [Zugriff am: 05.08.2023].
10 Kultiger Ausruf im Puppenspiel »Familie Petz« des Wiener Urania-Puppentheaters.
11 Individuelle Kreation eines Mädchens im Rahmen von Workshops »Schimpfen ohne Schimpfwörter«, die ich an Wiener Grundschulen durchgeführt habe.

Zur Verwandlung eines neutralen Wortes in ein Schimpfwort tragen auch die Sprechweise (Intonation, Lautstärke) sowie Gestik und Mimik wesentlich bei. Unter diesen Umständen können auch unverständliche Wörter als Schimpfwörter identifiziert werden – in sprachwissenschaftlichen Kreisen ist folgende Anekdote verbreitet:
Ein Student hat gewettet, ausdauernder zu schimpfen als die dafür berüchtigte Marktfrau. Nachdem beide den Vorrat an gewöhnlichen Schimpfwörtern ausgeschöpft hatten, begann der Student: Du Alpha, du Beta, du Gamma… und sagte das ganze griechische Alphabet auf. Die Marktfrau war verblüfft, und der Student hat die Wette gewonnen.

Dasselbe beobachten wir, wenn wir in einer Fremdsprache beschimpft werden: Obwohl wir die Bedeutung der Wörter nicht verstehen, nehmen wir diese in der Regel als Schimpfwörter wahr. Wie beleidigend diese Art von Beschimpfung empfunden wird, ist individuell: Während die einen behaupten, dass es ihnen »wurscht« sei, da sie es ohnehin nicht verstehen, sind andere wiederum sehr wohl beleidigt, und zwar gerade weil sie den Inhalt nicht verstehen. Manche neutralen Worte haben es leichter, sich in ein Schimpfwort umwandeln zu lassen – ich unterscheide hier folgende Gruppen:

- Wörter, die auf negative Eigenschaften referieren, ohne darüber die negativen Emotionen auszudrücken: *Alkoholiker, Lügner, Mörder, Verbrecher* u. a. Gerade wegen des Bezugs zum Negativen können diese Wörter in Konfliktsituationen schnell von negativen Emotionen aufgeladen werden.
- Wörter zur Bezeichnung ideologischer, parteilicher, sozialer, beruflicher, konfessioneller, nationaler, regionaler Zugehörigkeit wie *Kommunist, Rechter, Linker, Intellektueller, Beamter, Politiker, Ausländer, Türke* und so weiter können ebenfalls als Schimpfwörter verwendet werden. Dabei kann ein Wort von einer politisch-ideologischen oder gesellschaftlichen Gruppe negativ, von der anderen dagegen neutral oder positiv empfunden werden: *Du Impfgegner* versus *Du Impfbefürworter!*

Die Wirkung solcher Beschimpfungen wird noch verstärkt, wenn das Personalpronomen – wie wir es bereits im Handke-Zitat gesehen haben – am Anfang und am Ende der Anrede steht: *Sie Akademiker Sie!* Die auf diese Weise beschimpfte Person könnte sich ärgern und gedemütigt fühlen, weil zur Beleidigung Bezeichnungen gebraucht wurden, die sie positiv sieht und auf die sie stolz ist. Meiner Meinung nach kann über die möglichen Reaktionen der Beschimpften nur spekuliert werden, denn in Wirklichkeit können sie sowohl beleidigt sein als auch relativ gelassen die Einschätzung teilen: *Ja, das bin ich – na und?*

Einen interessanten Fall stellen Wörter dar, die im alltäglichen Gebrauch mit bestimmten (positiven oder negativen) Konnotationen verbunden werden, die in den Wörterbuchdefinitionen noch nicht vorkommen. Als Beispiel fällt mir das Wort *AusländerIn* im Deutschen und im Ukrainischen (іноземець/іноземка – *inosemez'/ inosemka*) ein. Während meiner ersten Reisen nach Deutschland Anfang der Neunzigerjahre habe ich stolz unterstrichen, dass ich eine Ausländerin sei, denn das Ausländersein war in der Sowjetunion, in der ich aufgewachsen bin, etwas Besonderes: Eine Einreise ins Land war mit bürokratischen Hürden verbunden, und ausländische BesucherInnen entsprechend selten. Es hat mich deshalb überrascht, dass *Ausländer* im Deutschen eher negativ konnotiert ist und mit wirtschaftlicher Migration aus den ärmeren Ländern in Verbindung steht. Auch das Wort *MigrantIn* hat im Deutschen seine Bedeutung eingeengt, denn es wird fast ausschließlich bezüglich MigrantInnen aus den ärmeren Ländern und nicht in Bezug auf die MigrantInnen aus wohlhabenden Ländern gebraucht, die ihren Wohnort gewechselt haben. Folglich haben sich zusammengesetzte Wörter mit dem Bestimmungswort *Wahl-* als Bezeichnungen für Zuwanderer aus wohlhabenden Ländern gebildet: *Wahldeutscher, WahlösterreicherIn, WahlberlinerIn* und so weiter. Anstelle von *AusländerIn* beziehungsweise *MigrantIn* sind in den letzten Jahren aufwertende Ersatzbezeichnungen wie *EinwohnerInnen ohne deutsche Staatsbürgerschaft* oder *Menschen mit internationaler Geschichte* aufgekommen. Auch für illegal Eingewanderte werden beschönigende Begrifflichkeiten empfohlen – *undokumentierte Migrantinnen und Migranten*[12].

Im Kontext kann auch ein Wort mit positiver Bedeutung ironisch gebraucht werden und als Schimpfwort auftreten – *der Herr Professor, Nobelpreisträger oder Hochbegabter* (für unwissende, ungebildete Menschen), *Prinz, der/die Schöne, die Schönheit* (für äußerlich nicht attraktive Menschen) – dabei erfolgt eine negative Umkehrung des Gesagten. In der Schriftsprache werden diese Wörter in Anführungszeichen geschrieben, beim Sprechen hingegen mit Gesten und Mimik sowie ironischem Tonfall begleitet.

Fassen wir zusammen: Schimpfwörter sind Wörter, die neben begrifflicher auch über konnotative Bedeutung verfügen, die zum Ausdruck negativer Emotionen und Ansichten dient. Die negativen Konnotationen können im Kontext auch neutrale Wörter bekommen. Deshalb ist »Schimpfwort« im breiten Sinne zu verstehen: sowohl als Wörter, die auch außerhalb des Kontextes unmissverständlich als Schimpfwörter identifiziert werden und in (Schimpf)wörterbüchern festgehalten sind, als auch neutrale Wörter, die erst im Kontext zu Schimpfwörtern mutieren. Diese Auffassung steht mit der berühmten These vom Philosophen Ludwig Wittgenstein im Einklang: Die Bedeutung des Wortes sei sein Gebrauch in der Sprache (1977: 220).

Die Antwort auf die im Titel dieses Kapitels formulierte Frage, was ein Schimpfwort sei, lautet deshalb: Jedes aggressiv verwendete Wort ist ein Schimpfwort, folglich kann jedes Wort ein Schimpfwort sein. Da Sprache nahezu unendlich kreativ angewendet werden kann, sind die Bildungsmöglichkeiten neuer Schimpfwörter und die Menge der Schimpflexik deshalb unbegrenzt.

---

12 Leitfaden für Mitarbeiter der Berliner Verwaltung. file:///D:/Users/User/Downloads/leitfaden_vielfalt-zum-ausdruck-bringen.pdf [Zugriff am: 25.07.2023].

WER IST EIN ARSCHLOCH?

Richten Sie, liebe LeserInnen, diese Frage an verschiedene Leute, und Sie bekommen unterschiedliche Antworten: angefangen von allgemeinen Charakteristika wie *mieser, widerlicher, niederträchtiger Mensch* bis zu den Assoziationen mit konkreten Personen und Situationen: *mein Chef, mein Ex, Politiker X, mein Kollege, mein Nachbar, jemand, der mir die Parklücke wegschnappt* und so weiter.

Gehen wir der Frage nach: Warum haben viele Schimpfwörter eine abstrakte, verschwommene Bedeutung? Um diese Frage zu beantworten, möchte ich Sie einladen, unsere Reise durch die Bedeutungsstruktur des Schimpfwortes fortzusetzen, die wir im vorherigen Kapitel angetreten sind:

Wie Sie bereits erfahren haben, setzt sich die Bedeutung von Schimpfwörtern aus zwei Teilen zusammen – der begrifflichen und der konnotativen. Die konnotative Bedeutung ist entscheidend, was zur Folge hat, dass sich die Bedeutung vieler Schimpfwörter nicht genau erfassen lässt und sie in Bezug auf jede Person, die uns ärgert, gebraucht werden können. Diese große Gruppe von Schimpfwörtern bezeichne ich als universale Schimpfwörter, und *Arschloch* ist ihr bester Vertreter und »Zentralbegriff der deutschen Vulgarität« (Burgen 1998: 67) schlechthin. Andere Beispiele universaler Schimpfwörter sind *Miststück, Drecks-/Mist-/Scheißkerl, blöde Kuh* und andere.

Wegen der abstrakten Bedeutung können die universalen Schimpfwörter oft mit einem einzigen Wort nicht bestimmt werden, weshalb sich in (Schimpf)wörterbüchern längere Definitionen finden. So wird *Arschloch* im »Großen deutschen Schimpfwörterbuch« (1996) auf folgende Weise definiert: Arschloch – *ein sehr häufiges derbes Schimpfwort für einen widerlichen, unfähigen oder gemeinen Menschen.* Wie wir sehen, beziehen sich »gemein« und »unfähig« auf konkrete negative Eigenschaften, »widerlich« umfasst dagegen eine breite Palette negativer Eigenschaften.

Der Universalcharakter des Schimpfwortes *Arschloch* spiegelt sich auch in den Definitionen von Personen wider, die ich im Laufe meiner Forschungsarbeiten befragt habe:

- Eine Gruppe von Befragten zählt in ihren Bedeutungserklärungen eine ganze Reihe von konkreten negativen Eigenschaften auf: »*faul, korrupt, präpotent, unhöflich*«, »*rücksichtslos, brutal, unehrlich*«, »*unaufrichtig, betrügerisch, hinterhältig, moralisch verwerflich*«, »*intrigant, egoistisch, betrügerisch, gemein*«, »*egoistisch, arrogant, selbstbewusst, snobistisch*« und so weiter.
- Andere wiederum führen allgemeine negative Charakteristika an: »*ganz mieses Benehmen, komplett unsympathisch*«, »*jeder missliebige Mensch*«, »*mieser Typ, kann jeden bezeichnen*«, »*jemand, der einem Böses will*«, »*unappetitlich, grauslich, abstoßend*« u. a.

Wegen seiner verschwommenen Bedeutung kann das Schimpfwort *Arschloch*, wie wir gesehen haben, bezüglich Personen mit unterschiedlichsten Eigenschaften oder Verhaltensweisen verwendet werden, was das Wort deshalb zum häufigsten Schimpfwort im Deutschen macht.

In seinem Essay *Über die Dummheit* meint Robert Musil dazu: »Je undeutlicher ein Wort ist, umso größer ist der Umfang dessen, worauf es bezogen werden kann« (1978: 1283). Der Gebrauch universaler Schimpfwörter in jeder ärgerlichen Situation bestätigt diese Worte. Es gilt aber auch umgekehrt: Je häufiger das Wort gebraucht wird, desto stärker nutzt sich seine begriffliche Bedeutung ab. So lässt häufige routinierte Verwendung von Schimpfwörtern zur Bezeichnung eines dummen Menschen (*Blödmann, Dummkopf, Depp, Idiot, Trottel*) die Dummheit im breiten Sinne erscheinen – als unbedachte oder impulsive Handlung, voreilige Entscheidung et cetera und nicht nur als eingeschränkte Intelligenz.

Da bei den Schimpfwörtern nicht deren Bedeutung, sondern die negativen Emotionen Schimpfender im Vordergrund stehen, sind diese Wörter äußerst subjektiv. Zudem können in ein und derselben Situation zur Bezeichnung ein und derselben Person verschiedene Schimpfwörter gebraucht werden, beispielsweise über einen Autofahrer, der uns die Parklücke weggeschnappt hat:

So eine rücksichtslose Person! (wenn ein Kind anwesend ist)
So ein Idiot! (ebenfalls in Anwesenheit einer anderen Person)
Dieses arschgefickte Arschloch! (wenn wir allein im Auto sitzen)

Das starke Band eines Schimpfwortes zur schimpfenden Person zeigt sich auch in den Wortbeschreibungen, die befragte Personen zu *Arschloch* anführen, beispielsweise, wenn sie es ausgehend von ihrem psychischen Zustand bestimmen:

Als »Arschloch« bezeichne ich
- *meinen Freund nur, wenn ich äußerst verletzt bin und mir nicht mehr zu helfen weiß*
- *jeden, der mich ärgert oder der mir auf die Nerven geht*
- *jemanden, der mich schon sehr beleidigen oder kränken muss*

oder als Beschreibung schimpfender Personen: *den Begriff gebrauchen Jugendliche oder Proleten*.

Auch in der Literatur finden sich Belege für den stärkeren Bezug der Schimpfwörter zu Schimpfenden als zu den Beschimpften:
Es ist schwer zu erklären /.../ Unwissende, armselige Menschen gebrauchen dieses Wort /.../ (Lee. 2015: 175).

In einer Szene in L. Frank Baums *Im Reich des Zauberers Oz* erklärt eine Figur die Bedeutung des Wortes *Dummkopf* ebenfalls auf die Art und Weise, die uns vor Augen führt, dass ein Schimpfwort eine viel engere Beziehung zur inneren emotionalen Welt des Schimpfenden als zur Außenwelt hat: »*Ich sage so etwas nur, wenn ich mich ärgere*« (1981: 69).

Neben den universalen Schimpfwörtern gibt es auch andere Gruppen von Schimpfwörtern, deren Bedeutung wir sehr wohl genau beschreiben können – etwa National-, Berufs-, Sachschelten (*Kanake, Bulle, Scheiß-PC/Schrottteil*) und Schimpfwörter, die sich auf konkrete Charaktereigenschaften beziehungsweise Verhaltensweisen (*Arschlecker, Hosenscheißer, Schwatzmaul*), das Äußere (*dicke Kuh, Bohnenstange*) oder das Alter (*alter Knacker, alte Schachtel*) richten.

Eine Besonderheit von universalen Schimpfwörtern ist auch, dass sie oft als weniger beleidigend wahrgenommen werden als diejenigen, die sich an konkrete Eigenschaften richten. So hat mir eine Richterin anvertraut, dass sie das Schimpfwort *Arschloch* als harmlosen Ausdruck empfindet und nicht verstehen kann, wenn jemand in einem Prozess behauptet, man habe ihn durch das Beschimpfen mit diesem Wort stark beleidigt.

ARSCHLOCH: EIN MANN ODER EINE FRAU?

Auch wenn das Schimpfwort *Arschloch* laut Wörterbücher sich auf beide Geschlechter bezieht, wird es von Befragten meistens mit einem Mann in Verbindung gebracht:

- ein Mann, der sich aufplustert, sich besser darstellt, als er ist
- ein Mann, der bewusst etwas tut, was mir gegen den Strich geht
- allgemein negativ gegenüber einem Mann in einer konkreten ärgerlichen Situation

In Konfliktsituationen wird *Arschloch* fast ausschließlich gegenüber Männern gebraucht. Denn auch Befragte, die dieses Wort auf beide Geschlechter beziehen, nennen in identischer Situation (Beispiel: rücksichtsloses Verhalten im Straßenverkehr) unterschiedliche Bezeichnungen je nachdem, ob es sich um einen Mann oder eine Frau handelt. So würde eine Befragte bei einer Frau *Dumme Schlampe!* und bei einem Mann *Dämliches Arschloch!* gebrauchen. Ein Befragter würde eine Frau als *Blöde Kuh* und einen Mann als *Arschloch* bezeichnen und ein anderer zur Frau *Furie!* und zum Mann *So ein Arschloch!* ausrufen.

Zumindest beim Gebrauch von Schimpfwörtern zeigt sich, dass das Mitmeinen von Frauen, im Gegensatz zum generischen Maskulinum, auch positive Seiten hat… Zudem werden die häufigsten Schimpfwörter – *Arsch, Arschloch, Trottel, Idiot, Depp, Dummkopf* – in erster Linie mit einem Mann in Verbindung gebracht.

Mit dem Schimpfwort *Arschloch* können nicht nur Personen, sondern auch Gegenstände, Sachverhalte und Abstrakta beschimpft werden, weshalb nach dem bekannten Modell *X IST EIN ARSCHLOCH* immer neue Sinnsprüche entstehen können: *Liebe ist ein Arschloch, Krebs ist ein Arschloch, Wetter ist ein Arschloch, Montag ist ein Arschloch, Mathe ist ein Arschloch, Corona ist ein Arschloch* und so weiter.

SELBER ARSCHLOCH!

Da die universalen Schimpfwörter in jeder Situation und gegenüber jeder Person gebraucht werden können, wird zu ihnen nicht nur häufig spontan in einer Konfliktsituation gegriffen, sondern auch bei den Retourkutschen in Form von Gegenbeschimpfungen mit dem uns gegenüber verwendetem Schimpfwort. Sie erfolgen in Situationen, wenn wir von der Beschimpfung überrascht sind und auf die Schnelle kein anderes Schimpfwort parat haben:

- *Arschloch!*
- *Selber Arschloch!*

Die im Titel gestellte Frage »Wer ist ein Arschloch«? kann kurz und knapp wie folgt beantwortet werden: Als *Arschloch* kann jede und jeder bezeichnet werden. Dazu fallen mir noch zwei Beispiele ein: Als de Gaulle einmal die Inschrift »Tod den Arschlöchern!« gelesen hat, soll er angemerkt haben: »Vaste programme!«, auf Deutsch also etwa: Da hätte man aber viel zu tun ... (Zitat nach Gauger 2012: 86). Und: Kürzlich bin ich auf der Straße einem Mann begegnet, der ein T-Shirt mit dem Sensenmann und dem Spruch trug: *So viele Arschlöcher und nur eine Sense!*

IN DER SCHIMPFWÖRTER-WERKSTATT

Wie Sie bereits wissen, kann im Kontext jedes neutrale Wort mal in die Rolle eines Schimpfwortes schlüpfen. In diesem Kapitel interessieren uns aber die »echten« Schimpfwörter, das heißt solche, die auch außerhalb des Kontextes unverkennbar als Schimpfwörter zu identifizieren sind. Dabei lege ich das Augenmerk auf verschiedene Wege und Modelle der Schimpfwortbildung. Als Erstes fällt auf, dass wir nicht allen Schimpfwörtern ihren Entstehungsweg gleich ansehen können. Bei *Gauner*, *Bengel* und anderen Schimpfwörtern können wir von »vergessener Herkunft« sprechen. Die Etymologie dieser Schimpfwörter zeugt davon, dass wir es hier mit übertragener Bedeutung zu tun haben (so stammt *Bengel* vom mittelhochdeutschen »bengel« (»Stock«, »Klöppel«) und *Gauner* vom älteren Rotwelsch »Jauner« (»Falschspieler«)); für die SprachbenutzerInnen ist der Bezug zu den Herkunftswörtern aber bereits verlorengegangen.

Wörter, denen wir ihre Entwicklung zum Schimpfwort deutlich ansehen können, teile ich in zwei Gruppen auf:

- Schimpfwörter, die dank verschiedenen Wortbildungsmustern entstanden sind
- Schimpfwörter, die durch Bedeutungsübertragung entstanden sind

Schauen wir uns diese beiden Gruppen genauer an.

Die häufigsten Wortbildungsmodelle bei den deutschen Schimpfwörtern sind dieselben wie auch bei den anderen Wörtern. So erfreuen sich die zusammengesetzten Wörter besonderer Beliebtheit, die Mark Twain in seinem Essay *Die schreckliche deutsche Sprache* als »eigentümlichste und bemerkenswerteste Erscheinungen« bezeichnet und auf die treffend witzige Weise beschreibt:

Sechs oder sieben Wörter sind zu einem zusammengepackt, ohne Gelenk oder Naht /.../ (1996: 11)

Dies sind keine Wörter, das sind Prozessionen von Buchstaben, und sie sind nicht selten. Man schlägt eine deutsche Zeitung auf und sieht sie majestätisch über die Seite marschieren – bei etwas Phantasie kann man auch die Fahnen sehen und die Musik hören. (1996: 33)

Die Bildungsmöglichkeiten für Zusammensetzungen sind fast uneingeschränkt. Als die längsten Beispiele werden *Donaudampfschifffahrtskapitän* beziehungsweise *Donau-Dampfschifffahrtsgesellschaft* angeführt, die Grundlage für weitere sprachliche Kreativität bilden: *Donaudampfschifffahrtsgesellschaftskapitänswitwenkompositabildungsexpertenrunde,* oder auch *Donaudampfschifffahrtselektrizitäthauptbetriebswerkbauunterbeamtengesellschaft.*

Zusammensetzungen (auch »Komposita« genannt) teilen sich in Determinativkomposita und Kopulativkomposita auf. Im ersten Fall bestimmt das erste Wortteil das zweite, wobei das Vertauschen der Wortteile unmöglich ist oder sich dadurch eine andere Bedeutung ergibt. Aber vergleichen Sie selbst:

Blumentopf – Topfblumen
Kartoffelsalat – Salatkartoffel
Bierfass – Fassbier

Bei den Kopulativkomposita sind die Wortteile im Prinzip umstellbar (außer bei der Farbennennung der Nationalflaggen), aber meistens hat sich eine bestimmte Reihenfolge ergeben: So wird die Soße »süß-sauer«, aber nicht »sauer-süß« genannt. Im Bereich der Schimpfwörter sind Kopulativkomposita selten. In meiner Sammlung habe ich nur literarische Beispiele, und zwar von demselben österreichischen Schriftsteller (Werner Schwab), die ich, um Ihnen das Wesen dieses Modells zu veranschaulichen, jedes Mal durch Vertauschen der Wortteile in ein anderes durchaus mögliches Schimpfwort verwandelt habe:

Idiotenschweine (Hochschwab 1992: 81) – Schweineidioten
Mannesschwein (Pornogeographie 1994: 141) – Schweinemann
Menschenschwein (Eskalation ordinär 1994: 256) – Schweinemensch
Idiotenmenschen (Übergewicht, unwichtig: UNFORM 1993: 104) –
Menschenidioten

Generell und auch bei der Schimpfwortbildung überwiegen die Determinativkomposita (vom lat. *determinare* = bestimmen*).* Die einzelnen Wortbestandteile im Determinativkompositum sind nicht gleichwertig, sondern das Zweitglied ist ein Hauptwort, das durch das Erstglied bestimmt wird. Bei den zusammengesetzten Schimpfwörtern wird die Bedeutung eines Schimpfwortes näher bestimmt: *Kommunisten- oder Nazischwein, Dummschwätzer, Emofotze, Krawattenidiot, Pickelweib, Prolotussi.* Seltener sind Schimpfwörter, die sich aus neutralem Hauptwort und negativem Bestimmungswort zusammensetzen (*Scheißkerl/typ/kind*). Das Modell »negatives Bestimmungswort« und »Kind« ist gerade bei den Kindern sehr populär – hier nur einige Beispiele aus meiner Sammlung: *Arschkind, Dreckskind, Hurenkind, Homokind, Idiotenkind, Mistkind, Rauschkind, Saukind, Scheißkind, Wichskind.*

Theoretisch ist auch das Vorkommen mehrerer Bestimmungswörter möglich – wie in diesem literarischen Beispiel, wo Wörter zur Bezeichnung des (Kleidungs)stils (Föhnwelle, Strickensemble, Perlenkette) das Schimpfwort Kuh näher bestimmen: *Diese blöde Föhnwellestrickensembleperlenkettenkuh!* (Lind 2013: 350)

Eine Wortkreuzung, die auch als Kontamination oder bildhaft als teleskopisches Wortbildungsmodell bzw. Kofferwortbildung bezeichnet wird, ist der Komposition ähnlich, nur dass sich hier nicht ganze Wörter zusammensetzen, sondern Wortteile ineinander verschmelzen. Dieses Modell ist insbesondere in Krisenzeiten produktiv, denn seine Kreativität ermöglicht den Menschen, neue Wörter zu bilden und gleichzeitig negative Gefühle zu kanalisieren. Zuletzt haben wir es am Beispiel von Corona-Neologismen wie *Covidiot (Covid + Idiot), Coronials/Pandemials (Corona/Pandemie + Millenials)* und einer Reihe weiterer Begriffe gesehen. Zur Versprachlichung der Kriegsrealität werden beispielsweise im Ukrainischen auch aussagekräftige Wortkreuzungen kreiert. Die zwei bekanntesten Beispiele sind *Raschist (russia* in englischer Aussprache + *Faschist)* und *Putler (putin + hitler)*.

Noch ein interessanter Fall der Annäherung von Wörtern ist die Univerbierung (Zusammenrückung), wenn mehrere Schimpfwörter oder Wörter einer Schimpfkonstruktion infolge häufiger Verwendung und schneller Aussprache zu einem einzigen Wort kontrahiert werden, was sich graphisch in Zusammenschreibung und lautlich in schneller Aussprache äußert: *Gehscheißen! Jassasundmaria! Leckmichamarschduidiot! Oidamotherfuckingscheiße!*

Eine weitere Möglichkeit für die Entstehung neuer Schimpfwörter bieten Präfixe und Suffixe. Dank Präfixen können neutrale Wörter negative Bedeutung bekommen (*Unmensch*) oder vorhandene Schimpfwörter verstärkt werden: *Erzgauner, Urtrottel, Urvieh*. Suffixe können ein bereits negativ konnotiertes Verb in ein Substantiv und somit ein Schimpfwort transformieren: *Schwätzer, Säufer, Scheißer, Stinker*. Auch das Anhängen des Verniedlichungs-Suffixes -chen kann neutralen Wörtern einen negativen Zug verleihen: *Dichterling, Doktorchen, Merkelchen* (Thüringer Regierungschef Bodo Ramelow über die damalige Bundeskanzlerin, wofür er sich später entschuldigte)[13]. Einige Schimpfwörter (*Arsch, Dreck, Hund,*

---

[13] https://www.spiegel.de/politik/deutschland/clubhouse-eklat-bodo-ramelow-hat-sich-bei-angela-merkel-entschuldigt-a-0186db45-974d-44c9-a351-b730a64f4be4 [Zugriff am: 12.08.2023].

IN DER SCHIMPFWÖRTER-WERKSTATT

Huren, Laus, Mist, Rotz, Sau, Scheiß, Teufel) treten so häufig als Erstglieder in zusammengesetzten Schimpfwörtern auf, dass ihre Bedeutung mit der Zeit abstrakt wird und sie mehr den Präfixen als eigenständigen Wörtern ähneln: In der Sprachwissenschaft werden sie deshalb als Halbpräfixe bezeichnet. Es gibt auch neutrale Halbpräfixe (*Mega-, Ober-, Riesen-, Voll-*), die das Schimpfwort verstärken: *Megaarschloch, Oberdepp, Oberwichser, Riesenarschloch, Riesendepp, Volldepp, Vollidiot, Volltrottel.*

Die negativen Halbpräfixe können ein anderes Schimpfwort verstärken oder an ein neutrales Wort angeknüpft ein Schimpfwort ergeben:

- *Arschsau, Drecksau/-schwein, Drecksack, Hurenbankert, Hurentrottel, Mistsau, Mistvieh, Scheißarschloch, Sautrottel, Scheißfotze, Scheißschlampe, Scheißtrottel* und viele mehr.
- *Dreckskerl, Mistkerl, Saukerl, Scheißkerl, Missgeburt, Misttyp, Miststück, Hurenbankert, Hurenkind, Scheißlehrer, Scheißmutter, Scheißtochter, Scheißtyp* und so weiter.

Wie wir sehen, wird das Halbpräfix *Scheiß-* sehr häufig gebraucht und kann jedes Wort in ein Schimpfwort verwandeln, auch Gegenstände, über die wir uns ärgern: *Scheißgerät, Scheiß-PC/Scheißcomputer, Scheißprogramm, Scheißwerkzeug, Scheißkopierer, Scheißwaschmaschine, Scheißbett, Scheißtür,* usw.

Im Streit können sich auch unerwartete Wortbildungsmöglichkeiten eröffnen – wie in einer Szene aus Wolfgang Bauers Roman *Magic Afternoon*, in der ein streitendes Pärchen sich mit Büchern und selbstkreierten Schimpfwörtern bewirft, bei denen dem jeweiligen Schriftstellernamen ein »Scheiß« vorangestellt wird:

/.../ es kommt zu einer regelrechten Bücherschlacht, bei der beide langsam immer fröhlicher werden. Bevor sie werfen, schreien sie die Autoren der Bücher. Also z.B. Scheiß-Dürrenmatt, Scheiß-Pinter,

Scheiß-Albee, Scheiß-Walser, Scheiß-Grass, dann immer fröhlicher werdend: Scheiß-Ionesko, Scheiß-Beckett /…/ (beide lachen schon) Jetzt eine abschließende Balgerei mit den Klassikern: Scheiß-Goethe, Scheiß-Schiller etc. – Regie. (1969: 28–29)

Halbpräfixe können auch Eigenschaftswörter verstärken, und zwar nicht nur negative *(saublöd)*, sondern auch neutrale *(arsch-/saukalt, arschknapp, scheißegal)* und positive *(saugut)*.

Als Halbsuffixe werden zur Bildung von Schimpfwörtern *-bruder, -schwester, -hans, -heini, -hengst, -huber, -meier, -fritze, -liese, -michel, -peter, -tante* eingesetzt. Dieses Wortbildungsmodell ist nicht so häufig und dient zur Bezeichnung einer Person mit verschiedenen (negativen) Eigenschaften oder Verhaltensweisen: *Angstmeier, Tratschtante, Meckertante/-onkel, Saufbruder, Schwatzheini*. Halbsuffixe sind in der Hinsicht praktisch, da es nicht immer einfach ist, aus einem Verb oder einer Dingbezeichnung ein Personenschimpfwort zu machen. Wird daran eine Personenbezeichnung angehängt, ergibt sich automatisch ein persönliches Schimpfwort.

Zur Wortbildungsart Konversion, die im engen Sinne als unveränderte Überführung eines Wortes in eine andere Wortart verstanden wird *(leben – das Leben)*, zählen im weiteren Sinne auch die Wörter, denen am Ende noch ein {e} angehängt wird: *der/die Blöde, Depperte, Fette, Gestörte, das Letzte, das Letzte vom Letzten*.

Jetzt schauen wir uns die zweite Gruppe von Schimpfwörtern an, die durch Bedeutungsübertragung entstanden sind. Bei der Bedeutungsübertragung ist die erste Wortbedeutung neutral, und die zweite, die übertragene Bedeutung, ergibt das Schimpfwort. Am häufigsten haben wir hier mit metaphorischen Schimpfwörtern zu tun. Die Metapher stellt einen gekürzten Vergleich dar, bei dem zwei Dinge oder Wesen miteinander verglichen werden. Metaphorische Schimpfwörter können verschiedenen Bereichen unseres Alltags entspringen. Hier gehe ich nur auf die zahlreichsten Gruppen ein:

- Die größte Gruppe bilden Schimpfwörter, deren direkte Bedeutung mit den **Tierbezeichnungen** verbunden ist, wobei die Fauna sehr breit vertreten ist – von Haustieren (*Bock, Esel, Gans, Huhn, Hund, Kuh, Ochse, Schwein, Ziege*) bis zu den exotischen Tieren (*Affe, Elefant, Kamel, Rhinozeros, Trampeltier*), von Amphibien und Reptilien (*Natter, Schlange, Kröte, Giftkröte*) zu Insekten (*Laus, Filzlaus, Wanze, Zecke*). Tiernamen können auch als Teile zusammengesetzter Schimpfwörter wie *Schnapsdrossel, Schweinehund* oder *Zimtzicke* auftreten.
- Die Vertreter der **Flora** (*dumme Nuss, Gurke, Pflaume, Pissnelke, Rübe*) sind bei den Schimpfwörtern, im Gegensatz zur Fauna, viel seltener zu finden.
- **Fäkalien und Ausscheidungen:** *Kotzbrocken, Mist, Misthaufen, Scheiße, Scheißhaufen, Scheißdreck, Popel*.
- **Gegenstände:** *Besen, Bohnenstange, Lappen, (alte) Schachtel, Flasche, Koffer, Pfeife, Sack*. Manche Gegenstandsbezeichnungen erscheinen nur als Teil eines zusammengesetzten Schimpfwortes: *Nervensäge, Plaudertasche*.
- **Mythologische, historische, folkloristische und literarische Gestalten:** *Drache, Biest, Hexe, Megäre, Monster, Satan, Teufel, Xantippe, Zwerg*. Das aktuellste Beispiel sehen wir bei der Bezeichnung russischer Soldaten als *Orks*. Bemerkenswert ist, dass die Ork-Darsteller gegen diese Verwendung mit der Begründung protestiert haben, nicht einmal Orks würden so brutal wie die russen vorgehen. In einem Video[14] erklärt Sala Baker: »*Ich war Sauron in Herr Der Ringe, aber ich war schockiert vom absolut Bösen, mit dem die UkrainerInnen kämpfen /.../ Bitte nennt die russen nicht Orks, das beleidigt uns*«. Denn: »*Orks würden nicht auf Frauen und Kinder schießen, Waschmaschinen klauen und sich auf Tep-*

---

14 https://www.youtube.com/watch?v=j0iG6iZWACc [Zugriff am: 06.08.2023].

piche entleeren. Wir sind Krieger und kein Abschaum«. Ein anderer Ork-Darsteller macht darauf aufmerksam, dass die russen Zoos beschießen, wehrlose Tiere töten, und wiederholt die Bitte: »Bitte, nennt russen nicht Orks, denn ich muss mich dafür vor meinen Kindern schämen«.

- **Vor- und Nachnamen:** In der Regel sind es alte und verbreitete Namen beziehungsweise Namensvarianten, die übertragene pejorative Bedeutung haben und dümmliche, einfältige, lächerliche oder gutmütige Menschen bezeichnen: *Sepp* (von *Josef*), *Trine/Transch* (von *Katharina*), Hirnederl (von *Eduard*), *Hiasl* (von *Matthias*), *Urschel* (von *Ursula*), *Saubartel* (von *Bartholomäus*), *Vollheini* (von *Heinrich*). Bei der Entwicklung eines Eigennamens zum Schimpfwort spielt das Adjektiv die entscheidende Rolle. Der berühmte Sprachwissenschaftler Otto Behaghel erklärt diesen Vorgang auf folgende Weise (1929: 2): In einer Konfliktsituation fällt den Schimpfenden zuerst das negative Adjektiv ein. Dieses wird an den erstbesten Namen angeknüpft: *blöder Heini, törichte Urschel, ungeschickte Trine*. Die zwei Komponenten verschmelzen und werden als eine Einheit verwendet, wobei das Adjektiv mit der Zeit wegfällt.
- **Handlungsbezeichnungen,** die im übertragenen Sinne als Schimpfwörter auftreten. Dieser Vergleichstyp ist im modernen Deutsch sehr produktiv: *Arschlecker, Brunzer (Schneebrunzer, Nestbrunzer), Drecksschleuder, Korinthenkacker, Pisser, Scheißer (Hosen-, Klug- oder Schleimscheißer), Tellerlecker, Wichser, Hirnwichser* und so weiter. Zu dieser Gruppe gehören auch Schimpfwörter, die nach dem *Warmduscher-Prinzip* gebildet werden. Diese Wörter, die es ermöglichen, ganze Geschichten in einem Wort unterzubringen, waren in den Achtzigern und Neunzigern sehr populär: Daniel (2000: 23) führt in seinem *Schimpfwörterlexikon für den Weichling* eine ganze Palette von 51 Schimpfwörtern (von *Apfelsaft-Trinker* bis

Zahnarzt-Fürchter) auf. Zuletzt wurden nach diesem Prinzip während der Covid-19-Pandemie Wörter wie *StraßenseitenwechslerIn* oder *MaskeunterdernaseträgerIn* kreiert.
- **Genitivmetaphern,** die in den literarischen Texten häufig zu finden sind (mein Favorit ist *Du Stuhlgang einer Hexe!* in Werner Schwabs *Troiluswahn und Cressidatheater* (1994: 38)) kommen beim Schimpfen im realen Leben selten vor. Am bekanntesten sind Konstruktionen wie *Abschaum der Menschheit, Ausgeburt der Hölle, Auswürfe der Gesellschaft.*
- Neben der Metapher stellt die **Metonymie** eine andere Form der Bedeutungsübertragung dar. In metonymischen Schimpfwörtern wird ein Körperteil des Menschen zur Bezeichnung des Menschen selbst verwendet (*pars pro toto*): *Arsch, Arschloch, Fotze/Fut, Sack/Beidl*. Möglich ist auch eine Erweiterung, wie *Arsch mit Ohren*. Auch in dieser Gruppe sind Zusammensetzungen beliebt: *Arschgesicht, Deppenschädel, Sturschädel, Doofkopf, Dummarsch, Dummkopf, Quatschkopf, Dumpfbacke, Eierkopf, Pickelgesicht, Scheißfotze, Schlappschwanz, Stinkfuß.*
- Bei einigen Schimpfwörtern wird ein Teil des **Tierkörpers** zur Bezeichnung des Menschen verwendet: *Affengesicht, Affenschädel, Froschgesicht, Sauschädel, Saukopf, Pferdefresse, Vogelkopf.*

Die Möglichkeiten der Bildung neuer Schimpfwörter durch die Bedeutungsübertragung sind nahezu unbegrenzt – erinnern Sie sich an die berühmte Szene aus Erich Maria Remarques *Drei Kameraden*, wo zwei Passanten zusammenstoßen und einender zu beschimpfen anfangen? Dabei fallen Wörter wie *bockender Strohwisch, Bierfässer, die spazieren gehen, geisteskrankes Siebenmonatskind, runzliger Hundsaffe, träumerisches Känguru, dekadenter Plattfuß, Kakadu in der Mauser, arbeitsloser Leichenwäscher, krebskranker Kuhkopf, wandelnder Beefsteakfriedhof* (1963: 59–60).

Sollten Sie auf der Suche nach kreativen Schimpfwörtern sein, lohnt es sich, das Schimpfwort-Generator zu betätigen – zum Beispiel den im Rahmen der Ausstellung *Potz Blitz*[15].

Noch ein Weg der Entstehung von Schimpfwörtern ist die **Bedeutungsverschlechterung**. Wörter, die durch Verschlechterung ihrer Bedeutung zu Schimpfwörtern mutieren, sind nicht so häufig anzutreffen. Eine der letzten solchen Verwandlungen betrifft das Wort *QuerdenkerIn*: Die ursprünglich neutrale Bezeichnung einer Person, die eigenständig und originell denkt, hat während der Covid-19-Pandemie eine negative Bedeutung entwickelt. Noch ein aktuelles Beispiel der Bedeutungsverschlechterung stellt das Wort *russe/russin* im Ukrainischen dar, das im Kriegskontext negative Konnotationen bekommen hat.

Zum Schluss schauen wir uns noch Verbindungen mit **Eigenschaftswörtern** an. Diese können Schimpfwörter konkretisieren (*fauler, egoistischer, präpotenter, rücksichtsloser Arsch*) oder verstärken: *verdammtes Arschloch, versautes Arschloch, verdammter Scheißdreck*.

Seltener werden **kopierende Eigenschaftswörter** gebraucht. Solche Wortverbindungen gelten als Pleonasmen, da es hier um Verbindung von Worten gleicher oder ähnlicher Bedeutung geht: *depperter Depp, alte Schabracke, sturer Esel*.

Beim Verwenden von Schimpfwörtern mit immer denselben Eigenschaftswörtern reden wir von **formelhaften Verbindungen**: *alte Schachtel, alter Knacker, blöde Kuh, dumme Gans, langer Lulatsch, dumme Nuss, blöde Ziege*.

Eine eigenständige Gruppe bilden zweigliedrige Aussagen, die aus einem negativen Eigenschaftswort und einem neutralen Substantiv bestehen. In diesen Konstruktionen bildet das Eigenschaftswort

---

15 https://potzblitz.museumsstiftung.de/fluchgenerator/#fluch [Zugriff am: 06.08.2023].

den pejorativen Kern: *beschissener, blöder, dummer, hundsgemeiner, kranker, verfluchter, widerlicher Mensch.*

Interessanterweise finden sich bei den Umfragen von Kindern und Jugendlichen viele solcher Wortverbindungen mit dem Wort »Kind«: *arschgeficktes, behindertes, blödes, deppertes, dummes, fettes, gestörtes, gehirngestörtes, hurenverficktes, krankes, notgeiles, schwules, verdammtes, verfluchtes, unnötiges Kind.* Dieses Modell ist auch bei der Beschimpfung von Gegenständen und Sachverhalten produktiv: *verfickte Situation, beschissenes Wetter, beschissene Politik, beschissenes Kabel, verschissenes Garagentor, verschissene Kaffeemaschine.*

Somit kommen wir zur Hypothese zurück, dass im Kontext jedes Wort zum Schimpfwort werden kann.

SCHIMPFEN OHNE SCHIMPFWÖRTER

*Musst alle garst'gen Worte lindern
Aus Scheißkerl Schurken, aus Arsch mach Hintern*
(Johann Wolfgang Goethe. *Briefgedicht an Friedrich Wilhelm Gotter*)

Ersatzschimpfwörter gehören zu den Euphemismen, also verhüllenden oder beschönigenden Wörtern. Zu den Gründen, warum wir Euphemismen gebrauchen, zählt vor allem der Wunsch oder die Notwendigkeit, sich an die soziokulturellen gesellschaftlichen Normen zu halten, laut denen der Gebrauch von Schimpfwörtern nicht passend ist. Noch ein Grund zum Kreieren von Euphemismen liegt in unserer Realität, die sich verstärkt auf sozialen Plattformen abspielt. Da die Verwendung von Schimpfwörtern oft die Sperrung des Accounts zur Folge hat, greifen die BenutzerInnen zu den Euphemismen beziehungsweise verändern das Schimpfwort geringfügig und überlisten auf diese Weise das System. Die wohl skurrilste Maßnahme betraf eine französische Stadt: *Ville de Bitche* wurde gesperrt, weil der Algorithmus – wahrscheinlich wegen der Ähnlichkeit zum englischen Schimpfwort »bitch« – angesichts des vorgeblich obszönen Begriffs anschlug.

Ferner spielt für den Gebrauch von Euphemismen auch der bewusste oder halbbewusste Glaube an die Magie des Wortes eine Rolle.

Generell teilen sich Euphemismen, was ihren Zusammenhang zum verhüllten Wort anbetrifft, in zwei Gruppen:

- jene, die auf Grundlage der gemeinsamen Bedeutung gebildet sind
- jene, die auf Grund lautlicher Ähnlichkeit verbunden sind

Ersatzschimpfwörter gehören größtenteils zur zweiten Gruppe. Zu den Ersatzwörtern aufgrund der Bedeutungsähnlichkeit zählen beispielsweise metaphorische Bezeichnungen wie *Schallende* oder *fliegende Untertasse* (beide statt *Ohrfeige* in der Drohung *Du kriegst gleich eine Schallende/eine fliegende Untertasse*). Viele von mir Befragte betrachten auch fremdsprachige Schimpfwörter als Ersatz für die deutschen (*shit* oder *merde* statt *Scheiße*), da sie im Vergleich zu den muttersprachlichen als schwächer empfunden werden.

Neben den allgemein bekannten Ersatzschimpfwörtern wie *Scheibe, Scheibenkleister, Scheibenhonig* oder *Astloch* gibt es auch sehr viele individuelle Ausprägungen.

Zu den häufigsten Modellen gehören Wortkürzungen, auf die erste Silbe oder den ersten Buchstaben:

Sch… (statt *Scheiße*), *So ein Sch…!* (*So ein Scheiß!*)

Du bist ein blödes »W« (*»W«* statt *Wappler*)

Das reimt sich wie A und F (*Das reimt sich wie Arsch und Friedrich*)

Das in den Jugendsprachen häufige *AMK* stellt die Abkürzung vom türkischen *amına koyim* dar, das wörtlich »ich setze es in die Vagina« bedeutet und für »ich mache dich fertig« steht. Meistens wird es aber analog zum Ausruf *Scheiße!* im Deutschen gebraucht.

Weitere Beispiele sind:

Himmel A und Zwirn! (*Himmel Arsch und Zwirn!*)

WTF! (*What the fuck!*)

ACAB (*All cops are bastards*)

LmaA (*Leck mich am Arsch*)

Weil die letzte Abkürzung auch auf Autokennzeichen Verwendung fand, wurde vor einigen Jahren sogar eine Beschwerde bei der Volksanwaltschaft in Wien eingereicht. Das Ergebnis? Es hieß, nach rechtlicher Prüfung sei alles in Ordnung, denn es könnte sich auch um die Abkürzung von Namen handeln. Aufgrund dieser Reaktion sahen sich viele dazu inspiriert, positive Sprüche zu kreieren, die sich hinter der Abkürzung LMAA verstecken könnten, wie zum Beispiel *Lächle mehr als andere*. Es gibt aber Kürzel, wo keine Interpretationen zugelassen sind, und Ausdrücke, die streng verboten sind, wie beispielsweise sexuell konnotierte Ausdrücke und Kürzel mit nationalsozialistischem Hintergrund.

Ob Zufall oder Absicht – auf einem der Wahlplakate der österreichischen Partei »*Team Stronach*« ergaben die ersten Buchstaben der drei Slogans ein *WTF*, was bei aufmerksamen BürgerInnen für Lacher sorgte:

Wahrheit

Transparenz

Fairness

Deshalb sollte in der Werbebranche genauer auf versteckte Inhalte, Doppelbedeutungen und Konnotationen geachtet werden. Andererseits zieht die Ähnlichkeit mit einem Tabuwort zusätzliche Aufmerksamkeit auf das Unternehmen oder das Produkt. Hierzu fallen mir zwei Beispiele ein: *FCUK* (French Connection UK) und Fastfoodkette *Fuddruckers*.

Mit der Abkürzung auf die erste Silbe werden viele Ersatzflüche für Gotteslästereien gebildet: *Sakra (Sakrament), Kruzi, Fix (Kruzifix), Herrje! (Herr Jesus), Oje! (O Jesus).*

Wenn wir zu den Abkürzungen von Schimpfwörtern greifen, haben wir das Gefühl, das gesellschaftliche Tabu zu fluchen nicht ganz zu brechen – wie in diesem alten Witz:

Kommt der Heini zur Beichte und antwortet auf die Frage des Pfarrers, ob er gescholten habe: »Na ja… ich habe ›Sakra‹ gesagt, aber ›ment‹ habe ich nicht hinzugefügt«.

Es können auch Teile zusammengesetzter Wörter abgekürzt werden: *Scheipi* (individuelle scherzhafte Kreation als Abkürzung von *Scheißpiefke*) oder in den Jugendsprachen häufige Ersatzschimpfwörter *Huso* beziehungsweise *HS (Hurensohn), Hubo (Hurenbock) oder HK (Hurenkind)*. In schriftlicher Form werden bei der Abkürzung von Schimpfwörtern Punkte, Sternchen oder Striche verwendet: *Sch..., f*** your mother, A-loch.*

In der Regel haben wir weniger Hemmungen, fremdsprachige Schimpfwörter auszusprechen als muttersprachliche, und zwar auch dann, wenn wir eine Fremdsprache fließend sprechen und uns der Vulgarität eines Wortes bewusst sind. Deshalb eignen sich fremdsprachige Schimpfwörter gut als Ersatzwörter: »*Wenn ich nicht alleine bin, dann fluche ich nur in italienischer oder englischer Sprache (porco dio, madonna, dio boia, bloody bastard) zwecks Verschleierung meiner Äußerungen*« (so einer der Interviewten). Doch auch die fremdsprachigen Schimpfwörter werden verhüllt, zum Beispiel *fuzk* (wenn *fuck* buchstäblich auf Deutsch gelesen wäre), oder ans Französische angelegte »fuck«: *Ün fück!*

Eine Möglichkeit, das Wort zu verhüllen, bietet auch das Auslassen eines Buchstabens – wie auf dem Aufkleber *FCK FPÖ* (»Fick FPÖ«)[16].

Als ideale Euphemismen gelten die sogenannten Nulleuphemismen, wenn das Schimpfwort ganz weggelassen wird:
Leck mich (am Arsch)
Es setzt gleich eine (Ohrfeige)
Du kannst mich mal!
Du bist mir eine…!

Nicht selten werden anstelle weggelassener Schimpfwörter Gesten verwendet – zum Beispiel, wenn bei *Leck mich* auf den Hintern gezeigt wird.

---

16 https://volksverpetzer-shop.de/aufkleber_fck-fpoe [Zugriff am: 20.06.2023].

Eine weitere Möglichkeit, Ersatzschimpfwörter zu kreieren, bieten Transformationen am Wort an. Am häufigsten beobachten wir den Ersatz eines Buchstabens oder einer Silbe durch einen anderen/eine andere:

Scheinerei (Scheißerei)
verflixt, verpucht (verflucht)
Sapperment (Sakrament)
Scheibe! (Scheiße)

Seltener wird das Umstellen von Buchstaben oder Silben verwendet:

Sche geißen! (Geh scheißen!)
Geh a Schüssal beißen! (Geh a bissl scheißen)

Häufig wird aber das ganze Schimpf- oder Fluchwort durch ein neutrales ersetzt:

So a Kas! (So a Schas!)
Geh zum Kuckuck! (Geh zum Teufel!)
Leck mich am Ohr! (Leck mich am Arsch!)

Potz Blitz! (Gottes Blitz!) – in diesem Fall beobachten wir neben dem Ersatz auch die Abkürzung einer Äußerung, denn ursprünglich war es die Verwünschung *Gottes Blitz soll dich treffen!*

Schimpfwörter können auch durch das Benennen ihrer Buchstabenanzahl verhüllt werden, zum Beispiel *vier Buchstaben* für »Popo«, das eigentlich ein harmloses Wort und selbst ein Ersatzwort für »Arsch« ist.

Neutrale Wörter, die in der Realität etwas Negatives bezeichnen, eignen sich ebenfalls als Ersatzwörter für vulgäre Schimpfwörter, zum Beispiel *Mist* oder *Dreck* statt *Scheiße*. Als Ersatzschimpfwörter gelten auch Wörter aus der Kindersprache: *Kacke/Gacke/Gacki! So eine Kacki! Mistigacki! Geh doch kacken! Geh Lulu!* (statt *Verpiss dich* von *Lulu machen* – österreichisch für *pipi machen*).

In meinen Umfragebögen finde ich auch individuelle Kreationen wie das Aufzählen beliebiger Zahlen bzw. Buchstaben – *1, 2, 3!* oder *A, B, C!*, die eine wüste Beschimpfung oder einen Fluch ersetzen sollen.

Beim Schimpfen mit Ersatzschimpfwörtern spielen prosodische Charakteristika wie Lautstärke, Akzentuierung, Intonation sowie Dehnungen oder das R-Rollen eine wichtige Rolle – wie bei individuellem Ersatzschimpfwort *Rrrhododendrrron!* Interjektionen, die diese Möglichkeit des Rollens bieten, eignen sich deshalb auch gut zum Fluchen: *Haaaarrrrgggghhh! Grrrrr!*

Witzig finde ich das Beispiel, wenn der Name des ehemaligen deutschen Politikers Joschka Fischer als Ersatzfluch im Ukrainischen funktioniert: *Йо...шка Фішер! (Jo...schka Fischer!)* Dieser Gebrauch erklärt sich dadurch, dass die erste Silbe im Namen an das vulgäre Wort *йоб/job(fick)* erinnert, das am häufigsten im *Ausruf Йоб твою мать!/Job twoju mat'((Ich) fick deine Mutter!)* aber auch in anderen Schimpfkonstruktionen gebraucht wird.

In Ersatzschimpfwörtern wird oft lautliche Ähnlichkeit zum Schimpfwort auf die Art und Weise beibehalten, dass die erste Silbe oder der erste Buchstabe dieselben bleiben. Um eine Art Spannung zu erzeugen, wird nach diesem ersten Laut eine Pause eingelegt, beziehungsweise er wird gedehnt. Dadurch werden die Assoziationen mit dem verhüllenden Schimpfwort geweckt – ein Effekt, den ich als »betrogene Erwartung« bezeichne:

Geh sch...au dir das Wetter an!
Scha...de! Sch....önes Wetter! Sch...okolade! Sch...koda!
Leck mich doch am Aaaarm!
Du sau...berer Mensch! Faaaa...xgerät! (Essig 2012: 87)

Auf gewisser lautlicher Ähnlichkeit zum Schimpfwort beruhen auch lustige Beschimpfungen wie *Traumbild* (statt *Trampel*), *Du bist Teppich!* (statt *Du bist deppert/teppert!*) oder *Bist moped? (Bist deppert?)*

Die Erweiterung des Schimpfworts *Scheiße* mit einem neutralen (*Dreck*) und kindersprachlichem Begriff (*Kacke*) verhüllt es zwar nicht, lenkt aber von ihm die Aufmerksamkeit ab: *Scheißkackendreck!* Noch ein Beispiel hierzu hat mir eine Bekannte aus einer adeligen Familie geliefert: Da in ihrer Erziehung das Schimpfen und Fluchen noch mehr als in anderen Familien verpönt waren, schwächt sie das ohnehin schon salontaugliche *Scheiße* durch das Anhängen einer verniedlichenden Anrede *Schatzi* ab: *Scheißeschatzi!*

Wortspiele mit fremdsprachigen Wörtern schwächen Schimpfwörter ebenfalls ab: *Leckomio (Leck mich).*

Dank Verwendung bildhafter Metaphern (wie in den nächsten Beispielen *Schallende* bzw. *fliegende Untertasse* statt »Ohrfeige« und *linker und rechter Freund* statt »linke und rechte Hand«) werden Drohungen verschleiert:

Willst du eine Schallende? Willst du eine fliegende Untertasse?
Kennst du meinen linken und meinen rechten Freund?

Metaphern können auch aggressive Aufforderungen beschönigen, zum Beispiel *Bohr dir ein Loch ins Knie und schieb eine Gurke rein!* (statt »Fick dich ins Knie!«). Anstelle vulgärer Aufforderungen können außerdem feste Redewendungen wie *Geh dahin, wo der Pfeffer wächst!* gebraucht werden.

Einen interessanten Fall, die Aufforderung *Leck mich am Arsch* zu verhüllen, bilden ihre Bezeichnungen als *Götz-Zitat* (nach dem bekanntesten Vorkommen in Goethes »Götz von Berlichingen«) und *Schwäbischer Gruß* – nach ihrem häufigen Gebrauch in den mittel- und oberdeutschen Dialekten.

Es ist auch möglich, positive Wünsche oder Aufforderungen anstatt Verwünschungen und aggressiven Aufforderungen zu verwenden, wie zum Beispiel *Du kannst mi/mich gern haben!* oder *Hab mi gern!* im Wienerischen.

VOM EUPHEMISMUS ZUM SCHIMPFWORT

Ersatzschimpfwörter haben die Eigenschaft, sich mit dem negativen Kontext oder der negativen Ansicht zum Bezeichneten aufzuladen und bald ebenfalls als Schimpfwort wahrgenommen zu werden.

Dann wird ein neues Ersatzschimpfwort notwendig, und der Prozess, der in der Sprachwissenschaft als »Euphemismus-Tretmühle« bekannt ist, kann so weitegehen: *Putzfrau – Reinigungskraft – Raumpflegerin – Sauberkeits-/Putzfee – Perle des Hauses – Bodenkosmetikerin* ...

Noch ein Beispiel dafür, wie ein Ersatzwort von negativer Stellungnahme dem Bezeichneten gegenüber »angesteckt« und zum Schimpfwort wird, stellt das Wort *Dirne* dar: Es stammt vom Althochdeutschen *thiorna*, das »Jungfrau, Mädchen, Magd« bedeutete. Das mittelhochdeutsche *dierne* wurde als verhüllendes Wort zur Bezeichnung einer Prostituierten verwendet und hat allmählich die zusätzliche Bedeutung »Hure« bekommen. Bis etwa ins 18. Jahrhundert funktionierten neutrale und abwertende Bedeutungen parallel. So lesen wir in den alten Märchenausgaben noch: »Es war einmal eine kleine süße Dirne, die hatte jedermann lieb« (Rotkäppchen, 1837). Heutzutage wird das Wort und seine Varianten in neutraler Bedeutung »junge Frau« nur in den Dialekten gebraucht – denken wir etwa an das Lied *Hamburger Deern* von der Musikgruppe *Rentnerband*. Auch die Bezeichnungen für Trachten in Bayern und Österreich (*Dirndl*) oder der gleichklingende Name für Kornelskirsche in Österreich leiten sich davon ab.

Die Bedeutung eines Wortes ist, wie die Entwicklung von *Dirne* zeigt, keine unveränderbare Größe: Dieses Wort hat im Laufe der Zeit eine Bedeutungsverschlechterung erfahren, andere Wörter hingegen erleben eine Bedeutungsverbesserung, wie beispielsweise *toll*, das ursprünglich »verwirrt« oder »verrückt« bedeutete.

Das Gegenstück zu Euphemismen sind die Dysphemismen, die im nächsten Kapitel behandelt werden.

DIE ÜBERZEUGENDE KRAFT
DER VULGARISMEN

Neben Schimpfwörtern, die auf den Menschen gerichtet sind, umfasst das vulgäre Vokabular auch pejorative Bezeichnungen von Körperteilen (*Arsch, Fotze, Fresse*), physiologischen Prozessen (*kotzen, pissen, scheißen*), sexuellen Handlungen (*ficken, pudern, vögeln, wixen*), Gegenständen (*Arschfax* für das Etikett, das hinten aus der Hose rausschaut), vom Verhalten im übertragenen Sinne (*jemanden bescheißen, verarschen, jemandem am Schädel scheißen*), von schwierigen Situationen (*in der Scheiße sitzen, Scheiße gebaut haben, die Scheiße steht uns zum Hals*) oder Gefühlen und Empfindungen (*Schiss haben, sich anscheißen, angepisst sein*). Diese Wörter bezeichne ich als Vulgarismen. An neutrale Wörter angehängt, verstärken sie deren Bedeutung und ergeben neue Vulgarismen: *arschkalt, arschknapp, saukalt, scheißegal, scheißteuer*. In diesen Fällen verblasst die wörtliche Bedeutung von »Arsch«, »Sau« und »Scheiß« weitgehend, und sie stehen für »sehr, äußerst, unglaublich«.

Es finden sich auch viele idiomatische Redewendungen mit Vulgarismen: *am Arsch der Welt; das war ein Griff in Arsch; das geht mir am Arsch vorbei; du gehst mir am Arsch vorbei; zu blöd zum Scheißen; ins Hirn geschissen; Scheiß doch der Hund drauf,* oder aus dem Wienerischen: *Scheiß da Hund aufs Feuerzeug, braucht a kan Benzin* (= es ist egal).

Vulgarismen gehören zu Dysphemismen, da sie das Gegenbild zu verschönernden Wörtern (Euphemismen) sind und das Bezeichnete abwerten. Wie auch Schimpfwörter zählen sie zum expressiven Wortschatz und verleihen der Sprache besonderen Ausdruck und Intensität. Sie können aber auch zum Grundwortschatz der Person oder Personengruppe gehören. Bei ihrem gewohnten Gebrauch schleift sich die Expressivität dieser Wörter ab, und sie werden von den Personen oder Gruppen, die sie verwenden, als ganz normale neutrale Wörter wahrgenommen. Dazu fällt mir ein alter Witz aus der Sowjetzeit ein: *Die Lehrerin hat die Eltern eines Schülers in die Schule einbestellt, da er bei dem gemeinsamen Tannenbaumschmücken gefragt hat, ob er noch eine Tannenbaumkugel »dranficken«*[17] *kann. Als die Lehrerin dem Vater mitteilt, sein Sohn habe sich unmöglich benommen und sie gefragt, ob er die Tannenbaumkugel »dranficken« kann, reagiert der Vater verständnislos: »Ich verstehe nicht, wo das Problem ist – warum ließen Sie ihn nicht die Tannenbaumkugel dranficken?«*

Uns interessiert aber nicht der gewohnheitsmäßige, sondern der (mehr oder weniger) bewusste Gebrauch von Vulgarismen. In erster Linie ist hier die expressive Funktion – die Verstärkung des Gesagten – zu erwähnen. In den letzten Jahren wird in vielen Sprachen die allgemeine Tendenz, sich expressiv mithilfe von Schimpfwörtern und Vulgarismen auszudrücken, immer stärker – eine Entwicklung, die als sprachliche Verrohung bezeichnet wird. Sprachliche Verrohung bewirkt unter anderem, dass Schimpfwörter und Vulgarismen von der gesprochenen Sprache in die Medienlandschaft einsickern. Sogar seriöse Medien scheuen sie nicht, vor allem aber erscheinen vulgäre Ausdrücke in den Berichten der Boulevardzeitungen. Dabei können sie schon auf der Titelseite in

---

[17] »Dranficken« wird hier in der Bedeutung »aufhängen« gebraucht. Dieses Wort und sein Gebrauch stellen ein Beispiel aus russischer Matsprache dar, die im Kapitel »Warum schimpfen wir, wie wir schimpfen« noch vorgestellt wird.

zentimetergroßer Aufschrift prangen: *Holt Van der Bellen heute Wahlsieg? Es wird »arschknapp!«* (Österreich 23.05.2016).

Dabei sind Vulgarismen in Interviews mit KünstlerInnen oder SportlerInnen, die durch ihre expressive Sprechweise beziehungsweise provokantes Verhalten bekannt sind, weniger überraschend:

Kämpfen und uns den Arsch aufreißen (Aussage des österreichischen Fußballspielers Marco Arnautovic (*Heute* 09.10.2013: 31)).

Mir rinnt heute das Wasser bis zum Oasch (Andreas Gabalier nach einem Konzert (*Heute* 02.09.2019: 25)).

Wenn es jemanden gibt, der den Gebrauch von Vulgarismen zu einer wahren Kunst und seinem Markenzeichen stilisiert hat, dann ist es Dieter Bohlen mit seinen Äußerungen als Chefjuror bei *Deutschland sucht den Superstar* – hier nur eine kleine Kostprobe[18]:

Wir suchen hier Vulkanausbrüche und keine Furzfontänen.

Eine Stimme zum Niederknien, aber nur, damit man sich nicht auf die Füße kotzt.

Das klingt, als wenn sie dir den Arsch zugenäht haben und die Scheiße oben raus kommt.

Wenn das Wetter so wäre wie deine Stimme, würde es Scheiße regnen.

Kommt der Vulgarismus aus dem Munde einer Person, von der wir vulgäre Aussagen gar nicht erwarten, zum Beispiel eines Geistlichen, der damit die Ernsthaftigkeit kirchlicher Probleme betonen möchte, ist der Überraschungseffekt groß und mit ihm auch die Überzeugungskraft seiner Worte: *Was die Anzahl der Mitglieder betrifft, ist die Lage relativ beschissen* (der Dompfarrer Toni Faber über die Situation der Kirche (*Österreich* 14.11.2014: 8)).

Die expressive Funktion von Vulgarismen spielt auch im Krieg eine Rolle. So kommt es vor, dass ukrainische Soldaten zur Bekräftigung ihrer Entschlossenheit, das Land von russischen Besatzern

---

18 https://www.tvspielfilm.de/news/stars/aus-dsds-und-supertalent-dieter-bohlens-100-heftigste-sprueche [Zugriff am: 22.06.2023].

zu befreien, expressive Äußerungen gebrauchen wie: *Wir ficken die Okkupanten zurück nach russland*. Laut Tenor auf sozialen Medien wird der Gebrauch von Vulgarismen auch so wahrgenommen – als Ausdruck der Entschlossenheit –, und diese vulgären Äußerungen üben beruhigende Wirkung aus.

Mit Vulgarismen kann auch eine Entschuldigung verstärkt werden: Eine Lehrerin erzählte mir, dass ein Schüler mit den Worten *Entschuldigen Sie bitte, ich habe Scheiße gebaut* zu ihr kam. Dieser expressive Ausdruck hat sie darin überzeugt, dass das Kind sich des Fehlers tatsächlich bewusst ist und ihn bereut; als Lehrkraft aber musste sie den Schüler darauf hinweisen, in Zukunft mehr Wert auf den Sprachgebrauch zu legen.

Zur Illustration überzeugender Wirkung von Vulgarismen möchte ich Ihnen abschließend noch eine Geschichte erzählen, die meiner Freundin, einer Kinderärztin, passierte: Ihr kleiner Patient hatte gesundheitliche Probleme, weil ihn seine Eltern, die zu den neureichen russen gehörten, zu oft und in zu großen Mengen gefüttert haben. Ihre ausdrücklichen Anweisungen, die Essgewohnheiten des Kindes dringend zu ändern, lehnten sie ab:»*Der soll brav weiteressen, wir sind ja nicht arm.*« Nur die Worte des russischen Kinderarztes, den die Eltern bei dem Heimaturlaub konsultierten, konnten sie überzeugen:»*Weniger zum Fressen geben! Sehen sie sich das Kind an: es schaut ja aus wie ein Schwein, das vor Ostern geschlachtet sein sollte!*«

Um einen komischen Effekt zu erzielen, können mittels Vulgarismen neue Wörter kreiert werden – hier einige Beispiele aus dem Wienerischen: *Hühnerduttln (Hühnertitten)* für »Hühnerbrust«, *Brunzodrom (brunzen = pissen)* für »Pissoir«, *Hurendiesel* für billiges und intensiv riechendes Parfüm, *Suppenbrunzler (Suppenpisser)* für die Lampe, die über dem Restauranttisch hängt und kondensiertes Wasser in den Teller tropfen lässt.

Zur Erheiterung tragen Vulgarismen in der Folklore bei – in witzigen Liedern und Gedichten, Aufzählreimen oder Toilettensprüchen. Hier möchte ich nur einen interessanten Typ erwähnen – die Hühnerleiter-Definitionen des Lebens (Dundes 1985: 20).

Das Leben ist wie eine Hühnerleiter – kurz und beschissen
Das Leben ist wie eine Hühnerleiter – beschissen von oben bis unten.
Was ist das Leben? Eine Hühnerleiter: eine Sprosse ist stets beschissener als die andere.

Vulgarismen sind auch ein wirksames Instrument der Angstbewältigung, denn durch das Abwerten furchterregender Situationen erheben wir uns über diese und überwinden so unsere Angst. Das beste Beispiel bieten hier die vielen ordinären Bezeichnungen für das Sterben: *abkratzen, den Arsch zukneifen, einen kalten Arsch kriegen, ins Gras beißen, krepieren, verrecken* und so weiter.

Wie auch Schimpfwörter eignen sich Vulgarismen sehr gut, um Aufmerksamkeit zu erregen. Das macht sich das Business zunutze und setzt vulgäre Ausdrücke in der Werbung ein – wie Elektronikfachmarkt *MediaMarkt* in einem früheren Werbespot *Lasst euch nicht verarschen.*

Die Ergebnisse meiner Forschungsarbeiten widerlegen die verbreitete Hypothese, die Personen mit niedrigen sozialem Status eine derbere Sprache zuspricht (vgl. Jay 2000, Stawyz'ka 2008): Das Schimpfverhalten wie auch der Gebrauch von Vulgarismen sind in sozialer Hinsicht homogen. Der Unterschied könnte lediglich darin liegen, dass Personen mit höherer Ausbildung seltener zum routinemäßigen Gebrauch neigen und Vulgarismen bewusst einsetzen – wie der ehemalige deutsche Bundeskanzler Helmut Schmidt in einer Bundestagsrede, als er auf die galoppierende Inflation in der Weimarer Republik zu sprechen kommt: »Dann ging die Scheiße wieder los.« (Zitat nach Gauger 2012: 57)

Normalerweise braucht es Zeit, damit sich die Vulgarität eines Wortes abnutzt, doch unter außergewöhnlichen Umständen kann dies schneller erfolgen. So haben sich im Ukrainischen nach dem breitangelegten russischen Angriff Schimpfwörter und

Vulgarismen eine gewisse Akzeptanz erworben, sodass es sogar als adäquat wahrgenommen wird, wenn der Präsident sie in seinen Reden gebraucht. In meinem eigenen Sprachgebrauch habe ich zu Beginn der russischen Aggression gegen die Ukraine 2014 binnen einiger Wochen die Abnutzung der derben Wörter *хуй/ chuj* (»Schwanz«) beziehungsweise *хуйло/chujlo* (wörtlich übersetzt »Riesenschwanz«) erlebt. Sie gehörten zu den Begriffen, die ich nie in den Mund nahm, und ich hätte mir niemals vorstellen können, dass ich sie nicht nur laut aussprechen, sondern zusammen mit meinen Kindern (!) auf Demonstrationen lautstark singen und skandieren würde. Aber gerade das war passiert, nachdem der Anti-Putin-Sprechgesang *путін хуйло/putin chujlo* (sinngemäß dem deutschen »Putin ist ein Riesenarschloch«) zum Internet-Meme wurde und die Hemmschwelle gesunken war, den Spruch zu verwenden. Das derbste Schimpfwort verblasst hinsichtlich der Grausamkeit von Kriegsverbrechen und der dafür verantwortlichen Person, die es bezeichnet.

BESTIE, ICH HAB DICH GERN! SCHIMPFWORT ALS KOSEWORT?

Das Wort gleicht der Biene: Es hat Honig und Stachel.

(Talmud)

Schimpfwörter, die als Kosewörter funktionieren, sind sowohl aus sprachwissenschaftlicher als auch aus psychologischer Sicht interessante Forschungsgegenstände. Die Psychologie sieht einen Zusammenhang zwischen aggressiven Gefühlen und der Liebe. So sind Bach und Goldberg (1981:93) der Meinung, dass die Liebe nur zwischen zwei Leuten entstehen kann, zwischen denen auch intensive Aggressivität möglich ist. Dieser Zusammenhang kommt im deutschen Wort *Hassliebe* sowie in Sprichwörtern in verschiedenen Sprachen vor: So heißt es im Polnischen *Es fetzen sich diejenigen, die sich lieben,* während das Ukrainische folgende Formel kennt: *Die Liebe und den Hass trennt nur ein Schritt.* Diese Ambivalenz der Gefühle für die geliebte Person erklärt auch das Phänomen kosender Schimpfwörter. Andererseits neigen die Menschen dazu, in engen oder intimen Beziehungen verbale Tabus zu brechen.

Der Gebrauch von Schimpfwörtern in der Rolle von Kosewörtern ist zudem mit Aberglauben verbunden: In vielen Kulturen hält man schöne Namen für unheilbringend und umgekehrt – schlechten Wörtern schreibt man positive Auswirkung auf die so genannte Person zu.

Wie schnell aus einem Schimpf- ein Kosewort wird, illustriert diese Geschichte, die mir eine ältere Befragte erzählte: Als Kind hatte sie ihren Bruder mit *Du Hund!* angeschrien; als sie die Reaktion ihrer Mutter bemerkte, hängte sie in letzter Sekunde noch das Suffix -zi an und rief: *Du Hundzi!* So wurde aus dem Schimpfwort ein Kosewort, und ihr blieb eine Ohrfeige erspart.

Schimpfwörter, die als Kosewörter gebraucht werden, treten oft zusammen mit positiven Attributen beziehungsweise einem Possessivpronomen »mein« oder beidem auf:

Geliebter Trottel
Mein Depp
Mein kleiner Stinker
Meine süße Hure

Kosendes Beschimpfen betrifft am häufigsten uns nahestehende Leute, auch Babys und Kinder, und wird oft in Liebesbeziehungen praktiziert. In kosender Absicht können sich die Schimpfwörter auch an Tiere richten:

Depp, Schlampe, Trottel (zum Hund), *Lumpi* (als Hundename), *kleines Scheißerchen, mein Depperl* (zur Katze), *Besen, Rübe, Nudel* (zum Pferd). Einmal habe ich einen Suchzettel mit liebevollen Schimpfwörtern gesehen, die der vermissten Katze galten:

Mein geliebtes gestreiftes Luder ist entlaufen. Wer hat mein Lieblingsvieh gesehen?

Am häufigsten beobachten wir kosendes Schimpfen, wie gesagt, im FreundInnenkreis. Beim Herumblödeln oder beim scherzhaften Abweisen, etwa wenn Freunde gegenteiliger Meinung sind, kann es zu Beschimpfungen (*Du Affe! Du bist wirklich ein Arschloch! Du Drecksau, was soll das? Trottel!*), aggressiven Aufforderungen (*Geh scheißen! Halt die Fresse! Leck mich (am Arsch)!*) oder Drohungen (*Ich hau dir eine, dass der Schädl raucht!*) kommen.

Bei scherzhafter Kommunikation werden im FreundInnenkreis gern auch mal individuelle Schimpfwörter kreiert:
Mach dich mal nützlich, du Schwachstelle!
Du dreimal arschgefickter Weihnachtsmann!
Im männlichen Freundeskreis kommen Schimpfwörter oft bereits in der Begrüßung vor:

Wie geht's dir, alter Dackel?
Grüß dich, du Arsch/Wappler/Wixer!
Hey, du Sack!

Oder die Kommunikation wird mit scherzhaften Drohungen eingeleitet:

Soll ich dich hauen?
Soll ich dir eine (Ohrfeige) auflegen?

Während die Anwendung von Schimpfwörtern in der Anrede für die männlichen Gruppen verschiedenen Alters kennzeichnend ist, wird sie bei erwachsenen Frauen selten beobachtet (*Hallo, du Schlampe! Hallo, du Alte!* oder *Servus, du Gurke!* stellen die seltenen Beispiele in meinem Materialkorpus dar). In Mädchengruppen wird dagegen *bitch* (wie auch *Schlampe*) häufig scherzhaft zur gegenseitigen Begrüßung verwendet. Offenbar kopieren die Mädchen in diesem Fall das sprachliche Verhalten der Jungen, und zwar mit dem unbewussten beziehungsweise teils bewussten Ziel, ihnen die Schimpfwörter, die sie gegenüber Mädchen gebrauchen, abspenstig zu machen. Denn durch die Selbstbezeichnung vollzieht sich eine positive Umwertung dieser Wörter, die sie für die Beleidigung der Mädchen unbrauchbar macht (sogenannte bedeutungsverbessernde Funktion). Die Aufwertung durch die Selbstbezeichnung beobachten wir auch bei anderen Schimpfwörtern: *Schwuler* war ursprünglich ein Schimpfwort für männliche Homosexuelle, wurde von der Schwulenbewegung aber bewusst als positiv besetzte Selbstbezeichnung verwendet, infolgedessen die alte Benennung Homosexueller und insbesondere seine Kurzform Homo mittlerweile negativ konnotiert sind. Als weitere Beispiele der Aufwertung durch Selbstbezeichnung wären zu nennen: ein Wiener Restaurant namens *Kümmeltürk*, die Musikband *Wiener Tschuschenkapelle* oder die Verwendung des Wortes *bitch* seitens der Künstlerin Reyhan Şahin, die als *Lady Bitch Ray* auftritt. Der gegenseitige Gebrauch von Schimpfwörtern zur Selbstbezeichnung ist auf die eigene Gruppe begrenzt: Wenn schwarze RapperInnen mit dem N-Wort hin und her werfen und darüber lachen, ist es das eine; aus dem Munde Außenstehender wird das Wort aber sofort zur schweren Beleidigung.

Kehren wir zu den scherzhaften Beschimpfungen im FreundInnenkreis zurück: Auch Frauen gebrauchen ihren Freundinnen gegenüber liebkosende Beschimpfungen wie *Du Hexe* beziehungsweise bezeichnen ihre Freundinnen als *meine Hexen*. Einmal entdeckte ich an der Uni am Schwarzen Brett einen Zettel mit recht originellen Geburtstagsglückwünschen: »*Wir gratulieren unserer geliebte Scheißerin zum Geburtstag /.../ und sei gesund wie eine Stute! Deine Schlampen*«. Zum Thema Geburtstag fallen mir noch scherzhafte Erweiterungen des Geburtstagsliedes »Hoch sollst Du leben« ein, die gern mal bei Geburtstagsfeiern im FreundInnenkreis gesungen werden: *Dick sollst du werden! Alt sollst du werden! Hässlich sollst du werden!*

Was den kosenden Gebrauch von Schimpfwörtern gegenüber Babys und Kleinkindern anbetrifft, sehen die AnthropologInnen eine Erklärung im Glauben an die Magie des Wortes, der bis in heidnische Zeiten zurückreicht. Der Sinn dieser fiktiven Beschimpfungen besteht darin, die bösen Dämonen, die dem Kind schaden könnten, zu verwirren: Indem wir unsere positiven Gefühle dem Kind gegenüber hinter den Schimpfwörtern verstecken, signalisieren wir den bösen Kräften, dass das Kind für uns unwichtig sei und verringern dadurch das Risiko, dass sie dem Kind schaden könnten. Zu Kindern werden Schimpfwörter meistens nicht in ihrer ursprünglichen Form verwendet, sondern mit verniedlichenden Suffixen -chen, -lein, oder -erl gebraucht: *Arscherl, Ärschchen, Scheißerchen, Scheißerl* und so weiter, oftmals noch zusätzlich erweitert mit dem Attribut »klein«: *kleines Äffchen, kleines Depperl.* Es sind auch in der Regel keine heftigen Schimpfwörter, die wir in scherzhaft-kosender Absicht an Kinder richten: *Hexe, Kasperl, Knödel, Laus, Mistbiene, Würschtel, Luder, Teufel, Trottel* oder *Saukopf.*

In scherzhaft-kosender Kommunikation zwischen Liebenden ist ebenfalls eine breite Palette von Schimpfwörtern vertreten: von *Depperl, Kröte, alter Fettsack, Sauli, schlimmer Bub, mein Lieblingsmacho* oder *mein Scheißerl* bis *Hexe, Hure, Scheißtyp, Stinker, Wahnsinniger.* Auf konkretes Verhalten wie etwa Unordentlichkeit des Partners beziehen sich Begriffe wie *Krümelmonster, Schlamperdatsch* oder *richtiges Schweinderl.* Auch eigene Kreationen wie ein liebevolles *alte bucklige Brotspinne* für die Ehefrau kommen vor. Und wie finden Sie diese Art der Liebeserklärung: »*Heast du Opfer. Wallah isch schwöa isch liebe disch!*« (Biber November 2014: 37).

Im erotischen Bereich werden gegenseitige Beschimpfungen und Gebrauch von Vulgarismen oft als anregend empfunden und üben daher luststeigende Funktion aus:

Wir haben uns auf die Worte [Schwanz und Fotze – O.H.] *geeinigt, die uns geil machen /.../* (Reichart 1993: 42)

Dabei [beim Geschlechtsverkehr – O.H.] *rief er ununterbrochen: »Dir zeig ich's, du geile Sau – dir zeig ich's …!«* (Barylli 1993: 159)

Dieser Gebrauch von Schimpfwörtern wird als Erotolalie oder auch mit englischen Entlehnungen »dirty talk« beziehungsweise »pillow talk« bezeichnet.

Natürlich konnte und wollte ich aus ethischen Gründen nicht so weit in die Privatsphäre der befragten Personen eindringen. Manche Teilnehmende haben aber von selbst die luststeigende Funktion von Schimpfwörtern angesprochen:

»*In einem intimen Verhältnis als Bezeichnung ›vereinbart‹ und im Liebesspiel geflüstert, kann ›Fut‹ erotisierend wirken*«. Ansonsten beobachte ich diese Funktion anhand literarischer Texte, und da fällt mir als Erstes die Liebesszene aus Remarques Roman *Schatten im Paradies* ein:

»*Rühr mich nicht an!*«, zischte sie. »*Ich werde dich nicht nur anrühren, du Satan, sondern dich hier auf der Stelle vögeln, sofort, daß du ...*« »*Laß mich los, du Verrückter*«, flüsterte sie plötzlich mit einer hohen, fremden Stimme, »*laß mich los oder ich schreie!* »*Schrei dir die Kehle aus*«, knurrte ich. »*Du wirst gefickt, du verdammter Satan!*« »*Es kommen Leute! Siehst du nicht, daß Leute kommen, laß mich los, du Untier, du Vieh, laß mich ...*« (1971: 213–214)

In diesem »Liebesdialog« werden neben Schimpfwörtern auch Vulgarismen (*vögeln*, *ficken*), aggressive Aufforderungen (*Schrei dir die Kehle aus*) und Drohungen (*Nimm die Hand weg oder ich reiße sie dir ab*) verwendet. Interessant ist außerdem der Übergang von Schimpfwörtern wie *Untier* oder *Vieh* zu den Kosewörtern *Liebster, Liebster*, die nicht nur den Dialog, sondern auch den Liebesakt abrupt beenden: *Das Wort »Liebster« hat mich ermordet.* (ebd.: 216).

Wie Schimpfwörter werden auch Kosewörter je nach Kontext unterschiedlich wahrgenommen und können sowohl wohlwollende Gefühle als auch Abneigung hervorrufen. Das beschreibt der französische Schriftsteller und Experte in Liebesangelegenheiten Guy de Maupassant in seinem Roman *Bel Ami*: Aus dem Munde seiner neuen Flamme klingen für die Romanfigur liebkosende Wörter zärtlich und angenehm, kommen sie hingegen von einer nicht mehr geliebten Frau, ärgern sie nur noch. »*Denn Liebesworte, die stets dieselben sind, nehmen bekanntlich den Geschmack der Lippen an, die sie aussprechen*«[19] – lässt uns der Schriftsteller wissen.

---

19 https://www.projekt-gutenberg.org/maupassa/belami/belami09.html [Zugriff am: 10.08.2023].

VERDAMMTE SCHEISSE! ODER: WIE FLUCHEN WIR

Wenn Sie über das Schimpfen nachdenken, fallen Ihnen höchstwahrscheinlich als Erstes entweder Beschimpfungen oder Flüche ein. Das ist nicht verwunderlich, denn die beiden gehören zu den häufigsten Formen des Schimpfens. Überhaupt wird der Begriff »Schimpfen« in der Umgangssprache oft synonym zu »Fluchen« gebraucht. Tatsächlich stellt »Fluchen« nur eine der Schimpfformen dar, von denen es eine Reihe gibt. Ich rede hier von aggressiven Sprechakten und möchte Ihnen in diesem und den nächsten Kapiteln die gebräuchlichsten vorstellen: Flüche, Beschimpfungen, aggressive Aufforderungen, Drohungen und Verwünschungen.

Flüche sind spontane Ausrufe, die sich im Gegensatz zu den anderen aggressiven Sprechakten nicht auf Personen, sondern Situationen beziehen. Ich betrachte Flüche als sekundäre Interjektionen. Warum sekundäre? Nun, sie werden genauso spontan wie Ausrufe, die pure phonologische Erscheinung ohne lexikalischen Inhalt sind (*Aaaaa! Grrrr! Haaaarggghhh!*), ausgerufen, doch im Gegensatz zu ihnen weisen sie noch lexikalische Bedeutung auf. Diese Bedeutung tritt aber in den Hintergrund, denken wir doch beim Fluchen mit *Scheiße!* zumindest nicht jedes Mal daran, dass es sich um Fäkalien handelt. Apropos oben erwähnte Ausrufe ohne Bedeutung: Auch sie gehören zum Fluchen.

Als spontane Emotionsäußerungen dienen Flüche vor allem dem Abreagieren von Emotionen. Meistens handelt es sich um negative Emotionen, doch wir fluchen auch, wenn wir überrascht sind, und dies kann durchaus auch eine positive Überraschung sein: *Himmel, Arsch und Wolkenbruch, das schmeckt aber verdammt gut!*

Flüche können aber auch im emotional neutralen Zustand gebraucht werden – zum Beispiel als Zuhörersignale. Mit dieser Verwendung von Fluchwörtern signalisieren wir der sprechenden Person, dass wir ihr zuhören und ihre Einstellungen teilen oder mit ihr mitfühlen, beispielsweise wenn wir *Ach du Scheiße!* als Reaktion auf die Mitteilung von einem Missgeschick sagen.

Zu Situationen, die uns am häufigsten zum Fluchen verleiten, gehören handwerkliches Arbeiten oder Autofahren.

Fluchwörter und -wendungen im Deutschen entstammen dem skatalogischen (*Dreck, Mist, Kackdreck, Scheiße, Scheißdreck, Scheißkackendreck*), dem religiösen und, seltener, dem sexuellen Bereich. Die gotteslästerlichen Flüche werden heutzutage meistens von den älteren Personen gebraucht, während die mittlere und jüngere Generation dann eher auf Internationalismen wie *shit* oder *fuck* zurückgreift.

Beim gotteslästerlichen Fluchen werden Gott, Maria und Jesus sowie die Namen der Heiligen und der sakralen Gegenstände oder Realien (*Kruzifix, Halleluja*) missbraucht. Schon beim Ausruf *Mein Gott!* handelt es sich um einen Fluch.

Der Ursprung gotteslästerlichen Fluchens liegt im Schwören, wenn heilige Namen zur Bekräftigung eines Schwures ausgesprochen wurden. In mancher Mundart, wie im Schwäbischen, ist statt »fluchen« »schwöra« gebräuchlich (Kiener 1983: 225). Die Verbindung vom Eid und Fluch ist noch im englischen »to swear« sichtbar, das sowohl »schwören« als auch »fluchen« bedeutet. Im Laufe der Zeit haben sich Fluchwörter aber zu reinen Affektwörtern entwickelt.

Gotteslästerliches Fluchen nimmt oft die Form von Fluchketten an, wenn mehrere Fluchwörter aneinandergereiht oder auch zu einem Wort zusammengezogen werden: *Verdammt verflucht verflixt verteufelt! Gottverdammt! Himmelherrgott! Himmel Arsch verflucht! Himmel Arsch Herrgottsakra! Himmelsakrafirmament! Jesus Maria (und Josef)! Jessasmarana (Jesus, Maria, Anna)*. Und hier eine guinnessbuchreife Fluchwortkette: *Himmelherrgottsakramentdreiteufelnocheinmal!*

Eine Fluchkette kann auch aus skatalogischen und in das Deutsche aus anderen Sprachen eingewanderten sexuellen Flüchen entstehen: *Oidamotherfuckingscheiße!* Bei dem ersten Glied in dieser Kette, dem *Oida* (wörtlich »Alter«), handelt es um ein Wort, das im Wienerischen als universaler Ausruf zum Ausdruck unterschiedlichster Gefühle sowie als Füllwort verwendet wird. Es war 2018 Jugendwort des Jahres in Österreich. Zu unterschiedlichsten Gebrauchsweisen von *Oida* gibt es ein unterhaltsames Video auf YouTube: »How to speak viennese using only one word«[20].

Mein Liebling unter den Fluchwortketten im Wienerischen ist *Himmel heiliger blutiger nackerter Hund!*

Besonders brutal und intensiv sind Fluchworte und -wendungen, die aus sakralen und obszönen Wörtern zusammengesetzt sind, da in diesem Fall gegen zwei Tabus gleichzeitig verstoßen wird. Im modernen Deutsch sind solche Flüche selten; vor einigen Jahrzehnten kamen sie noch häufiger vor: Schimpfwortforscher Franz Kiener (1983: 229) erwähnt *Kruzifick, Hurement, Fickerment, Fickelot* und *Fickelatz*. Mehr solcher Ausdrücke finden sich im Englischen, Italienischen, Bosnischen, Kroatischen, Serbischen sowie im Ungarischen. Im Italienischen wird der sakrale Bereich auch gerne mit Ausdrücken aus dem Tierreich kombiniert (*porco dio, porca Madonna*).

---

20 https://www.youtube.com/watch?v=iuXR53ex4iI [Zugriff am: 25.06.2023].

Im Deutschen kommt es eher zur Fusion der religiösen und skatalogischen Wörter: *Gottverdammte Scheiße! Heilige Scheiße!* SchimpfwortforscherInnen beobachten, dass blasphemisches Gefluche häufiger im katholischen Süden als im protestantischen Norden verbreitet ist, und sehen eine Verbindung zwischen schwindendem Glauben und dem Rückgang gotteslästerlichen Fluchens. Franz Kiener bezieht sich auf seinen Bekannten, einen Theologen, der das Fluchen als »Rückseitenphänomen des christlichen Glaubens« sieht, denn »wo viel geglaubt wird, da wird auch viel geflucht« (1983: 230). Vor diesem Hintergrund ist auch das Interesse der Theologie am Phänomen des gotteslästerlichen Fluchens nachvollziehbar: Am Anfang meiner wissenschaftlichen Laufbahn hat es mich gewundert, dass sich Studien zum Thema »Fluchen« fast ausschließlich in den Bibliotheken der Theologischen Institute fanden.

Während wir bei den einen Wörtern auch kontextunabhängig sagen können, dass es sich um ein Schimpfwort (*Idiot*) oder ein Fluchwort (*Verdammt*) handelt, können die anderen je nach Kontext in verschiedene Rollen schlüpfen. So hat *Scheiße* drei Verwendungsmöglichkeiten:

Als Vulgarismus zur Bezeichnung von Fäkalien: *Ich bin in die Scheiße getreten.*
Als Schimpfwort: *Du impotentes Stück Scheiße!* (Schwab 1993: 112)
Als Fluch in einer ärgerlichen Situation: *Scheiße!*

Bei dem Wort *Scheiße* handelt es sich um das häufigste deutsche Fluchwort. Mit großem Abstand folgen ihm *Verdammt! Fuck! Shit!* und *Mist* beziehungsweise *Dreck!*

Bei *Fuck!* und *Shit!* haben wir es mit den Internationalismen zu tun, die in vielen Sprachen präsent sind.

Dem sexuellen Wortschatz entstammen im Deutschen nicht so viele Fluchwörter: *Hurerei! Verfickte Hurerei!* Häufiger sind Zusammensetzungen aus sexuellen und fäkalen Wörtern: *Fickendreck,*

Fuckdreck, Hurenkackdreck. Bei einigen dieser Zusammensetzungen können ihre Teile problemlos umgestellt werden: *Hurenscheißdreck! Scheißhurendreck!* sind Beispiele aus meinen Umfragen, und als Variante wäre auch *Dreckhurenscheiß* durchaus als Fluch tauglich.

Flüche erscheinen als einzelne Fluchwörter (die selbständige Ausrufesätze bilden) als auch in Verbindung mit Attributen: *Grüne/heilige/verdammte/verfluchte Scheiße!* Das Attribut wird zudem oft nachgestellt:

Hurerei, verdammte!

Mist, vermaledeiter!

Scheißdreck, verfickter!

Interessantes Fluchmodell sind die sogenannten Zwillingsformeln:

Himmel und Zwirn!

Hurerei und Bigamie!

Verflucht und zugenäht!

Verflixt und zugenäht!

Flüche können durch Wiederholung gesteigert werden: *Scheiße, Scheiße, Scheiße!* Anstatt der wörtlichen Wiederholung des Fluches findet sich oft auch eine Nennung von Zahlen, die dafür stehen, wie oft ein Fluchwort gelten soll:

Teufel noch einmal!

Teufel neune!

Verdammt noch mal!

Schlussendlich ist es so, dass wir oft erst aus dem konkreten Kontext heraus sagen können, um welchen aggressiven Sprechakt es sich handelt. Denn im Affektzustand können auch Beschimpfungen oder aggressive Aufforderungen nicht personenbezogen, sondern als Ausrufe in ärgerlichen Situationen gebraucht und somit zu Flüchen werden:

Hure! Du Hure! Hure, verfluchte!

Wahnsinniger!

Leck mich!
Geh scheißen!
Und zum Schluss – ein Wiener Fluch, der der Form nach eine Verwünschung ist und mit Verdammt noch mal! übersetzt werden kann: *Alle Huren sollen Feuer brunzen!* Es gibt auch erweiterte Formen: *Alle Huren sollen Feuer brunzen, dann wäre der Gürtel[21] ein Fackelzug!/dann wäre ganz Wien ein Flammenmeer!*

---

21 Hauptverkehrsader, die nach dem Ring den Stadtkern umkreist und (mehr oder weniger ausgeprägt) als Rotlicht-Milieu gilt.

ARSCHLOCH! TROTTEL! IDIOT! ODER: WIE BESCHIMPFEN WIR

Im Gegensatz zu Flüchen, die situationsbezogen sind, haben Beschimpfungen einen Adressaten oder eine Adressatin, auch wenn es sich dabei nicht immer um einen Menschen handelt. Denn wir können auch Gegenstände, Tiere oder Sachverhalte beschimpfen. Am häufigsten richten sich Beschimpfungen aber gegen Menschen, wobei diese in den meisten Fällen gar nicht anwesend sind. Meine Forschungsergebnisse offenbaren folgendes Bild: Nur knapp ein Drittel der Beschimpfungen erfolgt direkt, der Rest wird in Abwesenheit der Beschimpften geäußert oder wenn diese außer Hörweite sind (zum Beispiel in einem anderen Auto hinter verschlossenen Fenstern). Auch Beschimpfung in Gedanken gehört zur indirekten Form des Schimpfens.

Beschimpfungen werden mit einfachen indikativen Ausrufesätzen im Präsens realisiert: *Du bist ein Arschloch!* Im Affektzustand kürzen wir diese Formel meistens zu *Du Arschloch!* oder *Arschloch!* ab. Typisch für Beschimpfungen ist auch die Inversionsstellung (*Bist du ein Arschloch!*), die Nachstellung des Personalpronomens (*Idiot, du!*) oder des Attributs (*Miststück, unverschämtes!*).

All diese syntaktischen Besonderheiten verstärken den Grad der Beschimpfung.

Ebenso kennzeichnend und sehr häufig ist die Stellung des Pronomens am Anfang und am Ende, was der Beschimpfung einen Nachdruck verleiht:

Du Arschloch du!
Du Idiot du!
Du Hund du!
Du Hund du elender!
Du verfluchtes Luder du!
Du blöder Affe du!

Diese syntaktische Konstruktion kann auch neutrale Wörter in Schimpfwörter verwandeln, etwa *Sie Akademiker Sie!* oder *Du Lehrer du!*, wie Sie bereits im Kapitel »Was ist ein Schimpfwort« erfahren haben.

Wir können nicht nur mit Substantiven, sondern auch mit Adjektiven und Partizipien beschimpfen:

Du bist verrückt!
Du bist vollkommen gestört!
Du bist saublöd!

Die Beschimpfungen werden auch indirekt – in Form von Fragesätzen – geäußert: *Bist du blöd? Sag mal, bist du deppert?* Es handelt sich hier um rhetorische Fragen, da Schimpfende nicht wirklich eine Antwort darauf erwarten.

Im weiten Sinne können auch beleidigende Äußerungen und Vergleiche zu Beschimpfungen gerechnet werden, die oftmals die Form von festen Redewendungen haben. *Du hast nicht alle Tassen im Schrank/Stroh im Kopf/einen Vogel* kennt jeder. Hier kommen etwas derbere Beispiele aus meinem Materialkorpus, unter denen Sie vielleicht auch etwas Neues entdecken:

Dich hat die Hebamme bei der Geburt fallen lassen.
Du gehörst zurückgefickt und abgetrieben.
Bei dir hat die Mutter die Nachgeburt aufgezogen.
Dir wurde ins Hirn geschissen und nicht runtergespült.
Du bist doch zu blöd zum Scheißen.

Wenn du beim Ficken so ungeschickt bist wie beim Einparken, dann wunderts mich nicht, dass du keine Freundin hast!

Die Beleidigung *Man könnte deinen Kopf mit deinem Arsch verwechseln* kann auch in indirekter, recht fieser Form gebraucht werden: *Kannst du dich erinnern, als ich meinen Arsch und du dein Gesicht am Fenster zeigten und die Leute dachten, wir wären Zwillinge?*

Noch ein Beispiel perfider Beleidigung: *Ich wusste gar nicht, dass man Scheiße so hochstapeln kann.*

Interessante beleidigende Konstruktion, zu der sich im Internet viele Beispiele finden und die das Potential für die Bildung weiterer beleidigender Äußerungen hat, ist »*Wenn Dummheit...*«:

Wenn Dummheit weh tun würde, müsstest du ständig vor Schmerzen schreien.

Wenn Dummheit quietschen würde, müsstest du den ganzen Tag mit der Ölkanne herumlaufen.

Wenn Dummheit klein machen würde, könntest du von einer Teppichkante Fallschirm springen.

Zu den häufigsten Vergleichen gehören diejenigen mit »dumm« oder »blöd«: *dumm wie Brot/ein Ochse, blöd wie Stroh/ein Stiefelabsatz* und andere.

WEN BESCHIMPFEN WIR

Es können einzelne Personen und Personengruppen beschimpft werden. Im letzten Fall handelt es sich um die sogenannte Kollektivbeschimpfung. Bei dieser Art werden sowohl Pluralformen von Schimpfwörtern (*arrogante Ärsche, Arschlöcher, unfähige Idioten, versaute Schweine*) als auch Kollektiva (*Bagage, verlogene Brut, Gesindel*) verwendet. Kollektivbeschimpfungen funktionieren auch als Hassrede (hate-speech), das heißt gruppenbezogene Feindlichkeit beziehungsweise Volksverhetzung im Internet, und stellen in diesem Fall eine Straftat dar.

Wir können aber nicht nur andere, sondern auch uns selbst beschimpfen. Schimpfwörter, die zur Selbstbeschimpfung gebraucht werden, stellen fast ausschließlich die eigene Intelligenz infrage:
Ich bin ein totaler Depp!
Ich bin ein Riesendepp!
Ich Volltrottel!
Doofe Nuss!
Bin ich blöd!
Dabei kann der Schimpfende sich selbst mit dem Vor- und Nachnamen anreden: *Mike, du alter Depp! Müller, du bist ein Idiot!* Da der Sprechakt »Beschimpfung« normalerweise an ein Gegenüber gerichtet ist, wird diese Besonderheit – also die zweite Person Singular – interessanterweise auch bei der Selbstbeschimpfung beibehalten: *Bist du blöd! Du blöde Kuh! Du Trottel!* Warum werden bei der Selbstbeschimpfung fast ausschließlich Schimpfwörter gebraucht, die sich auf die Dummheit beziehen? Ich glaube deshalb, weil die Dummheit beim Schimpfen in einem weiten Sinne verstanden wird und nicht ausschließlich als Mangel an Intelligenz. Deshalb fällt es auch den Schimpfenden leichter, sich mit diesen universalen Schimpfwörtern zu titulieren, als sich eine konkrete negative Eigenschaft zuzuschreiben. Eine Rolle spielt es auch, dass die Situationen, die uns zur Selbstbeschimpfung verleiten, oft durch die eigene Dummheit in diesem weiten Sinne verursacht werden: wenn wir etwas vergessen, etwas Falsches machen oder uns etwas selbstverschuldet misslingt. Dabei kann die Situation in der Selbstbeschimpfung explizit genannt werden: *Ich Esel, jetzt habe ich vergessen, das Attachment anzuhängen!*

Weibliche Interviewte berichten auch, dass sie sich selbst beschimpfen können, wenn sie mit ihrem Äußeren unzufrieden sind: *Fette Sau! Alte Schachtel!*

In den literarischen Texten finden sich auch kunstvolle Beispiele der Selbsterniedrigung mit Skatalogismen wie hier bei Werner Schwab:

Nur ich bin die Scheiße einer zukünftigen Scheiße, die mich herausscheißt, bevor sie selber eine Scheiße in einem Menschenbauch wird. (Der Himmel mein Lieb meine sterbende Beute 1992: 226)

Schließlich gibt es auch das Phänomen der pathologischen Neigung zur Selbsterniedrigung. Ein interessantes Beispiel stellt hierzu Hitlers Selbstbezichtigung als *Scheißkerl* dar (Dundes 1985: 129).

Beim Beschimpfen von Gegenständen werden dafür vorgesehene Schimpfwörter – die Sachschelten – wie *Dreckszeug, Klumpert, Krempel, Mistding* oder *Schrott* gebraucht, ansonsten wird dem Wort oft einfach das Präfix *Scheiß-* vorangestellt: *Scheißauto, Scheißbett, Scheißgerät, Scheißcomputer, Scheiß-PC, Scheißprogramm, Scheißwerkzeug, Scheißkopierer, Scheißwaschmaschine.* Die Verbindung mit anderen pejorativen Halbpräfixen (Kack-, Dreck-) sind auch möglich, aber seltener: *Arschwaschmaschine, Dreckstür.*

Durch das Verbinden eines pejorativen Attributs mit der Gegenstandsbezeichnung lässt sich gut über die Gegenstände, die nicht oder nicht richtig funktionieren, schimpfen: *beschissenes Kabel, blöder Computer, depperter Fernseher, verschissenes Garagentor, verdammtes Bett* und so weiter. Es geht auch universaler: *Verdammtes Scheißteil!*

Während der Covid-19-Pandemie entstanden viele neue Wörter, darunter pejorative Bezeichnungen für Masken, wie etwa *Beißkorb, dreckiger Fetzen* (österreichisch für »Lappen«), *Dreckfetzen, Gesichtsfetzen, Pappnlappn* (»die Pappen«, österreichisch für »Mund«), *Meihadern, Babbellappe* (bayrisch und hessisch »Mundlappen«), *Schnüsslappe* (kölsch »Schnauzenlappen«) verwendet.

In ihrer Verärgerung richten Schimpfende an die Gegenstände oft auch personenbezogene Schimpfwörter und aggressive Sprechakte:

Du Trottel! Geh scheißen, du lahmes Arschloch! (zum PC)
Geh raus, du Luder! (zur Schublade)
Geh scheißen! (zum Auto)

Eine Beschimpfung kann sich gegen das Wetter, eine Krankheit oder ein Schulfach richten. Sehr gut eignet sich hier der im Deutschen bekannte Spruch *X ist ein Arschloch*, und im Internet wimmelt es an unterschiedlichsten Beschimpfungen nach diesem Muster: *Zeit ist ein Arschloch, Wetter ist ein Arschloch, Latein ist ein Arschloch, Corona ist ein Arschloch* und andere.

Natürlich können diverse Phänomene auch mit anderen Schimpfwörtern beschimpft werden. Aus dem Pandemiealltag fällt mir eine lustige verhüllende Beschimpfung ein, die auf dem Wortspiel (*Huren – Husten*) beruht: *Corona ist ein Hustensohn!*

SIE ARSCH ODER DU ARSCH?

Das Kriterium bekannt – unbekannt, das in anderen Kommunikationssituationen die Wahl des Anredepronomens bestimmt, spielt in Konfliktsituationen eine zweitrangige Rolle: Im Affekt fühlen wir uns oft den Beschimpften gleichgestellt und duzen auch wildfremde Personen. In meinem Belegmaterial findet sich auch ein Beispiel mit beiden Anredeformen, wenn der Schimpfende noch spontan zur formellen Anrede greift und sich am Ende korrigiert: *Sie Trottel du!*

Der Ersatz vom Eigennamen durch Personalpronomen verleiht den Anreden ebenfalls beleidigende Wirkung: *Du, komm her!*

Andererseits kann die Einbettung einer Beschimpfung in einen höflichen Rahmen und die Verwendung des gehobenen Stils dazu führen, dass sie noch stärker wahrgenommen wird. Als gutes Beispiel dient hier das bekannte Bonmot von Joschka Fischer 1984 zum Bundestagspräsidenten Richard Stücklen: »Mit Verlaub, Herr Präsident, Sie sind ein Arschloch«. Übertrieben höfliche Anreden wie *Verehrtester* oder Verkleinerungsformen wie *Freundchen* lassen in einer Konfliktsituation auch nichts Gutes erwarten.

EIN SCHIMPFWORT KOMMT SELTEN ALLEIN

Der Sprechakt Beschimpfung kann sowohl als einzelner Ausruf als auch als Schimpftirade funktionieren: *Du Trottel, du depperter Depp, du bist ja so ein Arschloch!*
Du Geschissener, du gehst mir so am Arsch, du geschissenes Arschloch du!
Ich Trottel, ich Idiot, ich Depp!
Diese Besonderheit wird in der Sprachwissenschaft als Attraktion oder Anhäufung bezeichnet. Ein anschauliches Beispiel für die Attraktion von Schimpfwörtern stellt das Theaterstück *Publikumsbeschimpfung* von Peter Handke dar: Auf den letzten Seiten finden sich zuerst Schimpfwörter am Ende eines jeden Absatzes, wobei ihre Anzahl in jedem Absatz kontinuierlich wächst, bevor dann die Anreden nur noch mit Schimpfwörtern erfolgen, und als Kulmination werden im Text sogar neutrale Wörter als Schimpfwörter gebraucht.

Die Beschimpfung wird auch oft von anderen aggressiven Sprechakten wie Drohungen, aggressiven Aufforderungen oder Verwünschungen begleitet:
Du kannst mich mal, Arschloch!
Du Luder, du, ich pick dich an die Wand!
Krepier, du Luder, du Vieh du!
Fick dich, du Scheißhure!
Somit ist es an der Zeit, diese aggressiven Sprechakte kennen zu lernen.

GEH IN ARSCH – DA HAST DU'S NICHT WEIT! ÜBER AGGRESSIVES AUFFORDERN

Mit dem Sprechakt »Aufforderung« wollen wir unser Gegenüber dazu bewegen, etwas zu tun oder zu unterlassen. Neben den sachlichen Aufforderungen, die mit neutraler Sprache erfolgen (*Einfahrt freihalten! Licht ausschalten! Rasen nicht betreten!*), greifen wir im Affektzustand oft zu aggressiven Varianten. Diese bezwecken nicht nur die Veränderung der bestehenden Situation, sondern ermöglichen uns nebenbei, Dampf abzulassen. Am häufigsten wird zum Verschwinden und zum Schweigen aufgefordert:

Hau ab! Verschwind(e)! Verpiss dich! Schleich di! Halt die Fresse/die Klappe/dein Maul/den Mund/die Schnauze!

Neben den Aufforderungen, die wörtlich zu verstehen sind, kommen beim Schimpfen häufig Aufforderungen zum Einsatz, die zu undurchführbaren oder schwer vorstellbaren Handlungen bewegen. Diese irrealen Aufforderungen, die meistens in Form von festen Redewendungen erscheinen, sind in übertragener Bedeutung zu verstehen. Hier einige Beispiele, dass jemand verschwinden soll:

Geh in Arsch!
Hau dich über die Häuser!

Scher dich zur Hölle/zum Teufel!
Viele Aufforderungen sind ausschließlich auf die allgemeine Abweisung ausgerichtet:
Fick dich ins Knie/in den Arsch/kreuzweise von hinten!
Friss Mist!
Du kannst mir in die Schuhe blasen!
Auch manche sehr brutale und real klingende Aufforderungen werden laut Interviewten nicht wörtlich gemeint, sondern im übertragenen Sinne, als generelle Abweisung:
Häng dich auf! Leg dich vor einen Zug! Spring aus dem 6. Stock!
Der häufige Gebrauch von festen Redewendungen unter den aggressiven Sprechakten und somit auch den Aufforderungen lässt sich dadurch erklären, dass wir im Affektzustand kaum Zeit zum Nachdenken haben und gerne auf feste, eingeübte Formeln zurückgreifen.

Interessant finde ich erweiterte Aufforderungen. Da ich, wie Sie bereits wissen, mich auf das Schimpfen im Wienerischen spezialisiert habe, führe ich hier einige Beispiele gerade aus diesem kreativen Urbanolekt an:
Geh in Oasch/Arsch – da hast du's nicht weit!
Geh in Oasch, weil in Himmel kummst eh net!
Rutsch mir den Buckel runter und brems mit der Zunge!
Hupf in Gatsch (österreichisch: Schlamm) *und schlag Wellen!*
Die Aufforderungen können auch verschleierte Formen annehmen, etwa *Du kannst mich am Buckel küssen! Mach dir ein Loch im Knie und schieb ein Gurkerl rein!* Oder (mein persönlicher Favorit im Wienerischen): *Hab mi/mich gern!* beziehungsweise *Du kannst mi gernhaben!*

Vulgäre Aufforderungen nehmen auch abgekürzte Form an: *Leck mich! Du kannst mich mal!*

Von der besonderen Vorliebe der WienerInnen zu den aggressiven Aufforderungen zeugt auch die Tatsache, dass expressive Aufforderungen in einer Reihe von Werbeslogans präsent waren, mit denen die Stadt Wien die Menschen dazu animierte, sich impfen zu lassen: *PUTZ DI, CORONA! Schau dass' d weida kummst, Corona! Tschau mit Au, Corona!* Auch Spruch des Jahres 2020 in Österreich beinhaltet eine aggressive Aufforderung: *Schleich di, du Oaschloch!*

Im Affektzustand fehlen uns oft die treffenden Worte, weshalb die Erregung sich in Wiederholungen zeigt:

Geh scheißen! Geh doch scheißen, du Arschloch! Du verdammtes Arschloch!

Oder ein literarisches Beispiel:

Und sagen Sie dem Minister, dass er mich am Arsch lecken kann/ und sagen Sie der Presse/dass sie mich am Arsch lecken kann/und sagen Sie dem Publikum/dass es mich im Grunde am Arsch lecken kann. (Bernhard 2012: 73–74)

Leck mich am Arsch! ist zweifelsohne die prominenteste unter den Aufforderungen. Sie wird auch euphemistisch als Götz-Zitat genannt, denn diese Aufforderung kommt im Goethes *Götz von Berlichingen* (1773) vor, und zwar noch mit einer anderen Präposition – »im Arsch«: »Er aber, sag's ihm, er kann mich im Arsche lecken!« (Goethe 1965: 84).

Noch eine verhüllende Bezeichnung für diese Aufforderung – »Schwäbischer Gruß« – geht auf ihren häufigen Gebrauch in den mittel- und oberdeutschen Dialekten zurück. In Österreich und in Süddeutschland ist dieser Ausdruck sehr verbreitet und wird auch in der für das Deutsche seltenen Funktion als Pausenfüller im Gespräch eingesetzt, falls es ins Stocken geraten ist oder um es zu beenden. Der häufige Gebrauch lässt die Vulgarität dieser Aufforderung verblassen: Einmal erlebte ich in einer Münchner Straßenbahn, wie eine elegante Dame in Pelz zu einem Schaffner *Leck mi am Oasch* sagte. Zur Abnutzung fällt mir noch eine Geschichte ein: Papst Benedikt XIV., der etwa um die Mitte des 18. Jahrhunderts regierte, soll den Ausruf *cazzo* ständig gebraucht haben. Als er darauf aufmerksam gemacht wurde, wie unerhört der Ausdruck sei, soll er erwidert haben: »Cazzo, cazzo!²² Ich werde es so oft sagen, bis es nicht mehr schmutzig ist, cazzo!« (Zitat nach Storfer 1937: 83).

Die Ursprünge der Aufforderung *Leck mich am Arsch!* gehen auf das Lecken als alten Brauch der Volksmedizin zur Wundheilung zurück. Die Wunderheiler gaben vor, damit alle möglichen Krankheiten heilen zu können. Um dieser Prozedur besondere Heilkraft zu verleihen, haben sie das Lecken »kreuzweise« ausgeführt. Daher: *Leck mich kreuzweise!* beziehungsweise *Du kannst mich kreuzweise.*

Infolge des häufigen Gebrauchs lässt sich bei den aggressiven Aufforderungen der Prozess der Ökonomisierung beobachten, etwa dann, wenn die Aufforderung *Geh scheißen!* von Interviewten infolge der Zusammenrückung als ein Wort angegeben wird (*Gehscheißen*) oder durch das Auslassen von Personal- beziehungsweise Possessivpronomen, Präpositionen oder Verben:

Halt's Maul! Klappe! Leck Arsch! Schnauze!

Neben festen Redewendungen, auf die wir schnell zugreifen können, rutschen uns in Konfliktsituationen manchmal auch individuelle Formulierungen heraus, wozu ich aber bei den Umfragen nicht viele Beispiele gewonnen habe: *Quäl dich selber!* oder *Wickel dich um einen Baum, bevor du wen ander'n anfährst!*

Einen weiteren interessanten Bereich, in dem vulgäre Aufforderungen zu finden sind, stellen die sprachlich oftmals sehr kreativen Toilettensprüche dar, die wegen ihrer gereimten Form besser als Toilettenverse bezeichnet werden sollten:

Meine Herren und Damen
Machen Sie nicht auf den Rahmen
Machen Sie in die Mitte,
  das ist die deutsche Sitte! (Borneman 1973: 371)

---

22 italienisch vulgär für »Penis«, hat viele abeleitete Formen; hier mit dem Ausruf »Scheiße!« im Deutschen vergleichbar.

> Reinlichkeit ist's halbe Leben
> So scheiß ins Loch und nicht daneben! *(Dundes 1985: 86)*

Aus dem Kontext gerissen, werden aggressive Aufforderungen mit derbem Wortlaut wie *Fick dich! Geh scheißen! Steck dir das in den Arsch!* oder *Steck deinen Finger in den Arsch!* natürlich als stärker im Vergleich zu denjenigen mit eher neutralen Wörtern (*Verschwinde! Schweig!*) wahrgenommen. Doch wie auch bei den anderen aggressiven Sprechakten ist die Intensität einer Aufforderung situationsabhängig. Deshalb kann das vulgäre *Leck mich am Arsch!* beim Blödeln unter Freunden harmlos erscheinen, während das schwache *Lass mich in Ruh!* zum Chef als stark wahrgenommen wird. Doch auch Aufforderungen mit neutralen Wörtern können sehr verletzend wirken, etwa *Wandere aus!* oder *Ab in die Heimat!* zu Menschen mit Migrationshintergrund.

Viele Aufforderungen kommen ohne vulgären Wortschatz aus und klingen recht lustig, wie *Schau nicht so gestreift, kariert ist die Mode.* Doch auch hinter den unverfänglich klingenden Aufforderungen können sich schauderhafte Ereignisse verstecken. So ist vielen die wörtliche Bedeutung der Aufforderung *Geh di brausen!* (österreichisch »Geh dich duschen«) nicht bewusst. Dabei bezieht sie sich auf die Tatsache, dass in den NS-Vernichtungslagern die Menschen mit Gas getötet wurden, obwohl man ihnen vorgegaukelt hatte, dass sie sich zum Duschen in die Gaskammern begeben sollten.

In Konfliktsituationen werden Aufforderungen auch durch Gesten begleitet oder ersetzt: Zeigen des Hinterteils oder das Sich-auf-das-Hinterteil-Schlagen, Mittelfingerzeigen. Die letzte Geste tritt oft ohne verbale Begleitung auf, drückt Verachtung aus und signalisiert dem Gegenüber, dass wir in Ruhe gelassen werden wollen.

Oft wollen die Schimpfenden auf die Nummer sicher gehen, dass ihrer Aufforderung gefolgt wird, und hängen deshalb an die Aufforderung gleich einen weiteren aggressiven Sprechakt dran – die Drohung.

ICH MACH DICH PLATT WIE KEBAB!
ODER: WIE DROHEN WIR

Das Schimpfen kann in vielen Fällen physische Aggression ersetzen. Diese Funktion lässt sich am besten am Beispiel von Drohungen beobachten, denn im Sprechakt »Drohung« wird diejenige physische Handlung wiedergegeben, die wir den Beschimpften gern angetan hätten, wenn wir keine Angst vor dem Gegenüber oder vor möglichen Sanktionen hätten.

Neben dem Ersatz physischer Aggression sowie Abreagieren negativer Emotionen erfüllen Drohungen weitere Funktionen:

- Einschüchterung und Verängstigung der Beschimpften mit dem Ziel, sie zu bestimmten Handlungen zu zwingen.
- Stärkung des Selbstwertgefühls – deshalb werden Drohungen gerne nach dem verlorenen Streit oder Kampf von Besiegten ausgestoßen.
- Drohung als verbale Angeberei, um sich in Szene zu setzen.
- Drohung als Provokation und als Einstieg zur physischen Aggression – diese Funktion tritt besonders bei Jugendlichen auf.

Drohungen werden häufig von Gesten begleitet, etwa geballten Fäusten oder Gesten, die angedrohte physische Handlung nachahmen – beispielsweise Handbewegungen bei der Drohung *Ich hau dir gleich eine! Ich erwürge dich!* oder die pistolenähnliche Geste bei *Ich bringe dich um!*

Die Spannbreite des Drohens reicht von konstruktiven Androhungen verschiedener Konsequenzen, die keiner physischen Gewalt gleichkommen, etwa *Wenn du nicht aufräumst, dann wirst du heute nicht fernsehen/auf den Spielplatz gehen* oder *Sie hören von meinem Anwalt*, bis zur Androhung körperlicher Gewalt. Im Weiteren nehmen wir gerade diesen zweiten Typ von Drohungen unter die Lupe. Hier unterscheide ich reale Drohungen, die eine durchführbare Gewalt androhen:

Ich hau dir in die Fresse!
Du kriegst einen Hirnpreller!
Ich werfe dich aus der Wohnung!
Ich renn dich nieder!
Ich schlag dich!

Oft werden reale Drohungen durch eine irreale übertriebene Beschreibung der Folgen einer Handlung oder der Handlungsintensität erweitert:

Ich hau dir auf den Schädel, dass du aus dem Fenster fliegst!
Ich hau dir deinen Schädel gleich so nach hinten, dass du drei Wochen aus dem Rucksack essen kannst!
Ich hau dir eine, dass du mit dem Arsch auf die Uhr schaust/dass dein Schädel vierzehn Tage wackelt/dass deine Zähne am Arsch Klavier spielen!

In Drohungen kommt auch sexualisierte Gewalt zum Ausdruck – ob metaphorisch (*Ich nehm meine Axt und hau sie dir in die Fut!*) oder direkt formuliert: *Ich fick dich in den Arsch, du verdammter Hurensohn!*

Physische Gewalt kann auch in blumiger Form angedroht werden:

Gleich geht's dorthin, wo die blauen Veilchen blühen!
Gleich geht's ins Aua-Aua-Land!

Gehen wir mal auf einen halben Liter Blut raus!
Gehen wir auf die Blutwiese!
Gleich gibts 'n Puzzle in die Brille!
Indirekte Drohungen werden auch als Aufforderungen formuliert (*Mach schon mal einen Termin beim Zahnarzt!*) oder als Fragen verpackt:
Hast du schon jemanden in seinem eigenen Blut zum Doktor schwimmen sehen?
Schon mal versucht, mit gebrochenen Fingern ausgeschlagene Zähne aufzuheben?
Na, schon lange kein Nasenbluten gehabt?

Neben realen Drohungen wird gerne mit Handlungen gedroht, deren Ausführung gar nicht möglich oder schwer vorstellbar ist. Es sind sehr bildkräftige Drohungen, bei denen die Beschimpften in der Regel nicht um ihre Existenz fürchten müssen, wie es bei Drohungen mit realem Charakter wie *Ich bring dich um!* oder *Ich erwürge dich!* eher der Fall wäre.

Die irrealen Drohungen können in schlichter Form auftreten:
I reiß dir den Schädel ab!
Ich pick dich an die Wand!
Ich reiß dir den Arsch auf!

Oder sie nehmen ausgefallenste Beschreibungen physischer Gewalt und ihrer Folgen an – hier einige, die mir UmfrageteilnehmerInnen anvertraut haben:
Ich reiß dir so den Arsch auf, dass ein Laster drin wenden kann!
Ich beiße dir das Gewinde in den Arsch, damit du Schrauben scheißt!
Ich beiß dir 'ne Wendeltreppe in den Arsch, damit sich die Scheiße staut!
Ich reiß dir den Schädel ab und scheiß dir in den Hals/und schmeiß dir 'n ins Gesicht!

Ich steck dir gleich meinen Fuß so weit in den Arsch, dass du mir die Zehennägel abkauen kannst!
Ich reiß dir die Brust auf und scheiß dir aufs Herz!
Interessanterweise werden diese Aufforderungen mit äußerst brutalem Inhalt gerne scherzhaft im FreundInnenkreis gebraucht. Andererseits ist ihr scherzhafter Gebrauch gerade dank ihrer Fiktionalität und Unwahrscheinlichkeit der Durchführung angedrohter Handlungen möglich. Im Kontext enger freundschaftlicher Beziehungen treten dann die brutalen Drohungen als ein Freundschaftsmarker auf: »Schaut, unsere Freundschaft ist so eng, wir dürfen sogar mit den schlimmsten Drohungen hin und her werfen!«
Kindern gegenüber werden Drohungen ebenfalls oft scherzhaft ausgestoßen:
Ich beiß dir ins Ohr/in den Popo!
Ich reiß dir die Ohren/den Kopf ab!
Ich dreh dir den Hals um!
Dieser Gebrauch kann dadurch erklärt werden, dass unsere starken positiven Gefühle, nachdem alle möglichen Kosenamen gebraucht wurden, den Ausweg im anderen Gegenpol emotiver Sprache – dem Schimpfwortschatz – suchen. Oder es kann sich auch um ambivalente Gefühle dem Kind gegenüber handeln, beispielsweise wenn wir mit ihm überfordert sind.
Bei den scherzhaften Drohungen kommen individuelle Kreationen häufig vor:
Ich mach aus euch ein Schaschlik, wenn ihr nicht gleich verschwindet!
Ich steche dir ein Flinserl (österreichisch: Ohrstecker) *mit dem Zeigefinger!*
Ich mach dich platt wie Kebap!
Ich breche dich in der Mitte auseinander, dann rennen zwei Kurze herum!
Bei den individuellen Kreationen spielen auch die breiteren Kenntnisse über die Abneigungen einer Person eine Rolle – wie bei

der Drohung *Ich schleck dich ab* zu jemandem, der auf Speichel besonders sensibel reagiert.

Neben dem scherzhaften Drohen wird mit diesem Sprechakt aber auch verbale Gewalt ausgeübt. Vor allem während der Covid-19-Pandemie hat verbale Gewalt in Form von Todesdrohungen an die Adresse bestimmter Gruppen – PolitikerInnen, JournalistInnen, PolizistInnen, ÄrztInnen – zugenommen. So wurde Lisa Badum von Bündnis 90/Die Grünen zuerst in zahlreichen Mails beschimpft und dann bedroht: »Ich hoffe, dass es nicht so weit kommt, dass eure Kinder an Kopfschüssen sterben müssen.«[23]

An dieser Stelle möchte ich hervorheben, dass in Anlehnung an die Sprechakttheorie sprachliche Äußerungen als Handlungen und verbale Gewalt als eigenständige Gewaltform gelten.

Die Drohung kann auch das verallgemeinerte Unheil ankündigen oder unausgesprochen bleiben:

…sonst passiert ein Unglück/passiert was!
Das zahl ich dir heim!
Ich sag's dir, beim nächsten Mal, dann…

Meistens allerdings geht es uns beim Drohen nicht um das pure Abreagieren oder die Einschüchterung des Gegenübers, sondern darum, es zu einer bestimmten Handlung zu zwingen oder von einer Handlung abzuhalten. Da wir annehmen, dass unsere Aufforderung erfolglos sein könnte, greifen wir zur Verstärkung zu einer Drohung und hängen sie an die Aufforderung dran:

Wenn Sie die Musik nicht leiser stellen, rufe ich die Polizei!

Bedingte Drohungen sind ein komplexer Sprechakt, der sich aus zwei Sprechakten zusammensetzt und als folgende Formel dargestellt werden kann:

Aufforderung + Drohung beziehungsweise: *Drohung + Aufforderung = bedingte Drohung.*

---

[23] https://www.tagesschau.de/investigativ/kontraste/corona-leugner-101.html [Zugriff am: 03.03.2021].

Bedingte Drohungen wie die gegen Adam, der nicht vom Baum der Erkenntnis essen sollte, finden wir schon in der Bibel: »/.../ denn sobald du davon isst, musst du sterben«.

Die Aufforderung in der bedingten Drohung kann sowohl die Form eines Verbots als auch eines Gebots haben:

- *Hör auf, sonst landet meine Faust in deinem Gesicht!* oder *Noch so 'n Spruch, und deine Zahnbürste greift morgen früh ins Leere!*
- *Sag mir sofort die Wahrheit, sonst hau ich dir in die Fresse!*

Beliebt sind bedingte Drohungen in reduzierter gereimter Form, die nach gleichem Muster gebildet werden – hier eine Auswahl der interessantesten Varianten, die mir bei Internet-Recherchen begegnet sind:

Noch so 'n Spruch – Nasenbruch/Kieferbruch!
Noch so 'n Ton – Intensivstation!
Noch so 'n Ding – Augenring!
Noch so 'n Satz – Zahnersatz!
Noch so 'n Scherz – Schmerz bis März!

Im Affektzustand kann sich eine bedingte Drohung auch auf Gegenstände richten, die natürlich der Aufforderung nicht folgen können, weshalb so eine Drohung pures Emotionsauslassen darstellt – wie hier gegenüber einem PC: *Dämlicher Blechtrottel, wenn du nicht brav bist, kommt ein Brecheisen!*

DROHSIGNALE: RÜTTLE NICHT AM WATSCHENBAUM, ES REIFT DIE FRUCHT, DU MERKST ES KAUM!

Den Drohungen stehen verbale Drohsignale nahe, die zwar keine Handlung ankündigen, aber eine Bereitschaft zu solcher signalisieren:

Pass auf, wie du mit mir redest!
Wirst schon sehen!
Wart nur!
Ich schwör's dir!
Wehe, du machst das noch einmal!

Drohsignale können auch die indirekte Form, als Fragen, haben: *Geht's noch? Willst Probleme?*

DIE ENTE SOLL DIR EINEN TRITT GEBEN!
DIE KREATIVITÄT DES VERWÜNSCHENS

Mögen dich die Deutschen besetzen und die russen befreien!
(polnische Verwünschung)

Wenn ich nach den kreativsten Formen des Schimpfens gefragt werde, fallen mir in erster Linie die Verwünschungen ein. Im Deutschen sind sie zwar im Vergleich zu anderen Sprachen nicht so häufig, stehen aber in Bildhaftigkeit den Verwünschungskulturen nicht nach.

Mit dem Sprechakt »Verwünschung« wird jemandem oder ihm nahestehenden Menschen beziehungsweise seinem Hab und Gut ein Unheil herbeigewünscht. Laut sozialen Normen wünscht man sich etwas Gutes (*Schönes Wochenende! Gute Reise! Schnelle Besserung!*), bei Verwünschungen switcht die Wunschmodalität vom Positiven ins Negative.

Ich sehe eine Erklärung, dass Verwünschungen im Deutschen seltener als in den slawischen Sprachen oder im Türkischen vorkommen, darin, dass Angehörige des deutschsprachigen Raums weniger abergläubisch sind als beispielsweise Menschen vom Balkan, aus der Ukraine oder der Türkei. Denn dem Verwünschen liegt noch ein halbbewusster Glaube an die Magie des Wortes zugrunde.

VERWÜNSCHUNG DURCH SEGEN?

So stehen sich denn auch Segen und Verwünschung recht nahe. Ihre typologische Verwandtschaft wird an Beispielen deutlich, bei denen positive Wünsche als Verwünschungen funktionieren. Bei Segenswünschen in der Rolle von Verwünschungen erfolgt die negative Umkehrung des Gesagten. Im Deutschen habe ich dergleichen nicht gefunden, in den slawischen Sprachen dagegen kommt diese Form der Verwünschung häufig zum Einsatz. Ich führe nur zwei Beispiele aus dem Ukrainischen an: *Gesund sollst du bleiben! Gut soll es dir gehen!* – mit Nachdruck ausgesprochen, werden sie als Verwünschungen gemeint und auch so wahrgenommen. Auch im Türkischen sind Verwünschungen durch Segen verbreitet – hier eine anschauliche Beschreibung aus Asli Sevindims *Candlelight Döner*:

»*Allah belanizi vermesin*«, *flucht Anne, das heißt* »*Gott möge euch nicht bestrafen*«, *gemeint ist aber das genaue Gegenteil, doch da eine Mutter nun wahrlich nicht ihr eigenes Kind verwünschen sollte, wählen türkische Mütter im Allgemeinen diese schizophrene Variante der Beschimpfung*. (2005: 34–35)

Von den schriftlich überlieferten Verwünschungen sind Fluchpsalmen des Alten Testaments und antike Fluchtafeln am bekanntesten.

Die Ursprünge dieses aggressiven Sprechaktes liegen in der magischen Weltanschauung mit dem Glauben an die Magie des Wortes, wenn das bloße Aussprechen oder sogar Denken des bösen Wunsches das Eintreten des Ereignisses zur Folge hat. Moderne Verwünschungen sind dagegen bedeutungsentleert, das heißt sie sind nicht wörtlich zu verstehen: Wenn wir jemandem sagen, dass ihn der Teufel holen soll, wollen wir uns in erster Linie von negativen Emotionen befreien oder allgemein etwas Unangenehmes wünschen. Die Blütezeit der Verwünschungen fällt auf das ausgehende 16. und 17. Jahrhundert und steht im Zusammenhang mit dem allgegenwärtigen Hexenglauben. Ab dem 18. Jahrhundert, als der Hexenglaube und der Glaube an die Wirksamkeit magischer Kräfte allgemein im Rückgang begriffen waren, verloren auch die Verwünschungen zunehmend ihren magischen Charakter.

Da den Frauen im Bereich der Magie größere Kraft als Männern zugeschrieben wird, überträgt sich das auch auf die Verwünschungen, die als frauenspezifische Form des Schimpfens gelten (Ermen 1996, Stawyz'ka 2008). Magische Verwünschungen beruhen oft auf einem Analogiezauber: Es wird auf etwas verwiesen, das Maß für die Härte und Gestalt des Unglücks sein soll. Ein ausdrucksstarkes Beispiel stellt hier der Song ukrainischer Sängerin Angy Kreyda »Враже« (»An den Feind«)[24] dar. Der Liedtext handelt von Frauenzauberei, die auf russische Okkupanten gerichtet ist und gereimte Form hat, die ich bei der Übersetzung leider nicht beibehalten konnte:

Wie viele Schritte du auf ukrainischem Territorium machst
so viele deiner Landsleute kommen ins Grab.
Wie viele Male der Hahn kräht
so viele Tage bleiben dir zum Leben.
Wie viele Roggensamen
so viele Feinde werden auch in der Erde begraben.

In den Kriegsalltag passen auch kreative alte ukrainische Verwünschungen, die an Feinde gerichtet sind:
Mögen unseren Feinden Federn im Mund wachsen!
Mögen unseren Feinden Hühner im Mund ihre Nester bauen!
Auch Verwünschungen seitens Eltern, Sterbender, zu Tode Verurteilter, alter Menschen und Schwangeren wurde besonders hohe Wirkung zugeschrieben. Davon ausgehend sehe ich jetzt auch die

---

24 https://www.youtube.com/watch?v=cdEEffF7_rU [Zugriff am: 12.07.2023].

in der Ukraine verbreitete Vorstellung, man solle alle Wünsche der Schwangeren erfüllen und dürfe ihr nichts abschlagen, in einem anderen Licht: Sie ist nicht auf das Wohl der Schwangeren gerichtet, sondern beruht auf der Furcht, von ihr verwünscht zu werden.

Inhaltlich können Verwünschungen in reale und irreale gegliedert werden. Wenn wir zum anderen Autofahrer *Erwischen sollen sie dich und teuer soll's werden!* ausrufen, so ist die Erfüllung dieser Verwünschung vorstellbar. Irreale Verwünschungen sind dagegen entweder ganz unmöglich, wie *Der Teufel soll dich holen!*, oder schwer vorstellbar: *Zerreißen soll's dich in lauter Tausender! Die Zunge soll dir im Munde verfaulen! Die Krähen sollen dir die Augen aushacken!*

Die Hand/die Finger/der Zipfel soll dir abfallen!

Bei irrealen Verwünschungen handelt es sich um pures Abreagieren von Emotionen – weder die Verwünschenden noch die Verwünschten glauben an ihre Umsetzung. Diese Verwünschungen beruhen oft auf grausamen aggressiven Fantasien – hier eine Auswahl aus meinem Forschungsmaterial:

Dem soll doch der Schwanz abfallen, damit er mit den Ohren pinkeln muss!

Den soll man an den Eiern aufhängen!

Der soll mit der aidsverseuchten Brunnenröhre in den Arsch gefickt werden!

Der soll mit einem rostigen Glasscherb'n kastriert werden!

Dem soll der Kopf abgerissen werden, denn zum Denken braucht er ihn nicht!

Dem gehört ein rostiger Nagel ins Knie geschoben!

Oft wird mit Krankheiten verwünscht – angefangen von Pest und Cholera bis zu Covid-19. Während Krankheiten in Verwünschungen wie *Pest und Cholera dazu!* oder *Ich wünsche dir die Pest an den Hals und dass du alles verlierst, was du dir aufgebaut hast!* im übertragenen Sinne als etwas allgemein Negatives zu verstehen sind, sind Verwünschungen wie *Wünsche dir Kropf an den Hals* oder *Du sollst an Corona erkranken* realistisch. Das Wünschen einer Corona-Erkrankung wurde im Pandemiealltag auch mit dem Anhusten begleitet. Andere Gesten, die Verwünschungen begleiten können, sind das Ausspucken oder Faust zum Himmel recken. Während der Covid-19-Pandemie sind PolitikerInnen verstärkt zur Zielscheibe verbalaggressiver Angriffe geworden, sodass sie in Hassmails auch mit Verwünschungen bedacht wurden, wie zum Beispiel der SPD-Politiker und jetziger Bundesgesundheitsminister Karl Lauterbach: »*Wenn Sie so weitermachen, sind die Gaskammern bald schneller wieder da, als Sie denken, und Sie werden der Erste sein, der sie testen darf.*« Oder die Vizevorsitzenden der CDU/CSU-Bundestagsfraktion Carsten Linnemann: »*Sehr geehrtes Subjekt, hoffentlich bekommst DU auch das Virus und verreckst daran*«, »*Genau, Sie wollen Lockerungen /.../ Hoffentlich versterben in ihrer Verwandtschaft aufgrund ihrer Lockerungswünsche Menschen*«[25].

Wir verwünschen aber nicht nur, um uns abzureagieren, sondern um den Verwünschten zu einer Handlung zu bewegen: *Der Schlag/der Blitz soll dich treffen, wenn du mir nicht die Wahrheit sagst!* Diese Verwünschungen, die an eine gewisse Bedingung gebunden sind, nenne ich bedingte Verwünschungen, sie ähneln den bedingten Drohungen. Dabei tritt die Verwünschung erst in dem Fall ein, wenn der Adressat oder die Adressatin der Aufforderung (im oben angeführten Beispiel, die Wahrheit zu sagen) nicht folgt. Bedingte Verwünschungen lassen sich mit Hilfe einer Formel darstellen:

Aufforderung + Verwünschung (beziehungsweise Verwünschung + Aufforderung) = bedingte Verwünschung.

Verwünschungen treten in einer Konfliktsituation nicht isoliert auf, sondern werden von anderen aggressiven Sprechakten, am häufigsten der Beschimpfung, begleitet: *Krepier, du Luder, du Vieh du!*

---

25 Beide Beispiele: https://www.tagesschau.de/investigativ/kontraste/corona-leugner-101.html [Zugriff am: 03.03.2021].

Noch eine Form des Verwünschens sind Selbstverwünschungen. Sie werden oft zur Verstärkung einer Aussage eingesetzt: *Hol mich der Teufel, wenn ich den Bericht nicht bis Monatsende schaffe!*

Die Selbstverwünschung kann auch Ungeduld signalisieren: *Wenn er nicht gleich anruft, trifft mich der Schlag!*

Mein Lieblingsbeispiel einer Selbstverwünschung kommt aus einem literarischen Text:

Ein Gorilla soll mich von hinten bumsen, wenn das kein Spinat ist! (Artmann 1973: 61)

DIE POETIK JIDDISCHER VERWÜNSCHUNGEN

Wenn es eine Verwünschungskultur gibt, in der besonders kreativ verwünscht wird, dann ist es zweifellos das Jiddische. Die blumigen Redewendungen und Weisheiten des Jiddischen spiegeln sich auch in dessen Verwünschungen wider:

Du sollst für die Welt zu gut sein und nicht gut genug für deine Frau.

Du sollst der Beweis sein, dass man alles aushalten kann.

Du sollst in deinem Hemd keinen Platz finden.

Anhand von Verwünschungen lässt sich auch über die sozialen Bedingungen schlussfolgern: *Du sollst deine Familie nur von deinem Gehalt ernähren!*

Die bekannteste jiddische Verwünschung *Alle Zähne sollen dir ausfallen bis auf einen – damit du Zahnschmerzen haben kannst!* hat wörtlich übersetzt in verschiedene Sprachen Einzug gehalten, darunter auch ins Deutsche.

Typisch für jiddische Verwünschungen ist ihre zweiteilige Form. Dabei unterscheide ich zwei Verwünschungsmodelle. Bei der ersten wird etwas Schlechtes gewünscht (*Du sollst in einzelne Stücke zerfallen*), und als wäre es noch nicht schlimm genug, wird dieser Unheilwunsch im zweiten Teil noch verstärkt: *und anders zusam-*

menwachsen! Weitere Verwünschungen, die nach diesem Muster gebildet werden:
Du sollst ein Lügner sein und schlechtes Gedächtnis haben!
Man soll dir einen Regenschirm in den Hintern stecken und innen öffnen!
Man soll einen Eisenstab erglühen und ihn dir mit dem kalten Ende in den Hintern stecken! – Warum mit dem kalten Ende? – Damit du ihn nicht herausziehen kannst!

Die Form mit der Gegenfrage ist auch ein typisches Kennzeichen jddischer Verwünschungen. Dabei kann die Verwünschung anfangs verhüllt werden:
Für mich bist du eine Agrarfrage! – Eine Agrarfrage? Wieso??! – Ech hob dech in d'Erd (»Ich habe dich in der Erde« – Begraben sollst du sein, für mich bist du tot.)[26]

Die zweite Riege der Verwünschungen ist noch heimtückischer, denn ihr erster Teil ist positiv besetzt, entwickelt sich im zweiten Teil aber zum Negativen:
Hundert Jahre sollst du werden... und nach einer Pause: Sofort!
Du sollst berühmt werden... eine Krankheit soll nach dir benannt werden.
Du sollst reich werden... und dein ganzes Vermögen soll für Arztrechnungen draufgehen.
Drei Schiffsladungen voll Gold sollst du erben, aber es soll dir nicht reichen, um deine Arztrechnungen zu begleichen!
Du sollst lange schlafen können und dauernd von deinen Sorgen träumen.
Ich wünsche Dir ein schönes großes Haus, mit zehn Schlafzimmern, in jedem Zimmer ein großes weiches Bett... und das Fieber soll dich von einem ins andere Bett werfen!

---

26 https://nunu.at/artikel/klules-flueche-und-der-schmock/ [Zugriff am: 28.07.2023].

Wünsche dir frische weiche Brötchen, schöne Butter und Marmelade dazu, heißen Kaffee ... und du sollst dich beeilen, um den Zug nicht zu verpassen.

Typisch sind auch jiddische Verwünschungen, die auf Vergleichen beruhen:

Sollst haben deinen eigenen Strand: Wasser im Knie und in den Nieren Sand!

Mögest du wie ein Kronleuchter leben: hängen bei Tag und brennen bei Nacht.

Wachsen sollst du wie eine Zwiebel: mit den Füßen nach oben und mit dem Kopf in die Erde hinein.

Jiddische Verwünschungen sind im Verlauf der Zeit nicht nur als Lehnübersetzungen in andere Sprachen eingesickert, sondern inspirierten die Bildung eigener Verwünschungen nach ihren Mustern. Meine Lieblingsverwünschung im Wienerischen ist unverkennbar vom Jiddischen inspiriert worden:

Du sollst Krätze am Arsch bekommen und zu kurze Hände zum Kratzen!

oder, begleitet durch Gestik: *Soooo große Wimmerl (Pickel) am Arsch und sooo kurze Hände zum Kratzen!*

DIE ENTE SOLL DIR EINEN TRITT GEBEN! LUSTIGE VERWÜNSCHUNGEN IM UKRAINISCHEN

Wenn ich darüber nachdenke, wie ältere Leute in meiner Muttersprache früher geschimpft haben, dann fallen mir fast ausschließlich Verwünschungen ein. Das Gezeter meiner Omas bestand auch aus lustigen Verwünschungen wie *Gesund sollst du bleiben! Die Ente soll dir einen Tritt geben!* oder *Dass du versauern mögest!* (dieselbe Verwünschung gibt es auch im Polnischen). Andere witzige Verwünschungen wären:

Der Regen soll dich nass machen!

Die Katze soll auf dich niesen!
Die Henne soll dir auf den Fuß treten!
Viele komische Verwünschungen werden zum Verhüllen brutaler Verwünschungen gebraucht:
Der Wiener Kaffee soll dich übergießen (statt: *Böses Blut soll dich übergießen!*)
Der Hund soll dich abschlecken! oder *Der Hund soll dir Kartoffeln ausgraben!* (Anthropologen vermuten hier die Verhüllung einer Verwünschung, mit dem Hund zu kopulieren).

Die in der Westukraine häufigste Verwünschung stellt einen Germanismus dar: *Шляк би тебе трафив*/*schljak by tebe trafyw* ist das an die Grammatik des Ukrainischen angepasste *Der Schlag soll dich treffen!*

EIN EXKURS: VERWÜNSCHUNGEN ALS ERSTE REAKTION AUF DEN RUSSISCHEN ANGRIFFSKRIEG

Mit den ersten Bomben, die im Morgengrauen des 24. Februar 2022 auf die friedlich daliegenden ukrainischen Städte fielen, explodierten auch die sozialen Medien mit verbal-aggressiven Äußerungen, vor allem mit Verwünschungen – dem für das Ukrainische typischen aggressiven Sprechakt. Die ersten dieser Art erfolgten reflexartig im starken Affekt, für den kurze Ausrufe typisch sind: *Krepiere! Seid verflucht! Verrecke!* und wurden sofort zu Hashtags #*здохни_хуйло*/*zdochny chujlo* (#*Verrecke_Riesenarschloch*), #*путінвмри*/*putinvmry* (#*putinstirb*). Es folgten erweiterte Formen: *Brennt in der Hölle! Seid verflucht und eure Kinder ebenso! Seid verflucht in alle Ewigkeit!! Unmenschen, sollen in der Hölle schmoren!*

Vor allem bekam putin sein Fett weg:
Verrecke, verfickter Zwerg!
Möge das Arschloch krepieren!
Krepieren soll er (Gott vergib mir diese Worte)!

Öffentliche Persönlichkeiten ließen ihre negative Gefühle ebenfalls in Form von Verwünschungen aus: *Ich hoffe, du verreckst auf elendigste Weise, du Scheißdreck!* – so der ukrainische Fußballer Oleksander Zinchenko via Instagram an die Adresse von putin.[27]

Der durch die anfängliche Hilflosigkeit und Ohnmacht überzogene Affektzustand materialisierte sich nicht zufällig in Form von Verwünschungen, denn für diesen Sprechakt ist eine passive Rolle der schimpfenden Person typisch, die niemals als Subjekt auftritt, sondern eine höhere oder niedere Gewalt zum Realisieren der Verwünschung aufruft.

Mit jedem weiteren Tag dieses grausamen und verbrecherischen Angriffskriegs löste sich die anfängliche Wortkargheit, und die Wut fand Ausdruck in ganzen Verwünschungsketten, wobei hier die Taktik der Retourkutsche angewendet wurde, die darin besteht, das durch den Feind verursachte Grauen auf ihn zu richten. Von den vielen Beispielen möchte ich diese literarische Replik anführen, die mein Mann, der ukrainische Schriftsteller Tymofiy Havryliv, in den ersten Kriegstagen auf seiner Facebook-Seite veröffentlichte:

Mögen die Bomben auf raschistische[28] Städte fallen wie sie heute auf die ukrainischen Städte fallen. Mögen ihre BewohnerInnen im eigenen imperialistischen Erbrochenen, in ihren faschistischen Fäkalien, in ihrem maßlosen Größenwahn ersticken /…/ Mögen sie das alles am eigenen Leibe erfahren, damit ihnen für Zehntausende von Jahren die Lust vergeht, jemanden oder etwas anzugreifen, jemandes Leben, jemandes Freiheit, ihnen, die niemals ihre eigene Freiheit hatten, keinen einzigen Tag in ihrer beschissenen Geschichte. Möge der Krieg dorthin zurückkehren, wo er hergekommen ist.

---

27 https://suspilne.media/210284-spodivaus-ti-zdohnes-najstrasnisou-smertu-oleksandr-zincenko-zvernuvsa-do-volodimira-putina/ [Zugriff am: 23.07.2023].
28 Wortkreuzung aus »russian« (in englischer Aussprache) und »faschistisch«.

Wie generell beim Schimpfen, trifft es auch auf das Verwünschen zu: Kunstvolle, ausgefallene Verwünschungen entstehen immer dann, wenn nicht so viele Emotionen im Spiel sind. Im Affektzustand hingegen wird auf die einfachsten und gebräuchlichsten Verwünschungen zurückgegriffen. In tiefster Trauer wünschen wir den daran Schuldigen auch nur, dass diese einfach nicht existieren. Ich denke hier an die Antwort eines achtzehnjährigen Mädchens,[29] dessen Vater von russen getötet wurde und die Mutter seit einer Bombardierung im Rollstuhl sitzt. Sie musste, statt mit dem Studium zu beginnen, mit der kranken Mutter und der jüngeren Schwester fliehen und seither für sie sorgen. Als sie eine Journalistin fragte, was sie putin oder allgemein russInnen ausrichten möchte, sagte sie nur müde und traurig: *Es soll sie und ihr Land nicht geben.*

---

29 https://www.youtube.com/watch?v=e1J-j9IZfUs [Zugriff am: 28.07.2023].

HINTER JEMANDES RÜCKEN SCHIMPFEN? EINE GAR NICHT SO ÜBLE IDEE

Und du bist ein saublöder Idiot, dachte Madeline, während sie ihm ihr schönstes Lächeln schenkte.

(Guillaume Musso. *Nachricht von dir*)

Zur Erklärung des Phänomens »Aggression« gibt es drei Theorien. Da wäre zunächst die Frustrations-Aggressions-Theorie zu nennen, von Sigmund Freud ins Leben gerufen und von den WissenschaftlerInnen der Yale-Schule (Dollard u. a.) 1939 weiterentwickelt. Laut dieser Theorie entsteht die Aggression aus der Frustration heraus und umgekehrt: Frustration führt immer zu einer Form der Aggression. Bei der verbalen Aggression trifft es allerdings nicht immer zu: Sie kann auch ohne Frustration beziehungsweise ohne großes Maß an Frustration erfolgen, beispielsweise wenn jemand an dem Tag nicht gut drauf ist oder wenn der oder die Schimpfende physisch stärker oder in privilegierter sozialer Position ist und seine oder ihre Macht demonstriert.

Zwei weitere Theorien sind die Lerntheorie (Bandura) und die Triebtheorie (Lorenz). Die Hypothese von Lorenz lautet, dass die Aggressivität dem Menschen als Trieb angeboren sei und »… wie so viele andere Instinkte auch, ›spontan‹ aus dem Inneren des

Menschen quillt« (1965: 78). Sie wurde im Bereich der Sozialwissenschaft heftig kritisiert, deren Hypothese lautete, dass die Aggressivität nicht angeboren, sondern unter den Bedingungen moderner Gesellschaft, angefangen von der Erziehung in der Familie, erlernt sei (Lerntheorie).

Jede dieser Theorien hat etwas für sich, weshalb die aktuelle gemäßigte Position von der biopsychosozialen Einheit des Menschen ausgeht. Das biopsychosoziale Modell wurde 1977 vom amerikanischen Internisten und Psychiater George L. Engel entwickelt und bezog sich primär auf die menschliche Gesundheit. Es gilt als eines der anerkanntesten Krankheitsmodelle, wird aber auch zur Erklärung menschlicher Handlungen herangezogen. Ausgehend von diesem Modell sehe ich verbale Aggression als Zusammenspiel von Frustration, individuellem Aggressionspotenzial und der jeweiligen Situation. Jeder Mensch verfügt über sein eigenes unterschiedlich starkes Aggressionspotenzial, das sich, anders als beim Tier, durch soziale Umgebung und Erziehung steuern lässt. So kommt es, dass der Mensch frustriert sein und auch über aggressives Potenzial verfügen kann, seine Erziehung, die Umwelt oder die möglichen Folgen aber den Aggressionsausbruch verhindern. Oder der Mensch ist sich dessen bewusst, dass verbale Aggression in einer konkreten Situation (z. B. im Beruf) ungünstige Folgen haben kann und deshalb auf andere Modelle des Abreagierens zurückweicht. Tief durchatmen und in Gedanken bis zehn zu zählen sind Klassiker, den Raum zu verlassen und eine Runde um den Block zu drehen kann ebenfalls hilfreich sein. In diesen Fällen können wir vom sozialen Einfluss auf das emotionale Handeln beziehungsweise von Dominanz der Kognition über der Emotion reden.

Eine Form des Schimpfens, die uns Entlastung ermöglicht und gleichzeitig sozialen Frieden wahrt, stellt das indirekte Schimpfen dar. Indirekte verbale Aggression erfolgt in Abwesenheit der Beschimpften. Dabei kann der Mensch alleine oder in Anwesenheit anderer Menschen (der Zuhörenden) schimpfen. Auch das

Schimpfen in Gedanken gehört dazu. LinguistInnen gehen davon aus, dass meistens indirekt geschimpft wird, empirisch wurde diese Hypothese nicht bestätigt. Deshalb habe ich die Frage nach den Formen verbaler Aggression in meine Umfragen eingebaut. Die Erhebungen haben diese Thesen bestätigt: Indirekt wird doppelt so häufig wie direkt geschimpft. Es stellt sich die Frage, über wen hinter seinem Rücken geschimpft wird. Hier unterscheide ich folgende Gruppen:

- Personen, die direkt schwer erreicht werden können: PolitikerInnen, SportlerInnen, SchauspielerInnen, JournalistInnen. Das Schimpfen über Handlungen, Entscheidungen oder Aussagen von PolitikerInnen erfolgt häufig im Kreis uns nahe stehender Leute (Familienangehörige oder FreundInnen) und bewirkt neben der Entlastung auch das Zusammenschweißen der Gruppe aufgrund gemeinsamer Ansichten. Oft finden die Beschimpfungen dieser Personen in der vermeintlichen Anonymität des Internets statt – in Form von Hasspostings oder in Kommentaren, in denen verbale Aggression bislang nicht gekannte Ausmaße annehmen kann.
- Personen, deren direkte Beschimpfung nicht ohne Konsequenzen für die schimpfende Person bleiben würde (Vorgesetzte, KundInnen, GeschäftspartnerInnen, Beamte verschiedener Institutionen) sowie Unbekannte (Fahrgäste, PassantInnen, VerkehrsteilnehmerInnen), deren Reaktionen wir nicht kennen und daher heftige verbale Gegenbeschimpfungen oder sogar körperliche Gewalt fürchten.

Eine Übergangsform zwischen direktem und indirektem Schimpfen stellen Fälle dar, wenn eine Person sich in einiger Entfernung aufhält. Diese Tatsache bietet den Beschimpften, selbst wenn sie die Beschimpfung gehört haben, die Möglichkeit, so zu tun, als hätten sie die Beschimpfung nicht gehört.

Zu den typischen Bereichen, bei denen indirekt geschimpft wird, gehört neben dem vertrauten Bereich der Familie und des FreundInnenkreises auch das Schimpfen im Auto gegenüber allen anderen VerkehrsteilnehmerInnen.

Als Schauplatz indirekter Aggressionen schlechthin gilt der häusliche Bereich: Hier wird am Feierabend häufig über ArbeitskollegInnen, Vorgesetzte, GeschäftspartnerInnen oder KundInnen vor Familienmitgliedern oder MitbewohnerInnen hergezogen.

Wir sehen: Beim indirekten Schimpfen treten die Beschimpften in den Hintergrund, während den Zuhörenden eine wichtige Rolle zukommt, denn die Reaktionen der Zuhörenden sollen den Schimpfenden idealerweise entlasten: Sie können vom gemeinsamen Schimpfen bis zu Trost oder zustimmendem Schweigen reichen. Das Beschimpfen anderer im vertrauten Familienkreis mag entlastend sein, doch es sollte nicht übertrieben werden. Denn häufige verbale Aggression zu Hause, auch wenn sie sich an Personen außerhalb der Familie richtet, kann Familienmitglieder auf Dauer belasten. Ich denke hier an Erwachsene, doch wenn im Haushalt Kinder wohnen, gilt es umso mehr.

Die Anwesenheit Zuhörender kann aber beim Schimpfenden auch negative Gefühle hervorrufen, wenn nach anfänglicher Entlastung die Scham wegen des aggressiven Verhaltens kommt. Das passiert vor allem, wenn die Zuhörenden Fremde sind, aber auch wenn man sich beispielsweise beim Fußballgucken mit Freunden zu sehr reingesteigert hat, kann es einem nachher unangenehm sein.

Zur indirekten Form gehört auch verbale Aggression in Gedanken. In diesem Fall haben wir oft mit dem interessanten Kommunikationsmodell zu tun, das auf zwei Ebenen stattfindet: ausgesprochen als höfliche Kommunikation und in Gedanken als Beschimpfung, zum Beispiel eine Zahnärztin, die während der Behandlung hilfreiche Tipps zur Zahnpflege gibt, in Gedanken aber über die Patientin schimpft: *Du blöde Kuh, was hast du mit deinen Zähnen gemacht!* oder ein Metzger, der mit dem Kunden Small Talk führt und, auf dessen Bitte hin, ihm ein besonders schönes Stück zu geben, weil seine Frau sehr heikel sei, in Gedanken mit *Wenn die mit dir verheiratet ist, kann sie gar nicht so heikel sein* reagiert.

Indirektes Schimpfen hat im Vergleich zum direkten zusätzliche positive Aspekte für die Schimpfenden, ihre mentale Gesundheit und die sozialen Kontakte. So wird von vielen die entlastende Wirkung indirekten Schimpfens (insbesondere ohne Zuhörende) als stärker eingestuft, da wir uns relativ hemmungslos frei von der Leber weg auslassen können, ohne unser Image zu gefährden und uns als unausgeglichener, impulsiver Mensch zu outen. Deshalb bestimmt die Form verbaler Aggression auch die Wortwahl: Manche meiner UmfrageteilnehmerInnen behaupten, starke Schimpfwörter und Wendungen wie *Arsch! Arschloch! Geh scheißen! Leck mich am Arsch!* oder *Fick dich!* nur beim indirekten Schimpfen und ohne Zuhörende zu gebrauchen.

Die befreiende Wirkung beim direkten Sprechakt mag dagegen im ersten Moment stärker sein, doch es können sich sehr bald negative Gefühle wie Gewissensbisse oder Scham dazugesellen und diese Wirkung zunichtemachen. Durch die mögliche Reaktion der beschimpften Person kann sich die Situation zuspitzen und in die falsche Richtung entwickeln – darauf weisen viele meiner UmfrageteilnehmerInnen hin. Außerdem bremst die Furcht vor Konsequenzen (als Anzeige oder physische Aggression seitens Beschimpfter) ebenfalls die entlastende Wirkung direkten Schimpfens: »*Bei indirekten Beschimpfungen fühle ich mich stärker erleichtert, da ich keine Konsequenzen zu befürchten habe.*«

Es gibt aber Situationen, da hilft nur direktes Schimpfen. Zum Beispiel, wenn wir über einen längeren Zeitraum negative Gefühle gegenüber einer Person und ihren Handlungen unterdrückt haben und nun ihr alles direkt ins Gesicht sagen – das kann sehr befreiend sein.

Wie bei allem gilt auch für das indirekte Schimpfen, dass das Maß die Wirkung ausmacht. Denn bei dieser Form verbaler Aggression besteht die Gefahr, sich zu sehr in die eigenen negativen Emotionen bis hin zur Rage hineinzusteigern. Indirekte Beschimpfungen können unterschiedlich gestaltet werden, je nachdem, ob die Schimpfenden alleine sind oder in Anwesenheit von Zuhörenden ihrem Ärger Luft machen. Alleine können wir auch abwesende Personen mit *Du Idiot! Fick dich ins Knie, du verdammtes Arschloch!* beschimpfen, in Anwesenheit anderer Menschen wird meistens statt Personalpronomen »du« zu Demonstrativpronomen und Konstruktionen *Das ist ein/eine..., So ein/eine..., Was für ein/eine...* gegriffen:

Das ist ein Kotzbrocken!
Diese dumme Nuss!
Solche dilettantischen, ignoranten Arschlöcher!
So ein Arsch!
Was für ein Idiot!

Eine interessante Form stellen indirekte Beschimpfungen dar, die ich als präventive Beschimpfungen bezeichnen würde. Sie sind an einen bestimmten Tatbestand gebunden und gelten nur, wenn sich dieser tatsächlich ereignet.

Solche Beschimpfungen sehe ich ab und zu auf Schildern vor Häusern oder Garageneinfahrten:

Nur ein Schwein wirft seinen Dreck hier rein
Nur ein Esel würde hier parken
Dies ist das Garagentor, nur ein Esel parkt davor

Auch der Titel dieses Buches enthält eine indirekte Beschimpfung, die an einen Tatbestand gebunden ist: *Nur ein Depp würde dieses Buch nicht kaufen.*

Fassen wir zusammen: Geschimpft wird meistens indirekt, »hinter dem Rücken«, und zwar doppelt so häufig wie direkt. Indirekte Beschimpfungen sind keine wirkungslosen »Schläge in die Luft«, wie es die Schriftstellerin Ildiko von Kürthy (2014: 318) bildhaft vergleicht, sondern eine Form verbaler Aggression, die meistens besser dazu geeignet ist, dem Ärger Luft zu machen und zudem noch den sozialen Frieden sichert.

Neben dem Abreagieren negativer Emotionen kann die indirekte Form des Schimpfens auch weitere produktive Funktionen ausüben, wie Trost spenden oder den Zusammenhalt stärken. Doch nicht immer ist Schimpfen hinter dem Rücken harmlos, denn mit dieser Form kann auch verbale Gewalt ausgeübt werden. Das beobachten wir vor allem, wenn über eine abwesende Person geschimpft und gelästert wird, um deren Image zu ramponieren (zum Beispiel vor KollegInnen oder Vorgesetzten). Verbale Aggression und verbale Gewalt in den neuen Medien erfolgen auch oft in indirekter Form.

WARUM SCHIMPFEN WIR?

Nehmen Sie ein Blatt Papier und notieren Sie ganz spontan Antworten auf die Frage: »Warum schimpfe ich?« Lassen Sie mich raten: Als Erstes steht dort wahrscheinlich »um Wut auszulassen«, »um negative Emotionen loszuwerden«, »um mich abzureagieren« oder »um dem Ärger Luft zu machen«? An zweiter Stelle dann »scherzhaft im Kreis mir nahestehender Leute«? Denn genau solche Antworten bekomme ich am häufigsten bei meinen Umfragen zu hören, das zeigt die Tabelle unten.[30] »Um jemanden zu beleidigen« wird dagegen, zum Glück, selten angegeben.

ABREAGIEREN	BELEIDIGUNG	SCHERZHAFT
73 %	11 %	16 %

Tabelle 1. Funktionen des Schimpfens

Neben diesen drei offenbaren meine Forschungsergebnisse ein breites Spektrum an Funktionen, die das Schimpfen erfüllt und derer wir uns oft gar nicht bewusst sind.

---

30 Sechsunddreißig mündlich befragte Personen wurden gebeten, die drei häufigsten Funktionen verbaler Aggression in ihrem persönlichen Gebrauch prozentuell so darzustellen, dass sich in der Summe 100 % ergeben.

Die **kathartische Funktion**, die zum Abreagieren von Emotionen dient, ist mit Abstand die wichtigste Funktion des Schimpfens. Diese Funktion wird auch als **Ventilfunktion** bezeichnet – nach dem bildhaften Vergleich eines wütenden Menschen mit einem Dampfkessel und des Schimpfens mit einem Ventil, dank dem die Explosion vermieden wird. Die Spannung, die der Ärger im Körper eines Menschen erzeugt, wird oft auch mit einem Gewitter verglichen, und das Schimpfen kommt dementsprechend der elektrischen Entladung durch einen Blitz gleich. Auf die erleichternde Wirkung des Schimpfens wird bereits im *Deutschen Schimpfwörterbuch* (1839) hingewiesen: »Das Schimpfen erleichtert jedem das Herz«, »fördere die Gesundheit« und »erleichtert und befördert jede Sache«.[31]

Dank der kathartischen Funktion werden nicht nur negative Emotionen wie Wut, Hilflosigkeit, Schmerz, Angst, sondern auch positive wie Freude beziehungsweise freudige Überraschung oder Verwunderung abreagiert. Diese Funktion kann noch weiter differenziert werden, zum Beispiel wenn das Schimpfen zur Lösung der Anspannung oder dem Stressabbau dient.

Schimpfen zwecks **Lösung der Anspannung** kommt oft bei Vertretern der Berufsgruppen vor, die in Situationen großer Anspannung und Konzentration arbeiten müssen – etwa bei Militärangehörigen oder Chirurgen.

Schimpfen zum Stressabbau wurde von einer Befragten anschaulich beschrieben: *Um nach der Arbeit Stress abzubauen, gebrauchen mein Mann und ich scherzhaft gegenseitige Beschimpfungen, proletenhaftes Benehmen nachahmend: »Heast*[32], *du Oasch! Leck mi am Oasch! Geh scheiß'n.«* Hier handelt es sich um eine spielerische Form des Schimpfens, die aber in den Hintergrund tritt, wenn die Schimpfwörter zum Grundwortschatz und zur gewohnten Kommunikation gehören.

---

31 https://books.google.at/books?id=pzkLAAAAQAAJ&pg=PA3&hl=de&source=gbs_toc_r&cad=3#v=onepage&q&f=false [Zugriff am: 20.07.2023].
32 *Heast* (wörtlich »Hör mal«) ist ein Universalwort im Wienerischen, das sowohl für Empörung steht als auch als Drohsignal verwendet wird.

Interessant finde ich die **schmerzlindernde Funktion des Schimpfens**, da sie die Verbindung zwischen Sprache und physischen Empfindungen veranschaulicht. Zahlreiche Hebammen werden dies bestätigen können, dass Frauen in den Wehen oft anfangen, wie die Kesselflicker zu fluchen. Am häufigsten wird hier das Experiment von Richard Stephens im Rahmen einer neurologischen Studie der englischen Keele Universität erwähnt. In einem Test mussten die Teilnehmenden, die in zwei Gruppen aufgeteilt wurden, ihre Hände ins Eiswasser legen. Die eine Gruppe durfte dabei beliebig schimpfen und fluchen, die andere dagegen nicht. Das Ergebnis zeigte, dass die Gruppe von Schimpfenden circa vierzig Sekunden länger aushielt (knapp über zwei Minuten), während die Übrigen nur eine Minute und 15 Sekunden aushielten. Ähnliches haben auch die Versuche mit dem Hometrainer ergeben: Leute, die beim stationären Radfahren schimpften, fuhren deutlich schneller und spürten auch weniger stark, wenn der Widerstand erhöht wurde. Die Neurobiologie hat für dieses Phänomen eine Erklärung parat: Beim Schimpfen wird eine Hirnfunktion aktiviert, die den Körper in Stress versetzt und für die Ausschüttung von Adrenalin und Cortisol verantwortlich ist. Genau diese Stoffe machen uns schmerzunempfindlicher und setzen Kräfte frei. Mit diesen Prozessen hängt auch die nächste Funktion zusammen:

Die **anspornende Funktion des Schimpfens** beobachten wir häufig beim Erledigen schwerer körperlichen Arbeiten oder im Sport, um den Kampfgeist zu wecken und Kräfte zu aktivieren. Nicht zufällig werden Schimpfwörter und Wendungen als »Kraftausdrücke« (vgl. auch im Englischen »strong language« – »kraftvolle Sprache«) genannt. Ein wahrer Meister dieser Schimpfkunst ist der Boxer Tyson Fury – erinnern Sie sich an seine verbalen Provokationen an die Adresse von Wolodymyr Klytschko:[33]

---

[33] https://www.sport1.de/news/kampfsport/boxen/2016/04/boxen-vladimir-klitschko-leistet-sich-vor-dem-rueckkampf-gegen-tyso-fury-eine-entgleisung [Zugriff am: 25.07.2023].

Ich werde dich k.o. schlagen, du bist nur ein Stück Scheiße ... Ich mache aus dir einen Hundehaufen ... Ich bin fett wie ein Schwein und habe überhaupt keine Lust aufs Boxen, aber trotzdem wird das reichen, um dich zu schlagen.

NeurowissenschaftlerInnen weisen auch darauf hin, dass die Selbstbeschimpfung beim Sport die Leistung steigert.[34]

Im Sport sind Beleidigungspraktiken der Fußballfans bekannt, von denen der ruppige Fanchor beim Abstoß des gegnerischen Torwarts am bekanntesten ist: *Arschloch!!! Wichser!!! Hurensohn!!!* Und weil es sich so schön reimen lässt, wird häufig noch ein *Deine Mutter hatt' ich schon* hinzugefügt.

Die realitätsabwertende und angstbewältigende Funktion des Schimpfens beobachte ich momentan im ukrainischen Kriegsalltag: Durch das Beschimpfen von russischen Okkupanten und putin werden nicht nur negative Emotionen wie Wut, Verzweiflung, Ohnmacht vor dem Aggressor abreagiert, sondern die brutale Kriegsrealität abgewertet. Durch Abwertung erheben wir uns über die angsteinflößende Realität und befreien uns auf diese Weise von den Ängsten. Der Humor schafft ebenfalls Distanz zur Grausamkeit der Geschehnisse und hilft, die belastende Realität zu ertragen (vgl. Freud 1994). Diese Funktion lässt sich auch am Beispiel des seit den Anfängen russischer Aggression 2014 populären Anti-Putin-Sprechgesangs *путин хуйло/putin chujlo – putin ist ein Riesenarschloch* veranschaulichen.

Dieser Sprechgesang entstand einen Monat, nachdem die Krym annektiert wurde und in der ukrainischen Gesellschaft die Ängste groß waren, wie sich die Situation weiterentwickeln würde. Am 30. März 2014 haben die Fans zweier ukrainischer Fußballklubs – FK Metalist Charkiw und Schachtar Donezk – es gemeinsam skan-

---

34 https://www.heute.at/s/mehr-schimpfen-ist-gut-fuer-deinen-geist-100206362 [Zugriff am: 28.07.2023].

diert und den russischen Präsidenten durch Abwertung lächerlich und erbärmlich dargestellt. Da sowohl dem Schimpfen als aus dem Auslachen kathartische Funktion zukommt, hat der Sprechgesang die Wirkung noch verstärkt. Zudem lässt sich diesem Protestgesang noch die **Funktion des Zusammenhaltes (phatische Funktion)** und des **Widerstandes** zuweisen. So war es auch im Falle des Ausrufs *Schleich di, du Oaschloch* in einem Video an die Adresse des Wiener Attentäters am 2. November 2020 oder der spontanen Aufforderung eines ukrainischen Soldaten zum russischen Kriegsschiff *русский военный корабль, иди нахуй!* (russisch, im Deutschen sinngemäß »russisches Kriegsschiff, fick dich!«).[35] Alle diese Sprüche wurden zu Memes und Hashtags, erschienen in Massenmedien und im Alltag (gedruckt auf T-Shirts, Taschen oder anderen Gegenständen), die Aufforderung »russisches Kriegsschiff, fick dich!« gibt es als Briefmarke. In den von russen besetzten Gebieten fordern UkrainerInnen die Okkupanten mit diesem Spruch auf Werbeplakaten oder Wegweisern auf, sich vom ukrainischen Territorium zurückzuziehen.

Jetzt kommen wir zur zweithäufigsten Funktion – dem scherzhaften Schimpfen. Unter dem scherzhaften Gebrauch wird ebenfalls eine Reihe von Funktionen zusammengefasst: theatralisches Schimpfen mit der Absicht, andere zum Lachen zu bringen, selbstdarstellendes, lobendes, kosendes Schimpfen im FreundInnenkreis. Ich spreche hier von »fiktiver verbaler Aggression«, weil die Form und der Sinn des Gesagten nicht übereinstimmen. *Wurst ist, was ich sage, wichtig ist, wie ich es meine* – wie es einer der Befragten auf den Punkt gebracht hat.

Auf den scherzhaften Aspekt des Schimpfens verweist schon die Etymologie des Wortes: Das althochdeutsche »scimphen« und mittelhochdeutsche »schimphen« bedeutete »scherzen« beziehungsweise »spielen« und erst dann »verspotten«.

---

35 https://www.youtube.com/watch?v=LDrFVdms8yk [Zugriff am: 02.07.2023].

Ein Vergleich meiner Forschungsergebnisse von vor fünfzehn Jahren und aktuellen Studien zeigt eine interessante Tendenz, nämlich, dass scherzhaftes Schimpfen rückläufig ist. Die Befragten erklären es durch die steigende Multikulturalität: Sie würden sich viel seltener als früher trauen, den Unbekannten gegenüber aggressive Äußerungen scherzhaft zu gebrauchen, da sie die Reaktionen von Personen aus anderen Kulturkreisen nicht voraussagen können und Angst haben, dass auf scherzhafte Beschimpfung echte verbale oder sogar physische Aggression folgen könnte. Deshalb ist scherzhaftes Schimpfen aus dem öffentlichen Bereich weitgehend auf dem Rückzug und erfolgt im vertrauten Bereich: im Familien-, KollegInnen- und FreundInnenkreis. Denn damit die scherzhaft gemeinten Schimpfwörter auch als solche wahrgenommen werden, ist der breite Situationskontext wichtig, der gemeinsame Erfahrungen, gegenseitige Kenntnisse über Wertevorstellungen, Wahrnehmung und Reaktion voraussieht. Unter diesen Bedingungen können sogar sehr starke Schimpfwörter gebraucht und nicht beleidigend wahrgenommen werden – wie in scherzhafter Anrede eines Freundes mit türkischen Wurzeln: *Du stinkender Kanak!*

Das Brechen verbaler Tabus unter FreundInnen kann somit als Zeichen einer engen Beziehung betrachtet werden (**verbundenheitsdemonstrierende Funktion**) – nach dem Motto: Unsere Freundschaft ist so stark, sie kann sogar das Spiel mit den beleidigenden Worten verkraften.

Sind die Beziehungen nicht so eng, so sind beim scherzhaften Gebrauch von Schimpfwörtern Missverständnisse vorprogrammiert – wie in dieser Geschichte, in der auch das Alter und die interkulturellen Besonderheiten eine Rolle spielen:

Ein junger Vertreter einer amerikanischen Firma hat sich vorgenommen, formale Hürden aus dem Weg zu schaffen und eine ungezwungene Beziehung zum Direktor einer japanischen Firma herzustellen, mit der seine Firma schon viele Jahre erfolgreich zusammenarbeitete. Bei einem Empfang kam er auf diesen älteren ruhigen

Herren zu, klopfte ihm auf die Schulter und begrüßte mit den Worten: »Hey, schön dich zu sehen, alter Bock!« Der Japaner verließ darauf umgehend den Empfang und beendete seine Zusammenarbeit mit der amerikanischen Firma.

Auch Lob und Anerkennung können bei sich nahestehenden Leuten als Beschimpfung verpackt werden, etwa, wenn wir zu unserer schlauen Freundin oder Kollegin bewundernd *Ach du Luder, das hast du gut gemacht!* ausrufen. Hier handelt es sich um die **laudative (lobende) Funktion.** Der Ton sowie die Gestik und Mimik bekräftigen die Beschimpften zusätzlich darin, dass es sich nicht um eine Beschimpfung, sondern um ein Lob handelt: *Zwar bezeichnete er uns immer noch als Schweinehunde, aber es lag Achtung darin* (Remarque 1987: 29).

Das Schimpfen kann auch **tröstende Funktion** ausüben, beispielsweise, wenn wir vor unserer Freundin, die sich über ihren untreuen Mann beklagt, diesen als *Idiot, er hat dich nicht verdient!* beschimpfen. Damit bezeugen wir unserer Freundin mithilfe des expressiven Wortschatzes unsere Anteilnahme und signalisieren, dass wir ihre Probleme ernst nehmen. Wenn unsere Freunde etwas Unbedachtes gemacht haben und uns darüber ihr Herz ausschütten, kann das Mitgefühl in Form einer Beschimpfung zum Ausdruck kommen: *Ach, du Trottel! Du gutmütiger Depp!* Als **Zuhörersignale** können auch Fluchwörter eingesetzt werden und den Sprechenden signalisieren, dass wir ihre Einstellungen teilen oder mit ihnen mitfühlen, wie bei *Ach du Scheiße!* als Reaktion auf die Mitteilung von einem Missgeschick.

Weitere häufige Funktion des Schimpfens im FreundInnenkreis ist die **korporative** oder **phatische Funktion.** Sie können wir beobachten, wenn Jugendliche Schimpfwörter gebrauchen, weil das in ihrem FreundInnenkreis so üblich ist und sie dadurch ihre Zugehörigkeit zur Gruppe demonstrieren. Beim gemeinsamen Schimpfen werden nicht nur negative Emotionen abgebaut (etwa wenn wir uns das Fußballspiel anschauen und über das verpasste Tor lautstark zusammen den gegnerischen Torhüter beschimpfen, der den Ball gehalten hat), sondern vor allem gemeinsame Werte und Ansichten bekundet, was eine Gruppe zusammenschweißt. Typische Situationen, in denen »korporatives Schimpfen« praktiziert wird, beobachten wir beim Schimpfen über die Politik, dem Beschimpfen von PolitikerInnen, SportlerInnen, JournalistInnen sowie gesellschaftlichen Verhältnissen. Diese Funktion spielt in Krisenzeiten eine wichtige Rolle: beim gemeinsamen Schimpfen über den durch Covid-19 veränderten Alltag oder über den Krieg erheben wir uns über die als unerträglich empfundene Realität und können sie besser aushalten.

Um ein bestimmtes Gemeinschaftsgefühl nach vielen Jahren aufleben zu lassen, um Erinnerungen aufzufrischen, können beim korporativen Schimpfen auch veraltete Wörter und Redewendungen gebraucht werden: Ein älterer Wiener hat mir erzählt, dass er und seine ehemaligen MitschülerInnen sich bei den Klassentreffen scherzhaft mit Wörtern und Ausdrücken aus der Besatzungszeit wie *Russenkind* oder *Du bist so deppert wie ein Waggon Russenkapperln* anreden.

Von **kontaktstiftender Funktion** können wir dann reden, wenn aggressive Sprechakte dazu angewendet werden, mit der anderen Person in Kontakt zu treten. Diese Funktion beobachten wir oft bei Kindern, doch auch bei Erwachsenen können Beschimpfungen den Anfang einer neuen Freundschaft markieren, wie beispielsweise in Remarques *Drei Kameraden* nach einer Prügelei zwischen der Hauptfigur Robert und einem Taxifahrer:

Gustav sah mich wieder von der Seite an. »Kaffer«, *sagte er, aber im richtigen Ton.*
　»Mondkalb«, *erwiderte ich, ebenso.*
　Er wendete sich mir voll zu. »Der Schlag war gut.« ...
　»Ich heiße übrigens Gustav.«
　»Ich Robert.«

»*Also in Ordnung, Robert, was? Dachte, du wärest so'n Bubi von Mamas Schürze.*«
»*In Ordnung, Gustav.*«
Von dieser Zeit an waren wir Freunde. (1963: 168–169)

Die theatralische Funktion zeigt sich, wenn wir schimpfen, um andere zum Lachen zu bringen, aufzurütteln, eigene sprachliche Kreativität zu demonstrieren oder zu provozieren. Wie aus der Bezeichnung hervorgeht, erfolgt dieses Schimpfen vor Publikum – ob nun im Theater oder einer anderen Gruppe, ist irrelevant. Das Publikum kann die Rolle Zuhörender/Zusehender spielen oder auch, wie in Handkes *Publikumsbeschimpfung*, selbst Ziel der verbalen Attacke sein. Theatralisches Schimpfen hat entweder die Form des Schlagabtausches oder des Monologs und ist auf die rhetorische Wirkung gerichtet. Das Schimpfen stilisiert sich hier zu einer Kunst, die sowohl Schimpfende, Beschimpfte und Zuhörende genießen können. Der Autor eines etwas älteren Buches über das Schimpfen (Seyboth 1958: 23) spricht alle diese Aspekte des theatralischen Schimpfens an, indem er sich an seinen Lehrer erinnert, einen wahrer Meister des theatralischen Schimpfens:

»*Kerl*«, *brüllte er hopsend los,* »*ich werfe dich zum Fenster hinaus, daß du über das Hausdach fliegst und zur Tür wieder hereinfällst!*« /.../ *Er beherrschte die seltene Kunst, durch Schimpfen zu erfreuen. Das bekam ihm und uns. Wir genossen es.* /.../ *Wenn er sagte, wir sollten nicht wie* »*ein Pfund Wurst dasitzen*«, *dann fühlten wir uns ausgezeichnet. Die saftige Menschlichkeit war es wohl, die uns erwärmte.*«

Ich würde nicht zustimmen, dass das theatralische Schimpfen eine seltene Kunst sei, und ich glaube, Sie erinnern sich ebenfalls an ein oder zwei LehrerInnen, die diese Kunst beherrschten? Auch ich hatte eine Lehrerin, deren kreatives und liebevolles Schimpfen unserer Klasse großen Spaß bereitete.

Aggressive Sprechakte können bewusst zur Selbstinszenierung eingesetzt werden (**selbstdarstellende Funktion**), um sich als rechtschaffene Person zu positionieren, um Abgebrühtheit, Coolness oder »Volksnähe« zu demonstrieren. Letztgenanntes beobachten wir oft in der Politik. Ich erinnere mich an ein Wahlplakat eines jungen Wiener Politikers, der 2015 ins Bezirksparlament des 15. Wiener Gemeindebezirks (Rudolfsheim-Fünfhaus, übrigens der Heimatbezirk des berühmten Rappers Raf Camora) kandidierte und sich als »Mann des Volkes«, der »Volkes Sprache« spreche, an seine potenziellen jungen WählerInnen mit folgender Aufforderung wendete: *Fünfhaus, du Opfa, gib Stimme.* Interessanterweise sind es meist männliche Politiker, die sich dieser rauen Sprache bedienen. Auch in manchen Männergruppen werden Schimpfwörter eingesetzt, um zu beweisen, dass man ein »echter Kerl« sei.

Das Schimpfen kann auch zur **Einschüchterung** erfolgen – wenn vom Gegenüber eine aggressive Handlung befürchtet und ihr deshalb zuvorgekommen wird: »*Ich schimpfe auch ab und zu aus Selbstschutz, damit mein Gegenüber erst gar nicht in Versuchung gerät, sich weiter mit mir anzulegen.*« Diese Taktik ist in den Situationen sinnvoll, wenn wir über die Reaktionen des Gegenübers mehr oder weniger im Bilde sind und davon ausgehen können, dass auf die verbale Aggression nicht ebenfalls mit einer verbalen oder gar physischen reagiert und die Situation sich zuspitzen wird. Wenn die schimpfende Person das Gegenüber gar nicht kennt, ist diese Taktik nicht risikofrei, denn das Schimpfen kann als Herausforderung wahrgenommen werden und Aggressivität provozieren.

Die **handlungssteuernde Funktion** des Schimpfens zeigt sich darin, wenn beispielsweise MitarbeiterInnen sehen, dass der fluchende Chef in keiner guten Verfassung ist und sie darauf achten, ihm keinen weiteren Anlass zum Ärger zu geben.

Aggressive Sprechakte werden wegen ihrer Expressivität häufig zur Verstärkung des Gesagten (**expressive oder verstärkende Funktion**) verwendet. Es kann sich um die Verstärkung der Wahrhaftigkeit einer Aussage (*Der Schlag soll mich treffen, wenn es nicht so ist!*) oder die Betonung der Ernsthaftigkeit einer Situation handeln. Den zweiten Fall möchte ich an einer Situation darstellen, die mir meine Bekannte, eine Bibliotheksleiterin, geschildert hat: Nachdem ein Mitarbeiter die Bücher an einer falschen Stelle einsortiert und dadurch großes Durcheinander verursacht hatte, schimpfte sie vor KollegInnen und in Gegenwart des Schuldigen (*Welcher Idiot hat das gemacht?!*), um nach ihrer Aussage »zu demonstrieren, dass ich das Problem ernst nehme, aufs Schärfste verurteile und hoffe, dass so eine Schlamperei nie mehr vorkommt«.

Mit dem Ziel, die eigene Meinung zu verstärken, werden bei sich nahestehenden Leuten auch negative Vergleiche gebraucht, etwa wenn Freundinnen beim gemeinsamen Shopping Kleider anprobieren und diese kommentieren: *Nee, das geht nicht, in dem siehst du aus wie deine Oma.* Diese in anderer Situation beleidigende Äußerung wird hier zum freundschaftlichen Rat und eindringlicher Aufforderung, das unpassende Kleidungsstück zurückzulegen.

Auch eine Bitte oder Entschuldigung können durch Selbstbeschimpfung verstärkt werden:
Entschuldige, ich habe mich benommen wie ein Arschloch.
Bitte hilf mir, das Computerprogramm zu installieren, denn ich bin ein technischer Trottel!
Entschuldige, ich bin ein Trampel (beim ungewollten Anrempeln) oder *Ich bin eine heikle Sau* (beim Ablehnen einer Speise).
Der Gebrauch aggressiver Sprechakte verstärkt auch positive Einschätzungen:
Du, leck mich am Arsch, das Schnitzel/der Film war gut!
Himmel, Arsch und Wolkenbruch, das schmeckt aber verdammt gut!

Generell wird das Schimpfen als **Ersatz physischer Aggression** betrachtet. Bei einem der Workshops, die ich mit Kindern und Jugendlichen durchführe, hat ein Schüler diese Funktion in Worte gefasst: *Ich schimpfe, damit ich niemandem in die Fresse hauen muss.* Zweifelsohne ist die Ersatzfunktion des Schimpfens wichtig und, wie sie auch Sigmund Freud durch Zitieren eines nicht namentlich erwähnten englischen Autors bezeichnet hatte, eine Errungenschaft der Zivilisation: »… derjenige, welcher dem Feinde statt des Pfeiles ein Schimpfwort entgegenschleuderte, war der Begründer der Zivilisation.«[36] Aber wir sollen auch die entgegengesetzte Funktion verbaler Aggression nicht vergessen, die gerade in der **Vorbereitung physischer Aggression** besteht. Diese entgegengesetzten Funktionen des Schimpfens spiegeln sich auch in Sprichwörtern wider. So kennen wir einerseits *Wer flucht, schlägt nicht* und *Hunde, die bellen, beißen nicht*, andererseits das lateinische Sprichwort *A verbis ad verbera* (»Von Wörtern zu Schlägen«). Wie verbale Aggression als Einstieg zur physischen genutzt wird, beobachten wir schon in den Heldenepen wie *Waltharius* oder dem *Hildebrandslied*. Auch modernen Kriegen, wie der russischen Aggression gegen die Ukraine, gingen Jahre des Hassschürens und der verbalen Angriffe seitens der Kremlpropaganda gegen die Ukraine und UkrainerInnen voraus. Genauso haben die Nationalsozialisten den Hass auf Juden oder soziale Randgruppen mittels Sprache entfacht.

Klinische therapeutische Erfahrungen zur Gewalt gegenüber Frauen besagen ebenfalls, dass physischer Gewalt immer verbale Gewalt vorausgeht (Evans 1995: 93).

Beim Schimpfen kann es sich entweder um unbewusste Absichten oder um bewussten Gebrauch aggressiver Sprechakte handeln. Das unbewusste reflexartige Schimpfen ist für den starken Affektzustand, der sich durch Kontrollverlust auszeichnet, charakteristisch. Das unbewusste Schimpfen kann aber auch in Situationen, die nicht stark affektgeladen sind, erfolgen – zum Beispiel als spontane Reaktion auf ein als störend wahrgenommenes Verhalten. Schimpfen als Strategie wird dagegen bewusst eingesetzt, um ein Ziel zu erreichen (um jemanden herabzusetzen, zum

---

[36] Freud, Sigmund. *Über den psychischen Mechanismus hysterischer Phänomene.* Vortrag, gehalten in der Sitzung des »Wiener med. Club« am 11.01.1893. https://www.textlog.de/freud/vorlesungen/ueber-den-psychischen-mechanismus-hysterischer-phaenomene [Zugriff am: 07.08.2023].

Lachen zu bringen, eigene sprachliche Originalität zu demonstrieren) und kommt in weniger affektgeladenen oder neutralen Situationen vor.

Manche Funktionen des Schimpfens waren im deutschsprachigen Raum früher stärker präsent, zum Beispiel die **Protestfunktion** gegen die gutbürgerliche Gesellschaft, die im häufigen und oft unmotivierten Gebrauch von Schimpfwörtern in literarischen Texten in den 1960er bis 1980er-Jahren zum Ausdruck kam. Im Zuge sprachlicher Verrohung würden heutzutage Schimpfwörter in literarischen Texten oder Theaterstücken niemanden schockieren oder die Aufmerksamkeit auf diesen Text oder dieses Stück ziehen, was vor einigen Jahrzehnten noch anders war. Mir fallen dazu die Worte eines Theaterkritikers aus den Siebzigern ein, dass die Erfolgschancen eines Stücks an der Häufigkeit des Wortes *Scheiße* abzulesen sei. Heutzutage bedient sich allerdings das Business aktiv der Schimpfwörter, um die Aufmerksamkeit auf seine Produkte zu ziehen – zum Beispiel als Label-Namen (*Holy Shit*) oder Firmenmotto (*Fuck the Backmischung* von der »Guerilla Bakery«).

Manche Funktionen des Schimpfens sind für bestimmte Gruppen oder Sprachen typisch – darüber erfahren Sie mehr in den drei nächsten Kapiteln.

Fassen wir zusammen: Das Schimpfen erfüllt ein breites Spektrum an Funktionen, von denen viele eine positive Rolle spielen. Oftmals handelt es sich um gegenteilige Funktionen:

- Verbale Aggression als Ersatz für körperliche Aggression versus verbale Aggression als Provokation oder Einstieg zur physischen Aggression
- Verbale Aggression als Machtdemonstration versus verbale Aggression als Äußerung der Hilflosigkeit und Ohnmacht
- Beschimpfen, um zu beleidigen, versus scherzhafte und kosende Beschimpfungen

SCHIMPFWÖRTER GEHÖREN ZUR KINDHEIT

Schimpfwörter sind Teil des Spracherwerbs, weshalb Eltern bereits überrascht sein können, mit welchem Schimpfvokabular der Nachwuchs aus dem Kindergarten zurückkommt. Denn es gibt im Alltag eines Kindes viele Möglichkeiten, Schimpfwörter aufzuschnappen: auf dem Spielplatz und im Kindergarten, von älteren Geschwistern und FreundInnen, aber auch von Erwachsenen, hier vor allem natürlich von Eltern. Sie sollten sich dessen bewusst sein und sich idealerweise reflexartiges Schimpfen abgewöhnen, sagen wir beim Autofahren in der Gegenwart von Kindern.

Da die Kinder ihr Sprachumfeld nachahmen, ist es für den gepflegten Sprachgebrauch am besten, selbst ein Vorbild für eigene Kinder zu sein. Oft sind sich die Erwachsenen allerdings nicht bewusst, wie oft sie schimpfen. Eine Befragte erzählte, dass ihr Vater gern und viel fluchte und dabei am häufigsten *Himmel, Arsch und Zwirn!* benutzte. Als sie es selbst gebrauchte, fragte der Vater erstaunt: »Woher kennst du das denn?« Als mein kleiner Sohn mit dem Puppengeschirr spielte und immer, als im Spiel die Speise überkochte, *Scheiße* ausrief, wurde mir bewusst, wie oft ich dieses Fluchwort routinemäßig gebrauche. Zum *Scheiße* als gebräuchlichstem deutschen Fluchwort möchte ich hinzufügen, dass viele der von mir Befragten dieses Wort als eines ihrer ersten Wörter erwähnen.

In der frühen Kindheit steht der Einsatz von Schimpfwörtern auch mit der ungenügenden kognitiven und sprachlichen Entwicklung im Zusammenhang: Das Kind ist noch unfähig, eigene Bedürfnisse und Emotionen zu verstehen, störendes Verhalten anderer beziehungsweise ärgerliche Situationen treffend zu benennen und zu argumentieren. Die universalen Schimpfwörter wie *blöd*, *Blödmann* und andere passen dagegen in jeder ärgerlichen Situation. Deshalb ist es sinnvoll, im Zuge der sprachlichen Entwicklung durch konkretes Benennen dem Kind zu helfen, eigene negative Gefühle einzuordnen und seine Bedürfnisse zu verstehen. Dann besteht die Chance, dass das Kind auf dem Spielplatz statt *Blödmann!* einfach *Gib mir mein Spielzeug zurück!* ausruft.

Wie sollten die Eltern reagieren, wenn ihr Kind ein Schimpfwort nach Hause bringt? Die mittlere und ältere Generation ist noch mit dem Spruch *Wasch dir mit Seife den Mund aus* oder mit Ohrfeigen als Reaktionen auf den Gebrauch von Schimpfwörtern aufgewachsen. Diese ersten Erfahrungen mit der Wirkung von Schimpfwörtern erklären auch, warum viele Menschen die muttersprachlichen Schimpfwörter als stärker im Vergleich zu den fremdsprachigen empfinden, auch wenn sie diese Fremdsprache fließend sprechen und sich der Vulgarität von Schimpfwörtern bewusst sind. Bei den muttersprachlichen Schimpfwörtern wird das Kind zuerst mit dem starken emotiven Gehalt dieser Wörter konfrontiert, ohne ihre begriffliche Bedeutung zu kennen. Ein Befragter erinnert sich daran, wie er seinen Bruder im Alter von sieben Jahren mit *Du Hitler du* beschimpft hat. Er wusste nur, dass es ein ganz schlimmer Mensch war, aber nicht, wer es wirklich ist. Mich haben die Ergebnisse einer Abschlussarbeit des Lehrgangs »Jugendarbeit« am Wiener Institut für Freizeitpädagogik überrascht: 85,7 % der befragten sechs- bis zwölfjährigen SchülerInnen haben die Bedeutung von Schimpfwörtern, die sie gebrauchen, nicht gekannt oder falsch definiert: So wurde *Hure* mit »bekloppt« oder »verrückt« gleichgesetzt und *Missgeburt* als »im Mist geboren« erklärt (Waldbillig 2014: 8).

Heutzutage sind sich die KinderpsychologInnen darin einig, den Kindern das Schimpfen zu erlauben. Denn würden es die Eltern ihrem Nachwuchs verbieten, verbieten sie ihnen auch die emotionale Entlastung. Gleichzeitig sollten Kinder darauf aufmerksam gemacht werden, dass sie mit Schimpfwörtern andere Leute beleidigen können.

Kleinkinder testen die neuen Wörter mehrfach und in unterschiedlichen Kontexten aus, das gilt auch für Schimpfwörter. Dabei machen gerade die Reaktionen Erwachsener diese Wörter umso reizvoller und ermuntern die Kinder, sie immer wieder auszutesten. Wird das Kind mit heftigen Reaktionen auf diese Wörter konfrontiert, ist es fasziniert von der ihnen innewohnenden Macht. Meine Bekannte erzählte, dass sie als Kind zu ihrer Oma *Oma, du bist plemplem* sagte, woraufhin diese mit einer Ohrfeige reagierte. Obwohl sie die Bedeutung des Gesagten nicht verstand, war sie umso beeindruckter von der Reaktion.

Deshalb gilt es, möglichst unbeeindruckt zu bleiben und dem Kind zu sagen, es sei kein schönes Wort, das anderen Menschen wehtun kann. Gebraucht das Kind das Schimpfwort weiter, um zu provozieren, können Sie es überhören. Wenn das Wort keine Aufmerksamkeit erregt, wird es langweilig und für den weiteren Gebrauch uninteressant.

Im Grundschulalter spielt die **provozierende Funktion des Schimpfens** weiterhin eine wichtige Rolle. Deshalb gilt auch hier nach wie vor, heftige Reaktionen zu vermeiden und cool zu reagieren. Mit dem provozierenden Gebrauch von Vulgarismen bin ich kürzlich selbst konfrontiert worden, als ein zehnjähriger Schüler auf meine Frage, was er künftig beruflich machen möchte, meinte: *Scheißen, furzen und rülpsen*. Die Antwort, dass ich keine Berufe kenne, in denen diese natürlichen Prozesse hilfreich wären, hat seine Lust an jeder weiteren Provokation merklich gedämpft.

Ältere Kinder sind sich, im Gegensatz zu Kindergarten- und Grundschulkindern, nicht nur der provozierenden Funktion des

Schimpfens bewusst, sondern auch ihrer Ursachen. Das stellte ich im Rahmen der Workshops fest, die ich mit elf- bis vierzehnjährigen SchülerInnen durchgeführt habe. In einer Klasse haben die Kinder Szenen aus dem schulischen Alltag nachgespielt, wie sich ein Junge in der Pause langweilt und immer wieder verschiedene Kinder verbal angreift.

Schimpft das Kind nicht personenbezogen, sondern um seine negativen Gefühle abzureagieren, so ist es als produktives Schimpfen zu betrachten, das körperliche Aggressionen ersetzen könnte. Wenn das Kind aber andere Menschen beschimpft, muss darauf reagiert werden. Dabei ist es wichtig, dass sich die Kritik auf die Wörter und nicht auf das Kind richtet. Altersgerechte Bedeutungserklärung kann hilfreich sein, zum Beispiel, dass es beleidigend ist, den Menschen mit einem Tiernamen zu bezeichnen oder auf ein Körperteil zu reduzieren.

Wie Erwachsene schimpfen auch Kinder verschiedenen Alters, um ihren Unmut über einen Missstand oder jemandes Verhalten zu äußern und diesen Menschen zur Verhaltensänderung zu bewegen. Das sprachliche Verhalten Erwachsener ist nicht zu unterschätzen, denn es wird als Modell von Kindern genutzt und nachgeahmt. Deshalb ist es wichtig, Kindern nicht nur zu erklären, sondern auch vorzuleben, dass es normal ist, negative Emotionen zu haben, über rücksichtsloses Verhalten verärgert zu sein und so weiter; und dass es aber nicht nur möglich ist, dies konstruktiv zu äußern, sondern dadurch das Ziel schneller erreicht wird. Schulkindern könnte dies in Anlehnung an das Konzept der gewaltfreien Kommunikation von Rosenberg (2005) an konkreten Beispielen erklärt werden. Da für die gewaltfreie Kommunikation wichtig ist, eigene Bedürfnisse zu verstehen und diese klar und deutlich zu äußern, könnte diese Erklärung so oder ähnlich klingen: *Stell dir vor, du willst in der Pause noch schnell die Hausaufgaben machen, die du vergessen hast. Dein Freund stört dich aber, indem er dich immer wieder anredet. Wenn du »Halt die Klappe, du Blödmann!« sagst, fühlt er sich wahrschein-*

lich beleidigt, kann dich aus Trotz noch mehr stören oder ebenfalls mit einer Beschimpfung reagieren, aus der ein echter Streit wird und du erst recht nicht zum Erledigen der Hausaufgabe kommst. Mit einer Erklärung und der höflichen Bitte »Bitte stör jetzt nicht, ich muss noch schnell die Hausaufgaben erledigen« würdest du mehr erreichen.

Wenn doch geschimpft wird, dann sollten wir Erwachsene dabei nicht zu starken und vulgären Wörtern und Ausdrücken greifen, sondern harmlose Wörter in der Rolle von Schimpfwörtern verwenden. Den Tipp, sprachlicher Kreativität freien Lauf zu lassen und witzige Schimpfwörter wie *peinlicher Pudding-Plumpser* oder *Prinzessinnen-Orangenkopf*[37] zu kreieren, geben auch KinderpsychologInnen und ErziehungsberaterInnen. Diese kreative Strategie funktioniert am besten bei Kindern im Kindergartenalter, aber auch Grundschulkinder lassen sich für das Schimpfen ohne Schimpfwörter begeistern (erinnern Sie sich an die Beispiele im Kapitel »Schimpfen ohne Schimpfwörter«?).

Die kreativen Schimpfwörter können selbst erfunden oder den Kinderbüchern entnommen werden. Als ich mit meinem jüngeren Sohn Geschichten aus der Reihe *Der kleine Drache Kokosnuss* von Ingo Siegner gelesen habe, staunte ich über die vielen vom Schriftsteller kreierten Schimpfwörter und habe einen umfangreichen Schimpfwortkatalog zusammengestellt – hier nur einige dieser kreativen Beschimpfungen:

Du Gartenschlauch, du Flugobst, du Gewürzgurke, du Gumminudel, kleines Gürkchen, geflügelte Gurke, du fliegende Tomate, du Kartoffelpuffer, du Knallerbse, du Hühnerbein, du Matschbanane, du Pinsel, du Glühbirne du, ihr Seegurken, du Suppenhuhn, du Riesenspaghetti, du Runkelrübe, du Weihnachtsgans, ihr Bauklötze, ihr Plattfische, ihr Suppenschildkröten.

---

37 https://k.at/explainer/so-gehen-eltern-richtig-mit-schimpfwoertern-um/400982963 [Zugriff am: 02.06.2023].

In einem Familienblog[38] fand ich auch eine Idee, ins Pilzlexikon zu schauen und Pilznamen als lustige Schimpfwörter zu verwenden: *breitblättriger Holzrübling, filziger Buckeltäubling, duftender Schneckling* klingen ja erstmal nicht schlecht. Kinderseiten bieten sogar Schimpfwort-Generatoren an, die kreative Schimpfwörter wie *schmierige Sumpfkartoffel, hinkender Zeckenbiss* oder *rülpsende Kalknuss* und viel mehr ausspucken.[39] Wenn Freunde zusammen den Schimpfwortgenerator betätigen und über die gelieferten Ausdrücke lachen, ist das eine Sache, aber wenn eines dieser Wörter im Streit an jemanden gerichtet wird, kann es sehr wohl beleidigen. In anderen Worten: *Du Geodreieck* oder *Du Beere* klingen lustig, kommt aber ein negatives Attribut dazu, stehen sie den echten Schimpfwörtern in nichts nach: *Du hässliches Geodreieck! Du vergammelte Beere!*

Doch auch neutrale Wörter können in konkreter Situation als Beleidigung wahrgenommen werden. Deshalb würde ich die Kinder nicht zum Gebrauch personenbezogener Schimpfwörter anregen, sondern ihre Kreativität eher in Richtung von harmlosen Flüchen wie *Sapalotti-Karotti! Sapalotti-Kompotti! Tamtararam!* oder *Krawuzi-Kaputzi!* lenken, die an Situationen und nicht an Personen gerichtet sind. Diese Ausrufe eignen sich sehr gut zum Abreagieren von negativen Emotionen, greifen aber gleichzeitig nicht eine andere Person an. In den Büchern über den Drachen Kokosnuss kreiert der Schriftsteller auch lustige Flüche wie *Brolkenwuch!* oder Drohungen (*Aus dir mache ich Apfelmus mit Petersilie! Und wenn du frech wirst, fress ich dich zum Frühstück!*).

Kinder mögen es, mit vulgären Begriffen zu spielen – das sehen wir an diversen Sprüchen und Aufzählreimen der Kinderfolklore:

Was ist draußen und doch drinnen? Der Dreck, wenn man sich in die Hosen geschissen hat. (Dundes 1985: 37)

---

38 https://www.meinefamilie.at/blog/sapalotti-kompotti-die-wut-von-kindern-muss-raus [Zugriff am: 14.06.2023].

39 https://www.geo.de/geolino/spiele/13350-rtkl-onlinespiel-schimpfwort-generator [Zugriff am: 07.06.2023].

X frisst Aprikose, schisst in die Hose, Gang eweck! Gang eweck. Du bist Dreck! (Borneman 1974: 42).
Wenn der Kasperl scheißen muss – geht er hinters Haus.
Und wenn er kein Papierl hat – macht er's mit der Faust.
Faust rutscht aus und du bist raus. (aus meiner Umfrage)

Wenn Kinder ganz schnell *Hirsch heiß ich* beziehungsweise *Hirsch heißt mein Papa* sagen, ergibt das bei schnellem Sprechtempo *Hier scheiß ich* beziehungsweise *Hier scheißt mein Papa*, was für entsprechende Erheiterung sorgt.

Fäkal-anale Thematik ist beliebt in der Kinderfolklore vieler Sprachen, ihr Einzug in die Kinderliteratur ein deutscher Beitrag. Ich spreche hier das populäre Kinderbuch *Vom kleinen Maulwurf, der wissen wollte, wer ihm auf den Kopf gemacht hat* an, das übrigens in mehr als vierzig Sprachen übersetzt wurde. Im Buch werden die Kinder auf verbaler und visueller Ebene mit den Besonderheiten der Defäkation verschiedener Tiere bekannt gemacht.

Dem Gebrauch fäkal-analer Wörter in der Kindersprache liegt kindliche Freude zugrunde, ein Verbot zu übertreten oder Erwachsene zu provozieren. Kinder spüren auch (noch) nicht den Druck von gesellschaftlichen Normen, laut denen der Gebrauch von Schimpfwörtern in der Erwachsenenwelt als unangemessen gilt. Deshalb wird das Argument »*Blödmann sagt man nicht*« von ihnen nicht verstanden und Sie können auch mit der Frage konfrontiert werden, auf die Sie womöglich keine Antwort wissen: »*Warum gibt es dann diese Wörter, wenn man sie nicht gebrauchen darf?*«

Im Gegensatz zu den Erwachsenen unterscheiden Kinder ihr Vokabular nicht nach Worten, die sie im Familienkreis und in der Öffentlichkeit verwenden. Deshalb kann es für Eltern zu peinlichen Situationen kommen, wenn das Kind öffentlich ein vulgäres Wort gebraucht, dass in der Familie üblich ist:

Einmal beobachtete ich im Wartezimmer einer ärztlichen Praxis, wie ein kleines Mädchen seinem Papa an der Plüschkatze ver-

schiedene Körperteile zeigte und diese benannte: »Papa, die Katze hat Pfoten!«, »Die Katze hat Öhrchen!«, »Die Katze hat Augen« und so weiter. Der Sinn des Spiels war, dass Papa die Worte seiner Tochter wiederholte, was gut funktioniert hat, bis das Mädchen »Papa, die Katze hat einen Arsch« sagte. Der sichtlich irritierte Vater reagierte mit »Die Katze hat einen Popo«, womit sich seine Tochter aber nicht zufriedengegeben hat und erneut, nun aber schon lauter und mit Nachdruck »Die Katze hat einen Arsch« wiederholte. Die Wartenden schmunzelten, der Papa wurde rot, sagte aber bestimmt und freundlich lächelnd: »Ja, die Katze hat einen Popo.« Das Mädchen betrachtete es als Bruch der Spielregeln, den Papa als Spielverderber und bekam einen Wutanfall: »Neeeeeein, Papa! Die Katze hat einen Arsch! Einen Arsch! Einen AAARSCH!«

Ein weiterer interessanter Grund, warum den Kindermündern Schimpfwörter rausrutschen, ist die falsche Aussprache. So wurde meine Bekannte Julia von ihrer kleinen Nichte *Hua* genannt, was in ihrer Region von allen unmissverständlich als »Hure« wahrgenommen wurde. Der Sohn eines Bekannten hat ebenfalls für staunende Blicke gesorgt, weil er Flipflops als *Flitzfotzen* bezeichnete. Ich selbst hatte mit meinem Sohn ein spektakuläres Erlebnis: Im Kleinkindalter sprach er das ukrainische Wort für »Bär« – *ведмідь/wedmid´* als *їбімь/jibit´* aus. Unglücklicherweise entspricht es der Imperativform von »ficken« in der zweiten Person Plural: *Fickt!* »Bärchen« (*ведмедик/wedmedyk*) klang dann entsprechend als *їбедик/jibedyk* (Fickerchen). Eines Tages besuchten wir im Puppentheater (in der Ukraine) eine Aufführung über eine Bärenfamilie, die meinen Sohn so begeisterte, dass er jedes Erscheinen von Figuren auf der Bühne laut kommentierte: *Mama-Bär! Papa-Bär! Oma-Bär! Opa-Bär! Bärchen!* Das klang aber wie: *Mama-fickt! Papa-fickt! Opa-fickt! Oma-fickt! Fickerchen!* Ich bat meinen Sohn, leiser zu sprechen, während andere Eltern versuchten, die Aussagen zu ignorieren. Aber nachdem andere, vor allem ältere Kinder nach seinen Ausrufen in Gelächter ausbrachen und auch manche Eltern das Kichern nicht unterdrücken konnten, fühlte sich mein Sohn bestärkt, das Publikum aufzuheitern und damit fortzufahren. Zum Glück dauerte diese für Kleinkinder bestimmte Aufführung nur zwanzig Minuten. In diesem Alter musste ich meinem Sohn auch die Bezeichnung »Gummi« für Gummibärchen angewöhnen, nachdem er einige Male im Geschäft nach »Bärchen« *(ведмедики/ wedmedyky)* verlangt hatte, was in seiner Aussprache auf Ukrainisch wie »Fickerchen« *(ïбедики/jibedyky)* klang.

Noch ein ukrainisches Wort, der von Kindern, die das »r« noch nicht rollen können, falsch ausgesprochen wird und ebenfalls ein vulgäres Wort ergibt, ist »Angeln« – *рибалка/rybalka*. Viele Kinder sprechen es als *ïбалка/jibalka (Fickerei)* aus. Und jetzt stellen Sie sich mal vor, wie ein Knirps der Mama *Papa ist beim Angeln* sagen möchte, es aber wie *Papa ist beim Ficken* klingt. Mama wäre not amused...

Sicher fallen auch Ihnen genauso lustige wie peinliche Beispiele kindlicher Versprecher ein.

Bei älteren Kindern wie auch bei Erwachsenen kann sich ein vulgäres Wort ergeben, wenn man sich verspricht oder verhaspelt. So habe ich die Bedeutung von *scheißen* dank dem Versprecher eines Mitschülers erfahren. Als er in einem Text über den Oktoberumsturz 1917 in russland statt *Die Matrosen schießen* las, dass *die Matrosen scheißen*, habe ich an der Reaktion unserer Lehrerin bemerkt, dass dem Wort eine besondere Bedeutung zukommt und es zu Hause im Wörterbuch nachgeschlagen.

Die Situation im Elternhaus beeinflusst das spätere verbalaggressive Verhalten der Kinder: viele UmfrageteilnehmerInnen, in deren Elternhaus das Schimpfen ein absolutes Tabu war, behaupten von sich selbst, dass sie sehr viel und häufig schimpfen. Dieses Ergebnis ist auch verständlich, denn jedes Tabu weckt die Versuchung, es zu brechen. Im Gegensatz dazu teilen sich die Interviewten, in deren Elternhaus viel geschimpft wurde, in zwei Gruppen:

- die, die auch viel und häufig schimpfen
- die, welche die Litanei an Schimpfwörtern zu Hause so satthatten, dass sie in ihrem erwachsenen Leben selbst kaum schimpfen.

Fassen wir kurz zusammen, wie kleine Kinder Schimpfwörter sehen. Der starke emotive Gehalt von Schimpfwörtern macht sie für Kinder zu Zauberwörtern, mit denen sie sofort die Aufmerksamkeit Erwachsener gewinnen, heftige Reaktionen hervorrufen, ihre Freunde zum Lachen bringen oder Türen wie mit dem märchenhaften »*Sesam öffne dich!*« aufsperren können: Mein älterer Sohn hat seiner Oma, die sich an einer festgeklemmten Tür abmühte, folgenden Tipp gegeben: *Oma, du musst »Scheiße« sagen – Mama sagt es immer, und dann öffnet sich die Tür.*

FUCK YOU, DIGGER!
SCHIMPFEN UND TEENAGER

Bevor wir uns dem Gebrauch von Schimpfwörtern bei Teenagern widmen, ist es wichtig, einige Besonderheiten der Entwicklung in dieser Lebensphase sowie der Jugendsprachen[40] hervorzuheben. Allem voran dient diese sprachliche Varietät der Abgrenzung von der Außenwelt und vor allem von den Erwachsenen. Eine weitere Besonderheit von Jugendsprachen, die sich auch im Schimpfwortschatz spiegelt, ist ihr dynamischer Charakter. Während sich bei den Erwachsenen die häufigsten Schimpfwörter seit zwanzig Jahren im Prinzip kaum verändern (laut meinen Umfragen unter WienerInnen sind das *Trottel, Arschloch, Idiot*), tauchen bei SchülerInnen alle paar Jahre neue Schimpfwörter auf: 2017 entwickelte sich *AMK/amına koyim* zu dem neuem *WTF/what the fuck*, ist inzwischen aber wieder auf dem Rückzug; *Lauch* und *Lappen*, die noch vor einigen Jahren sehr beliebt waren, werden mittlerweile seltener gebraucht, und Anfang 2023 tauchten plötzlich die Namen von den Pornodarstellern *Johnny Sins* und *Lana Rhoades* häufig als Schimpfwörter auf. Wenn Sie dieses Buch lesen, können aber diese

---

[40] Ich halte mich an die in der modernen Jugendsprachforschung vertretene Vorstellung von Heterogenität der Jugendsprache und verwende deshalb den Terminus »Jugendsprachen«.

Schimpfwörter bereits Geschichte und an ihre Stelle neue getreten sein.

Auch bei anderen Schimpfwörtern sind Unterschiede in der Häufigkeit des Gebrauchs sichtbar: So kam *Scheiße* vor zehn bis fünfzehn Jahren bei Jugendlichen doppelt so häufig vor wie in den aktuellen Umfragen. Dafür hätte ich zwei Erklärungen:

- *Scheiße* hat sich infolge häufiger Verwendung abgenutzt und an Schärfe verloren, weshalb es in einer Umfrage nicht spontan als Fluchwort angeführt wird.
- Seine Häufigkeit hat wegen des gestiegenen Gebrauchs anderer Fluchwörter abgenommen, zum Beispiel *Fick dich!*, das in den letzten zehn Jahren enorm an Popularität gewonnen hat. Der gestiegene Gebrauch von *Fick dich* hat wiederum höchstwahrscheinlich bewirkt, dass die Häufigkeit von *fuck* beziehungsweise *fuck you* abgenommen hat. Diese Zusammenhänge zeigen, dass die Sprache ein lebendiger Organismus ist, in dem eine Veränderung eine andere bewirkt.

Die Dynamik in den Jugendsprachen ist an Sprachmoden sichtbar – sprachlichen Phänomenen, deren Gebrauchshäufigkeit innerhalb kurzer Zeit steil ansteigt. Mit der Zeit können Sprachmoden verschwinden, müssen aber nicht. Ein anschauliches Beispiel einer Sprachmode stellt der Ausdruck *amına koyım* oder kurz *AMK* dar (wörtlich: »ich setze es in die Vagina«), der die Bedeutung »ich mache dich fertig« hat. Die verkürzte Version des Ausdrucks (gesprochen »e-me-ke«) ist relativ neu und aus sprachökonomischen Gründen im Zuge der Verlagerung der Kommunikation in den Bereich der sozialen Netzwerke populär geworden. Trotz jahrzehntelanger Kontakte mit türkischsprechenden SchülerInnen kam *amına koyım* in den Umfragen bis 2016 nicht vor. Seine rasante Verbreitung ist dem jung verstorbenen Vlogger und Rapper *Gilette Abdi* zu verdanken: Die Videos von Gilette Abdi nachahmend, wird *AMK* oft in Kombination mit dem Satz *Ich rasier dich* gebraucht: *Ich rasier dich, AMK!* Dabei handelt es sich um die Lehnübersetzung des Türkischen *ben seni traş edeceğim amk*, das metaphorisch »jemanden fertig machen« bedeutet und oft scherzhaft oder ironisch gemeint ist. In der Äußerung *ich rasier dich amk* wird *amk* bedeutungsentleert als Abschluss eines Satzes mit der Absicht gebraucht, die vorherige Aussage zu bekräftigen oder zu intensivieren. *AMK* beziehungsweise *amına koyim* werden auch als bedeutungsentleerte Flüche gebraucht, das heißt sie sind nicht personen-, sondern situationsbezogen und mit den Ausrufen *Mist* oder *Scheiße* im Deutschen vergleichbar.

Der Schimpfwortschatz generell ist ein ziemlich konservativer Bereich und lässt nicht viele fremdsprachige Ausdrücke zu. Noch mehr: Es wird oft im Dialekt geschimpft, da er uns teils näher als die Standardsprache ist. Der österreichische Kabarettist und Autor populärwissenschaftlicher Bücher über das Wienerische, Peter Wehle, hat den Dialekt treffend als »unser sprachliches Zuhause« und daher »das beste Transportmittel für unsere Emotionen« (1980: 286) bezeichnet. Die Jugendsprachen sind aber offen für das Neue und Fremde und übernehmen schnell fremdsprachige Ausdrücke. Internationalismen – vorwiegend aus dem Englischen entlehnte Schimpfwörter (*fuck, fuck you/off, shit, bitch* und andere), die weltweit als Ausdruck negativer Emotionen gebraucht und verstanden werden – kommen in dieser Altersgruppe viel häufiger als bei den Erwachsenen vor und sind englischsprachigen Filmen, Serien oder TikTok-Videos zu verdanken, in denen diese Ausdrücke selbst bei synchronisierten Beiträgen original belassen werden. Fremdsprachige Wörter eignen sich auch gut, um sich von den Erwachsenen abzugrenzen. Internationalismen oder fremdsprachige Schimpfwörter können auch durchaus in einem Zug mit Dialektwörtern ausgerufen werden: *Fuck, Oida!* oder *Geh in Oasch, Bratan!*

Noch ein wichtiger Aspekt: Schimpfwörter haben bei Jugendlichen einen anderen Stellenwert als bei Erwachsenen. In der Kommunikation von Kindern und Jugendlichen werden sie oft, wenn nicht als Normalfall, so als natürliche Form sprachlicher Kommunikation, wahrgenommen. Aggressive Sprechakte werden meist nicht im Streit, sondern routiniert in emotional nur schwach aufgeladenen Situationen gebraucht. Oft handelt es sich um eine fiktive verbale Aggression: Schimpfen als Aufmerksamkeitserregung, Selbstdarstellung, als Demonstration der Zugehörigkeit zur Gruppe oder um andere zum Lachen zu bringen. Schimpfwörter gehören oft zum Grundwortschatz und werden zur Bezeichnung von Vorgängen, Körperteilen (*Arsch*), zur expressiven Darstellung von Situationen und Sachverhalten (*Er/sie hat die Prüfung verkackt*; *Das ist so behindert!*) oder als Äußerung der Verwunderung (*Du Verrückte!*) verwendet. Diese Tendenz wird von SprachwissenschaftlerInnen als sprachliche Verrohung bezeichnet. Vorwiegend werden Schimpfwörter im eigenen Kreis gebraucht, doch da diese Wörter für Kinder zur Gewohnheit werden, können sie auch außerhalb der eigenen Gruppe mal herausrutschen. Ich führe den Jugendlichen die Folgen dieses gewohnheitsmäßigen Gebrauchs von Schimpfwörtern und Vulgarismen vor, und zwar anhand konkreter Beispiele:»Stell dir vor, dir rutscht im Vorstellungsgespräch ein Schimpfwort heraus und du bekommst den Job, den du dir sehr wünschst, nicht.«

Sprachliche Verrohung bringt auch die Abgrenzung von höflich versus unhöflich durcheinander. Daran können auch die guten Vorsätze der gewaltfreien Kommunikation scheitern. So erlebe ich während der Workshops mit Kindern und Jugendlichen, dass sie vulgäre Äußerungen wie *Halt die Klappe* als Norm, *Könntest du mich bitte nicht stören* dagegen als Hohn oder Sarkasmus wahrnehmen und aggressiv reagieren: *Will der mich verarschen oder was?*

Ausgehend von dem Konzept gewaltfreier Konzeption von Marshall Rosenberg ist es wichtig, Kinder anzuregen, über ihre Gefühle und Bedürfnisse sowie die Wörter nachzudenken, mit denen sie ihre negativen Emotionen ausdrücken: Das könnte zum Beispiel so aussehen, dass sie sich Gedanken darüber machen sollen, was mit dem universalen negativen Wort »*blöd*« eigentlich gemeint ist. Denn es kann für alle möglichen Handlungen und Verhaltensweisen gebraucht werden – wenn jemand rücksichtslos, egoistisch, indiskret, aufdringlich und so weiter ist. Wenn wir uns selbst bewusst sind, was uns konkret stört, können wir den Missstand viel eher ändern. Es gilt, störendes Verhalten treffend zu bezeichnen und darüber konstruktiv zu reden, anstatt allgemein beleidigende Worte zu gebrauchen, die eigentlich nichts bedeuten und in jeder ärgerlichen Situation vorkommen können.

Die Kommunikation von Teenagern erfolgt größtenteils mittels neuer Medien, die für die sprachliche Entfaltung nicht gerade förderlich sind. So besteht keine Notwendigkeit, eigene Gefühle zu bezeichnen, wenn es dafür alle möglichen Emoticons gibt. Wenn Jugendliche dann im realen Gespräch über die Gefühle und Emotionen reden, hört man oft: »*Und ich SO*«, gefolgt von: »*Und er SO*«. Dabei wird das Partikel »so« mit entsprechendem Gesichtsausdruck begleitet, der die Emotionen veranschaulichen soll.

Hinter vielen von Kindern und Jugendlichen routinemäßig gebrauchten Ausdrücken steckt eine Beleidigung, und zwar verschiedener Personengruppen aufgrund ihrer Herkunft, körperlicher und geistiger Besonderheiten, geschlechtlicher und sexueller Identität, Weltanschauung oder Religion. Auch wenn sich diese Schimpfwörter nicht direkt an die betreffenden Personengruppen richten, sondern im übertragenen Sinne gebraucht werden, handelt es sich um indirekte Beleidigungen. Beim Betreten von Schulgebäuden bin ich oft überrascht, wie häufig gerade diese Art von Beleidigungen verwendet werden. Sie begleiten mich auf Schritt und Tritt:

Du bist behindert! Das ist so behindert! Das ist echt schwul! Bist du blind? Warum stehst du wie gelähmt?

Wenn Jugendliche auf die wörtliche Bedeutung dieser Wörter und somit die indirekte Beleidigung betreffender Personengruppen aufmerksam gemacht werden, könnte es sie zum Nachdenken anregen, sodass sie sie vielleicht nicht mehr so häufig verwenden. Das bestätigen mir immer wieder die Lehrenden, in deren Klassen ich Workshops durchgeführt und mit Kindern darüber gesprochen habe. Eine Klasse hat eine kreative Methode gefunden, das allgegenwärtige *behindert* aus dem Sprachgebrauch zu tilgen: Sie hatten ein Sparschweinchen eingerichtet, in das für jedes »behindert« 50 Cent eingezahlt werden musste. Das auf diese Weise gesammelte Geld wurde für gemeinsamen Besuch eines Eiscafés verwendet. Natürlich vollzieht sich sprachliche Veränderung nicht von heute auf morgen, sondern braucht Zeit. So wird den Kindern dieses Wort gewohnheitsmäßig noch ab und zu rausrutschen. Wichtig ist aber, dass Kinder die Möglichkeit lernen, am eigenen Sprachgebrauch zu arbeiten und diesen zu verändern. Auch junge Erwachsene berichten mir in Umfragen, dass sie sich von *behindert* allmählich verabschiedet haben, sobald sie sich der tatsächlichen Bedeutung bewusst wurden.

Die späte Kindheit und die darauffolgende Teenagerzeit stehen im Zeichen intensiver Identitätssuche. Die Sprache als Identitätsmarker spielt in diesem Prozess eine wichtige Rolle. Während Kinder und Jugendliche verschiedene Identitäten austesten und in verschiedene Rollen schlüpfen, orientieren sie sich an aktuellen Vorbildern in der Jugendszene wie DeutschrapperInnen, YoutuberInnen, InstagrammerInnen, InfluencerInnen sowie TikTokerInnen und ahmen ihre Sprache nach. Da die Sprache in diesem Segment besonders expressiv ist, übernehmen die Jugendlichen auch ihre verbalaggressiven Äußerungen. Viele dieser Vorbilder haben ihre Wurzeln in einer anderen Kultur, was dazu führt, dass in den letzten Jahren das »Ausländersein« in den Jugendkreisen aufgewertet wurde. Die Jugendlichen begannen, nicht nur den Kleidungsstil von KünstlerInnen (etwa Gopnik-Style mit Trainingsanzug, Schiebermütze, Adiletten, Bauchtasche und Goldkette – wie bei den Deutschrappern *Capital Bra* oder *Olexesh*), sondern auch ihre Sprache zu kopieren, die sich unter anderem durch expressive muttersprachliche Ausdrücke charakterisiert. Auf diese Weise hielten fremdsprachige Schimpfwörter in die Jugendsprachen Einzug, die zu Sprachmoden wurden.

Mit der Identitätssuche sind auch Ängste und Unsicherheit verbunden, die in dieser Altersgruppe oft mit dem Aussehen und der Sexualität im Zusammenhang stehen. Das erklärt auch, warum Schimpfwörter, die sich auf das Äußere beziehen (*Arschgesicht, Eselfresse, Fotzenfresse, Muschifresse, Pferdegesicht, Pickelgesicht, Schwanzgesicht, Warzengesicht*) in den Jugendsprachen häufiger als bei Erwachsenen vorkommen. Besonders ausgefallen sind bei Jugendlichen auch Schimpfwörter mit Bezug zur sexuellen Sphäre – hier nur eine kleine Kostprobe aus meinen Materialen:

Blasmaschine, billige Schamhaarwichsmöse, Fickfotze, Fotzenkind, Fotzenknecht, Fotzenschlampe, Schlatzfut[41]*, Futschleimtaucher, Hodenkobold, Inzuchtfotze, Kondomplatzgeburt, Masturbationskünstler, Scheidenschwanz, Schwanzwichser, Spermadose, Spermatrinker, Steckdosenbefruchter ...*

Sie wissen schon: Schimpfen ist nicht gleich Schimpfen, und nicht alle Schimpfwörter sind gleich schlimm. Nicht jeder Schimpfwortgebrauch erfordert eine Reaktion oder erzieherische Maßnahme. Aus dem Kontext heraus (wer, an wen gerichtet, unter welchen Umständen das Schimpfwort gebraucht) kann dann auf ein und dasselbe Schimpfwort unterschiedlich reagiert werden.

Im Weiteren stelle ich Ihnen Funktionen vor, die der Gebrauch von Schimpfwörtern bei Kindern und Jugendlichen erfüllt und die bei Erwachsenen nicht oder nicht in diesem Ausmaß eine Rolle spielen. Dieses Wissen kann helfen, auf verbalaggressive Äußerungen angemessen zu reagieren.

---

41 *Schlatz* – österreichisch »Schleim«, *Fut* –»Fotze«.

Wie bei Erwachsenen steht auch bei den Kindern und Jugendlichen die **kathartische Funktion**, das heißt Abreagieren von Emotionen, an erster Stelle. Auch **scherzhafter Gebrauch** spielt eine wichtige Rolle, während die **Beleidigungsabsicht** selten genannt wird.

Wenn es um Unterschiede zu Erwachsenen geht, so ist hier in erster Linie die **provozierende Funktion** zu erwähnen. Zum provozierenden Schimpfen greifen Teenager wie auch jüngere Kinder am häufigsten aus Langeweile oder um Aufmerksamkeit zu erregen. Während in der Welt der Erwachsenen das Schimpfen meistens als Ersatz physischer Aggression auftritt, erfüllt es bei den Kindern und Jugendlichen häufig die entgegengesetzte Funktion – Provokation zur körperlichen Aggression.

Wichtige Rolle spielt in dieser Altersgruppe die **schützende Funktion** des Schimpfens. Hier kann es sich sowohl um eine Reaktion auf eine Beschimpfung als auch um das vorbeugende Schimpfen handeln. Die Kinder argumentieren wie folgt: »*Weil ich mich mit Wort verteidige*«, »*Zu meiner Verteidigung*«, »*Weil ich mich schützen will*«. Dabei trügt der schützende Schein des Schimpfens. Denn in der Tat ist es so, dass die Beschimpfung ebenfalls eine Antwort mit einer Beschimpfung provoziert und diese wiederum eine Beschimpfung und so weiter, weshalb die Situation eskalieren kann. Deshalb ist es wichtig, Kindern verständlich zu machen, dass das Schimpfen sie eher in Gefahr bringen als schützen kann.

Selbstdarstellende (um die eigene sprachliche Kreativität, Coolness zu demonstrieren) und **korporative** (um die Zugehörigkeit zur Gruppe, in der geschimpft wird, zu bekräftigen) **Funktionen** des Schimpfens sind bei den Teenagern stark ausgeprägt. Im Zuge der Selbstdarstellung schimpfen jüngere Kinder oft, um Ältere nachzuahmen und dadurch selbst »erwachsener« auszusehen.

Die Funktionen des Schimpfens können Kindern selbst sowohl bewusst als auch nicht bewusst sein. Das hängt vor allem vom Alter, aber auch von jedem Kind und seiner Fähigkeit ab, das eigene sprachliche Verhalten zu reflektieren.

So ist der provozierende Gebrauch von Schimpfwörtern im Grundschulalter zwar häufig, geschieht für die Kinder dieser Altersgruppe aber noch meist unbewusst. Die Elf- bis Vierzehnjährigen dagegen sind sich nicht nur der provozierenden Funktion, sondern auch häufiger Ursachen dieses Verhaltens bewusst – »aus Langeweile« oder »um auf sich aufmerksam zu machen«. Hinter dem Beschimpfen neuer MitschülerInnen steht oft auch die nicht- beziehungsweise halbbewusste Funktion, ihre Standhaftigkeit zu prüfen.

Ähnlich werden auch Beschimpfungen verwendet, um mit einem anderen Kind in Kontakt zu treten (**kontaktstiftende Funktion**). Können Sie sich an die Stelle in Mark Twains *Tom Sawyer* erinnern, als Tom sich nicht traut, den neuen Nachbarsjungen anzusprechen und nach einiger Zeit die Kommunikation mit einer Drohung beginnt? Darauf folgt eine Reihe provokativer Äußerungen, die schlußendlich zur eigentlichen Frage führen:

So schauten sie lange einander herausfordernd in die Augen. Endlich sagte Tom: »Soll ich dich prügeln?«
»Das möchte ich doch erst einmal sehen!«
»Das wirst du allerdings sehen!«
»Du kannst es ja gar nicht!«
»Wohl kann ich's!«
»Pah!«
»Wohl kann ich's!«
»Nicht wahr!«
»Doch wahr!«
Eine ungemütliche Pause. Darauf wieder Tom: »Wie heißt du denn?«[42]

Manche Funktionen sind Folgen von Sprachkontakten, die bei Jugendlichen besonders rege sind. So werden Schimpfwörter in vielen Sprachen als Pausenfüller und um dem Gespräch ei-

---

42 https://www.gutenberg.org/files/30165/30165-h/30165-h.htm [Zugriff am: 11.08.2023].

nen Rhythmus zu verleihen gebraucht (**expletive Funktion**). Ob *kurwa* (polnisch »Hure«), *jebem ti (majku)* (bosnisch/serbisch/kroatisch »Ich fick dich!«) (deine Mutter) oder das englische *fuck* – diese Schimpfwörter büßen ihre wörtliche Bedeutung zur Gänze ein und werden gewohnheitsmäßig in das Gespräch mehrmals eingebaut. »*Weil es uns einfach herausrutscht!*«, erklärten mir zwei Mädchen mit serbischer Muttersprache den Gebrauch von *Jebem ti majku/Ich fick deine Mutter!* Für das Deutsche ist dieser Gebrauch von Schimpfwörtern nicht charakteristisch. Ich kann nur ein literarisches Beispiel aus einem Roman von Wolf Haas anführen, wo eine Figur in dieser Funktion ständig *Scheiß mich an* verwendet:

Ich frag die Wirtin: Scheiß mich an, wieso bist du denn heute so blass wie ein gekotztes Grießkoch? (Haas 2006: 142)

In der realen Kommunikation sowie bei Umfragen begegnete ich dieser Äußerung wie anderen Schimpfwörtern in pausenfüllender Funktion nicht. Dagegen treten im Laufe des letzten Jahrzehnts neutrale Wörter wie *Alder/Oida, Digga, Heast/Herst* immer häufiger als Pausenfüller auf. Noch vor zwanzig Jahren wurde *Oida* fast ausschließlich zur familiären Anrede im Freundeskreis gebraucht, heute wird es sowohl als Füllwort als auch zum Ausdruck verschiedenster Emotionen und Einstellungen verwendet. Wegen seiner Volksnähe wurde dieser Ausruf von der Stadt Wien während der Pandemie als Anleitung verwendet, wie man sich gegen das Virus schützen kann. Dabei stand jeder Buchstabe von *OIDA* für eine konkrete Schutzmaßnahme: *Obstond hoitn; Immer d'Händ'wosch'n; Daham bleiben; A Maskn aufsetzn.*

Den pausenfüllenden Gebrauch von Wörtern im Deutschen, der vor allem bei den Jugendlichen vorkommt, sehe ich als Folge von Sprachkontakten, die in dieser Altersgruppe sehr intensiv sind. Ilse Ermen, die das Schimpfen im Serbischen und Bosnischen erforschte, bezeichnet den pausenfüllenden Gebrauch von Schimpfwörtern nach seiner interpunktionsmäßigen Häufigkeit und satzgliedernder Funktion als »serbische« beziehungsweise »bosnische Interpunktion« (1996: 105). Neulich hörte ich eine Geschichte von einem Lehrer, der auch mithilfe von *Digga* und *Alder* seinen Kindern die Interpunktionsregeln erklärte: *Überall, wo ihr im Gespräch »Digga« sagen würdet, kommt ein Komma. Da, wo ihr »Alder« sagt, gehört ein Punkt hin.*

Als Folge von regen Sprachkontakten bei Jugendlichen sind in die Jugendsprachen unter dem Einfluss von Kulturen und Sprachen, deren »Schimpfkultur« auf Verwandtenschmähung beruht, **rituelle Verwandtenbeleidigungen** (am häufigsten der Mutter) eingegangen. Es handelt sich um wörtliche Übersetzungen wie *Ich fick deine Mutter* sowie andere kunstvolle Konstruktionen, die sowohl vorgefertigt sein als auch spontan kreiert werden können. Rituelle Beschimpfungen galten in vielen Kulturen (in der Türkei, im Nahen Osten, bei mexikanisch-indianischen Jugendlichen, in den ländlichen Gegenden Italiens, Spaniens und des Balkans) ursprünglich als Initiationsriten junger Männer und bestimmten deren Stellung in der Gruppe. Rituelle Mutterbeleidigungen sind bei den Jugendlichen fast ausschließlich unter Jungen verbreitet. Greifen auch Mädchen auf sie zurück, kann das als emanzipatorische Funktion gedeutet werden.

Rituelle Beschimpfungen dienen vor allem der Behauptung in der Gruppe durch die Demonstration sprachlicher Kreativität und Schlagfertigkeit, der Publikumserheiterung und dem spielerischen Abbau von Aggressionen. Die letzte Funktion wird allerdings überbewertet, sodass sogar ein »gezieltes Schimpftraining« (Schmauks 2010: 195) für Jugendliche vorgeschlagen wird, damit sie ihre Aggressionen verbal abbauen. Ich halte diesen Vorschlag für wenig geeignet, denn es besteht die Gefahr, dass sich die Jugendlichen in negative Emotionen hineinsteigern, sodass auf anfangs scherzhaft gemeinte und auch so wahrgenommene Äußerungen Beleidigungen folgen, die in physischer Aggression enden könnten.

Die wichtigste Voraussetzung für eine erfolgreiche rituelle Beschimpfung (erfolgreich in dem Sinne, dass sie nicht als Beleidigung wahrgenommen wird) ist ihre Fiktionalität. Allen an dieser Kommunikationssituation Beteiligten soll bewusst sein, dass diese Beschimpfung nicht wahr ist. Deshalb klingt eine rituelle Beschimpfung bizarrer und unwahrscheinlicher als die andere:

Deine Mutter ist deine Schwester/dein Bruder/ein Mann.
Deine Mutter hat immer einen Penis im Arsch.
Ich ficke deine Mutter mit Hundefutter.
Ich habe deine Mutter letzte Nacht im Puff gebumst.
Sag deiner Mutter, sie soll beim nächsten Mal weniger Lippenstift nehmen, weil gestern mein Schwanz wie ein Regenbogen ausgeschaut hat.
Deine Mutter heißt Otto und ist die haarigste im Zoo.
Deine Mutter wird von Obdachlosen angepisst.

Die Fiktionalität äußert sich auch in unrealistischen Situationsbeschreibungen beziehungsweise Vergleichen. Im Internet wimmelt es von solchen und ähnlichen Konstruktionen, ich führe nur einige an, die ich durch Umfragen gewonnen habe:

Deine Mutter ist so fett: Wenn dein Vater Herr der Ringe *schaut, geht sie vorbei und er hat alle drei Teile verpasst.*
Deine Mutter findet auf dem Schrottplatz einen Spiegel, schaut hinein und sagt: »Das Bild hätte ich auch weggeworfen.«
Deine Mutter ist so dumm: Wenn es an der Tür läutet, dann bellt sie.
Deine Mutter ist so dumm, sie stolpert sogar über ein WLAN-Kabel.
Deine Mama ist so dumm, sie verwendet Handschuhe zur Verhütung und so bist auch du entstanden.

Seltener richten sich rituelle Beleidigungen auch an andere Verwandte: *Ich ficke deine Mutter und pisse dann deinen Vater an.* Den Klassiker solcher rituellen Beleidigung stellt das persische *Ich furze in den Bart deines Vaters* dar.

Bei den realistischen brutalen Verwandtenschmähungen, die auf Verletzung ausgerichtet sind, wird die Grenze vom rituellen Schimpfen überschritten, und wir können von verbaler Gewalt reden:
Ich trete deine Mutter zusammen.
Ich hoffe, deine Mutter stirbt.
Ich hoffe, deine Familie wird geköpft.

Sehr beleidigend sind Aussagen, deren Inhalt einem tatsächlichen Sachverhalt entspricht, wie: *Dein Vater hat deine Mutter verlassen; Deine Mutter ist arbeitslos* oder *Deine Mutter ist dick.*

Die wichtigste Regel für eine nicht-beleidigende rituelle Mutterbeleidigung, die auch generell für das Beschimpfen gilt, lautet deshalb: »Sage das, was nicht wahr ist«. Diese Regel steht in klarem Kontrast zu den in der Kommunikationswissenschaft bekannten Konversationsmaximen von Paul Grice (1975), in denen er die Prinzipien für eine erfolgreiche Konversation darlegt. Sie bestehen insgesamt aus vier Maximen zusammen, wobei die erste lautet: Versuche deinen Beitrag so zu gestalten, dass er wahr ist (sage nichts, was du für falsch hältst oder wofür du keinen Beweis hast). Werden aber bei einer Beschimpfung Wörter verwendet, die der tatsächlichen Situation entsprechen, wirkt sie umso stärker. Soll sie nur entlasten und nicht beleidigen, müssen wir darauf achten, Unwahres zu sagen. Wird also eine Äußerung wie *Deine Mutter ist so fett: Wenn sie hochspringt, bleibt sie in der Luft stecken* an jemanden gerichtet, dessen Mutter schlank ist und der Adressat weiß, dass sowohl der Schimpfende wie auch die Zuhörenden es wissen, dann können sie darüber zusammen lachen. Richtet sich diese Äußerung an jemanden, dessen Mutter tatsächlich korpulent ist, verschwindet das Spielerische, und sie wirkt als Beleidigung.

Mit Mutterbeleidigungen haben wir uns einem weiteren interessanten und in der modernen mobilen und multikulturellen Welt wichtigen Thema genähert – den Besonderheiten des Schimpfens in verschiedenen Sprachen.

WARUM SCHIMPFEN WIR, WIE WIR SCHIMPFEN? ÜBER DIE SCHIMPFKULTUREN

Der multikulturell geprägte Alltag liefert viele Konfliktsituationen, die mit nationalen Besonderheiten des Schimpfens verbunden sind. Denn Äußerung, Wahrnehmung und Reaktion auf verbale Aggression stehen mit den Tabus und Ehrenkonzepten in der jeweiligen Gesellschaft im Zusammenhang und finden in verschiedenen Schimpfkulturen Ausdruck. SchimpfwortforscherInnen (Aman 1996, Stawyz'ka 2008) unterscheiden vier Schimpfkulturen:

- Shit-Kulturen (z. B. das Deutsche, Französische, Ukrainische)
- Sex-Kulturen (das Russische, Englische, Serbische)
- Sacrum-Kulturen (Spanisch, Italienisch)
- Kulturen mit Verwandtenschmähung (verbreitet im Nahen Osten sowie unter dem Einfluss anderer Kulturen auch in den USA)

Natürlich sind diese Grenzen nicht scharf voneinander abgetrennt, und häufig beobachten wir die Vermischung zweier Schimpfkulturen, wie zum Beispiel des Sakralen mit Obszönem im Italienischen, Spanischen, Serbischen, Ungarischen oder Rumänischen.

In der heutigen mobilen Welt verschwimmen die Grenzen zwischen den Schimpfkulturen noch mehr. So sind im Deutschen unter dem Einfluss des Englischen Schimpfwörter aus dem sexuellen Bereich häufiger geworden. In den Jugendsprachen beobachten wir auch die für das Deutsche untypischen Beleidigungspraktiken wie rituelle Mutterbeleidigungen. Aber im Großen und Ganzen bewahren die Sprachen ihre ursprünglichen Charakteristika.

Schimpfwörter aus dem fäkal-analen Bereich gibt es in vielen Sprachen, was mit der allgemeinmenschlichen Abneigung gegen körperliche Ausscheidungen zusammenhängt. Dennoch lassen sich Kulturen und dementsprechend Sprachen hervorheben, in denen dem Skatologischen eine besondere Rolle zukommt. So betonen viele Sprach- beziehungsweise KulturwissenschaftlerInnen, dass es in keiner europäischen Sprache so viele Wörter und Wendungen aus dem fäkal-analen Bereich gibt wie im Deutschen (Aman 1996: 34, Dundes 1983: 19, Gauger 2012: 47, 54, Kiener 1983: 144, Stawyz'ka 2008: 33). Die Dominanz des Skatologischen über dem Sexuellen im Deutschen zeigt sich auch in der Folklore, zum Beispiel in den Sprichwörtern und Reimpaaren wie *Gut geschissen ist halb gevögelt* oder:

Gut scheißen das kann sehr beglücken
Vielmehr noch als manchmal das Ficken. (zit. nach Dundes 1985: 55)

Schimpfwörter sind mit Tabubruch verbunden, und die Schimpfkulturen stehen dementsprechend mit den Tabus in den jeweiligen Gesellschaften im Zusammenhang. Das erklärt, warum es im deutschsprachigen Raum, der weltweit mit Sauberkeit und Ordnung verbunden wird, vor allem mit »schmutzigen«, fäkal-analen Wörtern geschimpft wird. Die Verankerung des deutschen Schimpfvokabulars im fäkal-analen Bereich wird als spezifische Protestform gegen die von der Gesellschaft vorgeschriebenen Regeln, Sauberkeit und Ordnung einhalten zu müssen, sowie gegen die starke Reglementierung des Lebens in den deutschsprachigen Ländern betrachtet (Dundes 1985: 74, Kiener 1983: 145, Stawyz'ka 2008: 33). Aus dieser Perspektive ist auch die Beliebtheit der Fäkalsprache und fäkaler Orgien im Rahmen der Studentenrevolte Ende der Sechzigerjahre des letzten Jahrhunderts nachvollziehbar. Stellen wir uns nur den Auftritt eines Nackten an der Universität Wien vor, der das ganze skatalogische Spektrum umfasste: das Urinieren, Harntrinken, Übergeben, Hinterteilzeigen und Darmentleeren (Jurreit, zitiert nach Dundes 1985: 57).

Die Häufigkeit des Gebrauchs von Schimpfwörtern kann dafür sorgen, dass sie sich abnutzen und zu gewöhnlichen Wörtern in der alltäglichen Kommunikation wandeln. So greifen viele Deutschsprachige wie selbstverständlich zum *Scheiße*, ohne sich der Vulgarität des Wortes bewusst zu sein. Mich hat es allerdings sehr überrascht, als ich Anfang der Neunziger bei meinem ersten studentischen Austausch in Deutschland eine ältere, sehr vornehme Professorin beim Autofahren entsprechend fluchen hörte. Auch Briten wundert es, dass ein so derbes Wort wie *Shitstorm* in Deutschland 2012 zum »Anglizismus des Jahres« gewählt sowie in den Duden aufgenommen wurde (sogar die Kanzlerin nahm den Begriff öffentlich in den Mund). Für mich persönlich war auch die visuelle Darstellung von Fäkalien auf Plakaten im öffentlichen Raum gewöhnungsbedürftig – zum Beispiel in der Werbung der städtischen Abteilung für Straßenreinigung, die zur Sauberkeit aufrufen und in Wien häufig anzutreffen sind.

Ausgehend von den gesellschaftlichen Tabus ist es ebenfalls verständlich, warum das blasphemische Schimpfen in den Gegenden mit starkem kirchlichem Einfluss (Spanien, Italien) verbreitet ist. Auch die ältere Generation in Bayern und in Österreich flucht sehr gotteslästerlich. Andererseits wird in den nicht besonders religiös geprägten skandinavischen Ländern ebenfalls oft zu gotteslästerlichen Fluchwörtern gegriffen, während diese Art des Schimpfens im sehr gläubigen Polen oder im Westen der Ukraine, wo die Religion ebenfalls eine wichtige Rolle spielt, nur selten vorkommt. Die Rolle der Kirche in der Vergangenheit könnte eine Erklärung für das skandinavische Phänomen liefern. Das seltene gotteslästerliche Fluchen im Polnischen und Ukrainischen würde ich dadurch erklären, dass es sich hier um die besonders starke Religiosität und ein dementsprechend starkes Tabu mit hoher Hemmschwelle handelt, es zu brechen.

Die Vielfalt sexueller Wörter und Wendungen im Russischen, das als Paradebeispiel für die Sex-Schimpfkultur gilt, ist auch durch den Tabubruch und nicht durch sexuelle Freizügigkeit zu erklären. Im Gegenteil, Fjodor Dostojewski formulierte einst: »Unser Volk ist nicht obszön, sondern äußerst keusch« (1980: 1). Denn mit Ausnahme einer kurzen Rehabilitation des Körpers und der körperlichen Liebe in der Kunst Ende des 19. und Anfang des 20. Jahrhunderts wurde das Sexuelle in russland tabuisiert, galt als schmutzig oder wurde zur Gänze negiert. Ich erinnere mich an die erste sowjetisch-amerikanische TV-Brücke in den späten Achtzigerjahren, in der eine sowjetische Teilnehmerin auf die Frage einer amerikanischen Teilnehmerin, die sich auf Sex bezog, entrüstet ausrief: »*Bei uns gibt es keinen Sex!*« Vor diesem Hintergrund ist die starke Dominanz sexueller Wörter und Wendungen im Russischen nicht nur in den Beschimpfungen, sondern auch in der alltäglichen emotional neutralen Kommunikation in Form der sogenannten Mat-Sprache nachvollziehbar.

»WIR SCHIMPFEN NICHT, WIR REDEN SO«. EXKURS ÜBER DEN MAT

»Mat«/»Matsprache«, die ihren Namen von der Wendung *Ёб твою мать!*/*Job twoju mat'!* (*Ich ficke deine Mutter!*) entlehnt hat, stellt eine traditionell stark tabuisierte und gerade deshalb sehr verbreitete sprachliche Varietät im Russischen dar. Diese »Parallelsprache des Russischen« beruht auf wenigen Schimpfwörtern aus dem sexuellen Bereich (*хуй/chuj* (»Schwanz«), *пизда/pisda* (»Fotze«), *блядь/bljad‹* (»Hure«), *ебать/jebat›* (»ficken«)), die die Grundlage für die Bildung unzähliger neuer Wörter bilden. Wie es in der Praxis aussieht, zeige ich hier an einigen Beispielen mit dem Wort *хуй/chuj* (»Schwanz«), das mithilfe von Präfixen und Suffixen eine Reihe neuer Wörter bilden und praktisch jedes neutrale Wort ersetzen kann: *захуярить/sachujarit‹* (»hineinstecken«), *прихуямить/prichujarit›* (»draufkleben«), *похуй/pochuj* (»ist mir egal«), *охуеть/ochujet‹*(»staunen«; Ausruf des Erstaunens; »frech werden«), *охуительно/ochuitel'no* (»unglaublich«), *хуёвый/chujovyj* (»schlechter«), *дохуя/dochuja* (»viel«; »jede Menge«), *хуйня/chujnja* (»Ding«; »Unsinn«), *нахуй/nachuj* ((»geh) weg«; »wozu«) und andere. Das letzte Wort, *нахуй/nachuj* (wörtlich übersetzt: »auf den Schwanz«), wird sehr häufig zur Verstärkung des Gesagten verwendet. So kann es im nächsten Beispiel ins Deutsche mit »verdammt noch mal« übersetzt werden: »Zieh die Mütze auf den Schwanz, sonst verkühlst du deine Ohren.« Wer über diese Funktion nicht Bescheid weiß und die Aussage wörtlich übersetzt, wird sich aber über den Zusammenhang zwischen fehlender Mütze auf dem Geschlechtsteil und der Gefahr einer Ohrenentzündung sehr wundern.

Vom universalen Charakter der Matwörter war auch Dostojewski beeindruckt: »Ich habe plötzlich begriffen, dass es möglich ist, alle Gedanken, Gefühle und sogar tiefgreifende Überlegungen nur noch mit einem einsilbigen Substantiv zu äußern.« (1980: 108)

Deshalb wird diese Varietät auch als Parallelsprache zum Russischen bezeichnet, worauf auch SprachträgerInnen hinweisen: »Mit dem Mat wird gesprochen, nicht geschimpft!« (Havryliv 2017: 27). Auch diese Besonderheit hat Dostojewski hervorgehoben: »*Unser Volk schimpft, oft nicht das Schimpfen im Sinne zu haben*« (1980: 1).

ANDERE LÄNDER, ANDERE FUNKTIONEN DES SCHIMPFENS

Von den Funktionen, die aggressiven Sprechakten in anderen Sprachen zukommen, dem Deutschen dagegen nicht beziehungsweise nicht in dem Ausmaß zueigen sind, möchte ich die expletive, die expressive, die apotropäische und die Protestfunktion hervorheben.

Bei der **expletiven Funktion** handelt es sich um routinemäßigen Gebrauch von Schimpf- und Fluchwörtern in emotional neutralen Situationen sowie deren Gebrauch als Pausenfüller in der Rede. Durch den häufigen Gebrauch schleift sich die Heftigkeit der Schimpfausdrücke ab, und sie büßen auch ihre wörtliche Bedeutung ein – ein Prozess, der in der Sprachwissenschaft als Bedeutungsentleerung oder Desemantisierung bezeichnet wird. Der Berücksichtigung von Besonderheiten negativer Emotionsäußerung und -wahrnehmung in verschiedenen Sprachen kommt im Kontext interkultureller gewaltfreier Kommunikation besondere Bedeutung zu. So kann der pausenfüllende Gebrauch von Schimpfwörtern zu Missverständnissen führen und als verbale Aggression interpretiert werden. In der Tat sind Schimpfwörter und Ausdrücke, die wörtlich ins Deutsche übersetzt wie eine sexuelle Perversionen klingen (*Jebem ti majku!/Ich ficke deine Mutter* im Bosnischen/Serbischen/Kroatischen) oder starke personenbezogene Beschimpfungen darstellen (*Kurwa!/Курва!* – polnisch und ukrainisch »Hure«), in diesen Sprachen bedeutungsentleert, werden nicht personenbezogen verwendet und entsprechen dem Gebrauch des Fluches *Scheiße!* im Deutschen. Diese Wörter werden vor allem auch als Pausenfüller in der Rede verwendet. Dass sie bedeutungsentleert sind, demonstrieren diese Beispiele: In meiner Pubertät habe ich einmal meine Mutter so stark geärgert, dass sie Курва твоя мама!/*Kurwa twoja mama* (ukrainisch: »Deine Mutter ist eine Hure«) ausgerufen hat. Darauf erwiderte ich: »Also, du meinst dich…« Als uns die wörtliche Bedeutung dieser Aussage bewusst wurde, mussten wir lachen, und die Konfliktsituation war entschärft. Noch beeindruckender fand ich, wie unsere Nachbarin, eine russin, mit ihrem Sohn immer *Ёб твою мать/Job twoju mat'* (russisch: (*ich) fick deine Mutter*) geschimpft hat.

Eine Bekannte von mir, sie ist Direktorin eines Hotels in Wien, erzählte mir, dass sie die Bedeutung des Serbischen *Jebem ti majku* kannte, nicht aber seinen spezifischen Gebrauch. Deshalb fand sie es nicht in Ordnung, dass zwei Reinigungsdamen ständig mit so wüsten Beschimpfungen um sich warfen: »*Du musst noch im dritten Stock aufräumen, gefickt sei deine Mutter!*«, »*Fick deine Mutter, wo hast du den Eimer hingestellt*« und so weiter. Als sie die beiden zu sich rief und mit Kündigung drohte, erklärten sie ihr, dass dieser Ausdruck so viel wie »Verdammt noch mal« oder einfach auch gar nichts bedeutet und routinemäßig hinzugefügt wird.

Der Ausdruck »Ich ficke deine Mutter« wird in den slawischen Sprachen auch als Jubelruf verwendet. Erinnern Sie sich an den Vorfall, der bei der Fußball-EM 2021 während des Spiels Österreich gegen Nordmazedonien passierte? Marco Arnautovic, österreichischer Fußballer mit serbischen Wurzeln, hatte nach einem Tor an die Adresse des Gegenspielers Ezgjan Alioski *Ich ficke deine albanische Mutter*[43] ausgerufen. Als Strafe wurde Arnautovic für das nächste Spiel gesperrt, und es flammte eine rege Diskussion auf, ob es sich um die Beleidigung oder lediglich um einen Ausruf handelte. Wie gesagt, die Äußerung »Ich ficke deine Mutter« wird, obwohl an die Mutter des Adressaten gerichtet, bedeutungsentleert auch zum Ausdruck positiver Emotionen gebraucht und könnte in dieser Form als situationsbezogener Jubelruf betrachtet werden. Aber: Arnautovic hat die Äußerung durch das Attribut *albanische* (*shiptar* – im Serbischen abwertend für Albaner) persönlich aufgeladen, und in der Folge wurde der Ausdruck als beleidigend, als persönlicher Angriff empfunden. Für Arnautovic

---

[43] https://exxpress.at/deine-mutter-das-hat-arnautovic-wirklich-gesagt/ [Zugriff am: 17.07.2023].

spricht, dass er sich für die »hitzigen Worte in den Emotionen des Spiels«[44] gleich nach dem Spiel entschuldigte.

Im Türkischen und Arabischen ist der expletive Gebrauch sowohl pejorativer (*AMK/ amına koyim*) als auch neutraler Wörter (*yani, yalla*)[45] häufig. Die arabische Schwurformel *Wallah* (in Chats oder im Netz oft in der falschen Schreibweise *Walla*) – »ich schwöre bei Gott« – ist in den Jugendsprachen frequent (*Der Film ist voll gut, wallah!*) und hat auch die Häufigkeit des Gebrauchs des deutschen Ausdrucks »ich schwöre« beeinflusst: *Brudaaa, ich schwöööööreeee, verpiss dich!* Die für das Deutsche untypische Anrede *Bruder/Bruda* ist ebenfalls dem Einfluss von Sprachen zu verdanken, wo diese Anrede gebräuchlich ist, zum Beispiel den slawischen Sprachen. Da einige Deutschrapper ihre Wurzeln im slawischen Bereich haben, kommt *Brat/Bra/Bratan* häufig in ihren Liedtexten oder bereits in ihrem Künstlernamen (*Capital Bra*) vor. Die Jugendlichen kopieren diese Anrede und verwenden sie auch unübersetzt: *Geh in Arsch, Bratan!* Die Anrede mit *Bruder/Bruda/Bratan* funktioniert meist in männlichen Kreisen, doch es gibt auch Mädchengruppen (Stichwort »Ghetto-Girls«), die diese Anrede nicht nur den Jungs gegenüber gebrauchen, sondern auch untereinander: »*Ey, Bruda, gib mir mal das Kajal, isch glaub, es ist verwischt*« (*Biber* November 2014: 36).

Der pausenfüllende Gebrauch von (Schimpf)wörtern wird mit dem niedrigen Niveau sprachlicher Entwicklung sowie mangelhaften Fähigkeiten, das Gespräch fließend zu führen und Gedanken und Gefühle adäquat auszudrücken, in Verbindung gebracht. Stephen Burgen schildert dieses Phänomen sehr anschaulich am Beispiel des Englischen:

---

44 ebd.
45 *Yalla* – aus dem Arabischen: »Beeil dich, lass uns gehen, verschwinde«. *Yani* – im Türkischen und Arabischen in der Rolle des Adverbs beziehungsweise der Konjunktion, das/die auf Deutsch als »also« oder »das heißt« übersetzt werden kann.

»Es gibt aber auch Menschen, für die Flüche einen wesentlichen Teil des Sprechrhythmus darstellen. Wie wir sehen werden, hat das bei englisch Sprechenden zu einem typischen Satzbau geführt, der regelmäßig mit dem Ausdruck *fuck* untermauert wird (das seine eigentliche Bedeutung, »ficken«, dabei fast gänzlich verloren hat). Viele von ihnen benötigen so dringend dieses *fuck*, um sich durch die verschlungenen Pfade eines Satzes aus fünf Wörtern zu manövrieren, dass sie ohne diesen Ausdruck tonlos den Mund auf- und zuklappen würden wie ein Fisch, den eine Welle hoch aufs Trockene gespült hat« (1998: 23).

Die expressive Funktion von Schimpfwörtern (zur Verstärkung des Gesagten) ist in anderen Sprachen stärker ausgeprägt als im Deutschen. Auch die Äußerung negativer Emotionen erscheint oft wortreicher: Vor einigen Jahren konsultierte ich eine Studierende, die ihre Semesterarbeit über Emotionsäußerungen bei Jugendlichen, die zweisprachig aufwuchsen (Kroatisch–Deutsch), geschrieben hat. Eine der Fragen im Fragebogen lautete, wie sie in einer bestimmten Situation auf Deutsch und wie auf Kroatisch schimpfen würden. Bei der Auswertung stellte sich heraus, dass bei vielen UmfrageteilnehmerInnen die Angaben zum Schimpfen auf Deutsch einige wenige Wörter und Wendungen enthielten, das Schimpfen auf Kroatisch dagegen eine ellbogenlange Liste.

Der **unheilabwehrenden (apotropäischen) Funktion** liegt der unbewusste Glaube an die magische Kraft des Wortes zugrunde. So kann es noch heute auf dem Balkan oder in der Ukraine vorkommen, dass ältere Leute so tun, als würden sie das neugeborene Baby bespucken, und dabei *Pfui, ist das Baby hässlich!* ausrufen. Heutzutage denkt dabei niemand an die Magie, ursprünglich war der Sinn dieser Handlungen, die niederen Kräfte, die dem Neugeborenen schaden könnten, zu verwirren. Die negativen Wörter können somit die Funktion eines Schutzamuletts einnehmen.

In den autoritären Regimen erfüllt der Gebrauch von Schimpfwörtern eine weitere Funktion: Er dient als Ersatz für **politische Proteste**, was in einigen Regimen sogar unterstützt wird. Auf welche Weise? Ganz einfach: Das Verbot von Schimpfwörtern verleitet dazu, es zu brechen, der Gebrauch von Schimpfwörtern suggeriert somit einen Protest und lenkt von tatsächlichen politischen Protesten ab. In Russland gibt es ein spezielles Gesetz, das am 1. Juli 2014 verabschiedet wurde und den Gebrauch von Schimpfwörtern verbietet. Da ist es kaum verwunderlich, dass die Landesbevölkerung welweit für ihre exzessive Schimpfkultur und politische Passivität bekannt ist.

WIE SCHLIMM IST »DU GRÜNER AFFE«?

Fehlende Kenntnisse über die kulturellen Tabus lassen uns oft die Intensität von Schimpfwörtern in einer Fremdsprache falsch einschätzen. So werden von EuropäerInnen die Beschimpfungen in asiatischen Sprachen als schwach empfunden: Als Bekräftigung für diese These bin ich einmal dem Beispiel *Du grüner Affe* als schlimmster Beschimpfung begegnet. Doch diese Herabwürdigung ist nur in unserer Wahrnehmung nicht sehr schlimm, denn wir kennen die Tabus nicht, die mit dem (grünen) Affen in dieser Kultur verbunden sind. Hinzu kommt, dass der Affe in Asien eher positiv konnotiert wird: In Japan und ihn China wird er nicht nur mit der Weisheit in Zusammenhang gebracht, sondern auch als göttlicher Bote betrachtet. Ich nehme an, dass gerade hier der Tabubruch liegt, wenn »Affe« als Schimpfwort verwendet wird. Auch die in China übliche Beschimpfung *Du Sohn einer Schildkröte* wird aus unserer Sicht als recht harmlos empfunden. Wenn wir aber an die übertragene Bedeutung denken, die auf der Tatsache beruht, dass Schildkrötenweibchen sich von mehreren Männchen begatten lassen, wird klar, dass es eigentlich *Du Hurensohn* bedeutet.

Ebenfalls wird JapanerInnen keine ausdrucksstarke Schimpfkultur zugesprochen. Dabei wird allerdings die Tatsache nicht berücksichtigt, dass in der japanischen Sprache die Höflichkeitsformen stark ausgeprägt sind und bereits eine unwesentliche Abweichung als starke Beleidigung wahrgenommen werden kann.

Kulturelle Besonderheiten zeigen sich auch in der Wahrnehmung und in den Reaktionen auf verbale Aggressionen. In Kulturen, wo die Beleidigung der Familie oder des Landes ein Tabu darstellt, wird eine auf diese Bereiche ausgerichtete Beschimpfung als besonders stark empfunden. Das bestätigen auch die Antworten von SchülerInnen mit Wurzeln in der Türkei, im Iran oder in Tschetschenien auf die Frage, welche Beschimpfung sie am stärksten trifft: *Wenn mein Land, meine Mutter, meine Familie beschimpft werden.* Manche SchülerInnen betonen diesen für ihre Kulturen und Sprachen wichtigen Aspekt auch in ihren Fragebögen, um zu bekräftigen, dass sie stark beleidigende Aussagen nicht gebrauchen: *Ich beschimpfe nie die Familie; Ich beschimpfe nur das Kind, nie seine Familie oder sein Land.* Gleichzeitig führen sie persönliche Schimpfwörter an, die für ihre MitschülerInnen ein starkes Beleidigungspotenzial enthalten: *Scheißhaufen, Opfer; Verpiss dich, du hässlicher Scheißhaufen!* Denn anders als in den Kulturen, wo die Wurzeln dieser Kinder liegen, wird im deutschsprachigen Raum der persönliche Angriff als sehr beleidigend wahrgenommen.

Reaktionen auf verbale Aggressionen sind ebenfalls interkulturell geprägt und durch unterschiedliche Auffassungen vom Ehrbegriff bedingt: *Wenn ich eine Beschimpfung ignoriere, bin ich kein Mann!* – so ein Junge mit tschetschenischen Wurzeln.

Unterschiede in der Äußerung und Wahrnehmung verbaler Aggressionen sowie in den Reaktionen auf sie verursachen viele Konfliktsituationen beziehungsweise spitzen diese zu. Die Kenntnisse über diese kulturspezifischen Besonderheiten bilden daher die Grundlage für eine erfolgreiche interkulturelle Kommunikation. Dies gilt insbesondere für Gewaltprävention bei Kindern und Jugendlichen und an den Schulen als Orten kultureller und sprachlicher Vielfalt schlechthin.

Die Aktualität der Erforschung interkultureller Aspekte verbaler Aggression sowie ihrer Einbeziehung in gewaltpräventive Maßnahmen ist offensichtlich. Davon zeugen sowohl kleinere kommunikative Missverständnisse im Alltag als auch die in letzter Zeit häufigeren Gewaltakte, wie vor einigen Jahren an einer Wiener Polytechnischen Schule:[46] Ein Schüler sagte zum anderen, dass seine Schwester hübsch sei. Hinter diesen Worten steckte die Absicht, durch Vermittlung des Bruders die Aufmerksamkeit des Mädchens zu gewinnen. Der angesprochene Schüler, der aus dem arabischen Sprachraum kam, wo die Familie unantastbar ist, interpretierte die Äußerung dagegen als Beleidigung seiner Schwester (*Ist meine Schwester eine Hure oder was?*) und reagierte mit psychischer Gewalt (wegen »Ehrenbeleidigung« erpresste er Geld), die über längere Zeit erfolgte, wogegen sich der erpresste Schüler zur Wehr setzte und den anderen mit dem Messer attackierte.

Zusammenfassend lässt sich sagen: Der Schlüssel zur gewaltfreien Kommunikation liegt in der gegenseitigen Empathie und Wertschätzung. In der multikulturellen Welt bilden Kenntnisse über kulturelle Besonderheiten des Gebrauchs und der Wahrnehmung von Schimpfausdrücken sowie die Reaktionen darauf eine Grundlage für erfolgreiche interkulturelle Kommunikation.

---

46 https://www. derstandard.at/story/2000079013999/16-jaehriger-stach-14-jaehrigen-vor-schule-nieder/ [Zugriff am: 29.07.2023].

WENN EIN SCHWANZ ZUM ARSCHLOCH WIRD: METAMORPHOSEN BEIM ÜBERSETZEN VON SCHIMPFWÖRTERN

Schimpfwörter, wie wir im vorherigen Kapitel erfahren haben, unterscheiden sich von Kulturkreis zu Kulturkreis. Sie werden von verschiedenen Tabus, Wertesystemen, stereotypen Vorstellungen geprägt und deshalb oft als nichtübersetzbares Sprachgut bezeichnet. In diesem Kapitel stelle ich diese weitverbreitete Meinung infrage und untersuche, ob die Übersetzung von Schimpfwörtern tatsächlich eine »Mission Impossible« darstellt.

Wenn wir Schimpfwörter wörtlich in eine andere Sprache übersetzen wollen, ist die Behauptung, sie seien nicht zu übersetzen, oft zutreffend. So wird das gebräuchlichste deutsche Schimpfwort *Arschloch* bei wörtlicher Übersetzung in vielen Sprachen nichts weiter als einen anatomischen Vulgarismus darstellen und womöglich nur ein angeekeltes Lächeln hervorrufen.

Bei der Übersetzung von Schimpfwörtern sollten wir deshalb immer die Tatsache im Auge behalten, dass ihre begriffliche Bedeutung im Vergleich zur emotiven zweitrangig ist. Dies gibt uns die Freiheit, sich bei der Suche nach dem Äquivalent in einer anderen Sprache von der wörtlichen Bedeutung zu distanzieren und dasjenige zu finden, mit dem über die betreffende

Person, Situation oder Sachverhalt in dieser Sprache geschimpft würde. So wäre beispielsweise der *motherfucker* nicht der Mutterficker, sondern der *Scheißkerl*. Vor vielen Jahren habe ich mich dieser Herausforderungen gestellt und das *Deutsch-Ukrainische Schimpfwörterbuch* (2005) herausgegeben. Bei der Arbeit daran hielt ich mich an folgende vier Übersetzungskriterien:

- Berücksichtigung der Intensität von Schimpfwörtern. Obwohl die Stärke eines Schimpfwortes in erster Linie vom Kontext und von individuellen Wahrnehmungen geprägt wird, spielt die Etymologie von Schimpfwörtern hier auch eine Rolle. Im europäischen Raum gehören die starken Schimpfwörter zum fäkal-analen und sexuellen Bereich. So kommen wir zum zweiten Punkt:
- Berücksichtigung des Modells, nach dem ein Schimpfwort entstanden ist. Das bedeutet, dass metaphorische Schimpfwörter nach Möglichkeit auch mit den metaphorischen (wenn auch – wie ich später zeigen werde – nicht immer wörtlich) übersetzt werden, und analog dazu Schimpfwörter, die mithilfe von negativen Suffixen beziehungsweise Präfixen gebildet wurden, mit den entsprechenden Äquivalenten in der Zielsprache.
- Die Häufigkeit des Gebrauchs sollte in beiden Sprachen übereinstimmen.
- Die stilistische Färbung der Wörter in beiden Sprachen sollte auch im Einklang zueinander sein. Das bedeutet, dass einem dialektalen Schimpfwort ebenfalls eins aus einem Dialekt und dem jugendsprachlichen ein jugendsprachliches Schimpfwort in der Zielsprache entspricht.

Das Wichtigste beim Übersetzen von Schimpfwörtern ist, die »Schimpfkultur« und dementsprechend den Schimpfbereich, aus dem die betreffende Sprache ihre Schimpfwörter schöpft, zu berücksichtigen. Dieses Vorgehen lässt das übersetzte Schimpfwort authentisch und glaubwürdig erklingen, weshalb der Wechsel zu einer anderen Schimpfkultur beim Übersetzen nicht nur gerechtfertigt, sondern auch erwünscht ist. Einerseits kann eine solche Übersetzung als nicht genau empfunden werden, andererseits ermöglicht gerade diese nicht genaue Übersetzung eine adäquate Wiedergabe von Emotionen und Bedeutungen. Denn auf diesem Wege können wir am ehesten ein Wort finden, mit dem in einer anderen Sprache in derselben Situation geschimpft werden könnte – und genau darauf kommt es beim Übersetzen und Dolmetschen an.

Nun zu konkreten Beispielen: Der Schimpfkulturen-Wechsel vollzog sich bei der Übersetzung des Ausrufs der Europabeauftragten des US-Außenministeriums, Victoria Nuland, beim Telefonat mit dem US-Botschafter in Kyjiw im Februar 2014. Als es um die Rolle der Europäischen Union in der Ukraine ging, rutschte ihr ein *Fuck the EU!* aus, für das sie sich später entschuldigte. In den deutschsprachigen Medien wurde der Ausruf als *Scheiß-EU* übersetzt, und ich wurde in dieser Zeit oft gefragt, ob eine solche Übersetzung korrekt wäre. Das ist sie, und anhand dieses Beispiels sehen wir auch sehr gut diesen Wechsel von der amerikanischen sexuellen Schimpfkultur zur deutschen fäkal-analen. So habe ich es auch allen erklärt, die meinten: *Aber es ist keine richtige Übersetzung, denn »fuck« bedeutet ja nicht »Scheiße«.* Ja, schon, aber »Fick die EU« klingt auch nicht nach richtigem Deutsch, oder?

Noch ein Beispiel des Wechsels zu einem anderen Schimpfwort-Pool stellt die Übersetzung des Anti-putin-Sprechgesangs *путин хуйло/putin chujlo* dar. Das Schimpfwort *chujlo* leitet sich von *хуй/chuj* her, das in vielen slawischen Sprachen eine derbvulgäre Bezeichnung des männlichen Glieds und *chujlo* seine Steigerungsstufe darstellt. Nach der Bedeutung dieses Spruchs wurde ich zu Beginn der russischen Aggression gegen die Ukraine 2014 häufig gefragt. Bei einer Demo in Wien hat eine Frau neben mir lautstark per Megafon *putin ist ein Schwanz* skandiert, doch diese wörtliche Übersetzung klingt nicht ganz authentisch im Deutschen und spiegelt auch nicht seine Bedeutung im Ukrainischen wider. Auch im deutschen Wikipedia-Artikel wird *chujlo/chuilo* wörtlich als »Pimmel« übersetzt. Bei diesem Vorgehen stimmt zwar die originäre Bedeutung überein, nicht aber die pragmatische (obwohl auch die begriffliche eigentlich nicht ganz übereinstimmt, da *chujlo* »riesiger Schwanz« bedeutet). Die Intensität des Wortes und die Stilistik wurden dabei ebenfalls missachtet: Das deutsche Wort ist ein Ausdruck aus der kindlichen Sprache, während das ukrainische ein derbes Schimpfwort darstellt. Deshalb übersetze ich *putin chujlo* als »putin ist ein (Riesen)arschloch« – so stimmt nicht nur der Inhalt, sondern auch die Intensität und die Häufigkeit des Gebrauchs überein. Zudem gehören beide Schimpfwörter zu den universalen Beleidigungen, die einen widerlichen, niederträchtigen oder bösartigen Menschen bezeichnen.

Interessant finde ich die Idee, die am ersten Tag des breitangelegten russischen Angriffs von ukrainischen Soldaten geäußerte Aufforderung *русский военный корабль, иди нахуй!* (russisch wörtlich »russisches Schiff, geht auf den Schwanz«, im Deutschen sinngemäß »russisches Kriegsschiff, fick dich!«)[47] in Anlehnung an den österreichischen Spruch des Jahres 2020 – *Schleich di, Du Oaschloch!* – zu übersetzen. Denn beide Slogans symbolisieren den Widerstand gegen den Terrorismus. Ein Graffito mit der Aufschrift *RUSSISCHES KRIEGSSCHIFF, SCHLEICH DI!* prangte am Donaukanal in Wien gleich in den nächsten Tagen nach der Geburtsstunde dieses Spruchs; in dieser Form war die Aufforderung auch bei den Demos präsent.

---

47 https://www.youtube.com/watch?v=LDrFVdms8yk [Zugriff am: 02.07.2023].

WENN EIN SCHAF ZUR PUTE WIRD: METAMORPHOSEN BEIM ÜBERSETZEN VON TIERMETAPHERN

Schauen wir uns nun die Möglichkeiten der Übersetzung metaphorischer Schimpfwörter an. Die Metapher stellt einen verkürzten Vergleich dar, bei dem zwei Gegenstände oder Wesen miteinander verglichen werden. Dabei wird eine Eigenschaft hervorgehoben, welche die beiden zu Vergleichenden gemeinsam haben. Dieses gemeinsame Element heißt in der Sprachwissenschaft »tertium comparationis« (lat.: »das Dritte des Vergleichs«).

So stellt bei der übertragenen, metaphorischen Verwendung des Wortes *Esel* als Personenbezeichnung die Eigenschaft »stur« das tertium comparationis dar: Diese Eigenschaft ist dem so bezeichneten Menschen eigen und wird auch dem Tier zugeschrieben. Wenn man jemanden als *Esel* beschimpft, ist es deshalb wichtig, dass diese Person weiß, dass der Esel für stur gehalten wird. Ob diese Eigenschaft für das Tier tatsächlich charakteristisch ist, ist irrelevant; wichtig ist, dass es sich um eine allgemein bekannte Behauptung handelt. Diese Charakterzuschreibungen beruhen zum Teil auf Beobachtungen des Verhaltens von Tieren, zum Teil sind sie auch kulturell bedingt. Je näher sich zwei Kulturen sind, desto mehr Ähnlichkeiten weisen auch die jeweiligen Tiermetaphern auf: So wird im europäischen Raum das Schwein mit Schmutz, die Kuh mit Übergewichtigkeit, die Schlange mit Hinterhältigkeit und die Stute oder der Hengst mit Gesundheit und sexueller Energie verbunden. Wie tief verankert und hartnäckig diese Zuschreibungen sind, zeigt sich zum Beispiel darin, dass sogar denjenigen, die wie ich Ratten als Haustiere halten und wissen, wie süß, anhänglich und klug die Nager sind, beim Schimpfen ein *Du miese Ratte* herausrutschen kann. Dasselbe betrifft auch den Hund, der ungeachtet seiner großen Beliebtheit als Haustier und Menschenfreund immer noch häufig als Beleidigung herhalten muss, weil dessen Wurzeln auf die Anfänge der

Christianisierung zurückgehen, als der Hund ein Symbol für das Heidentum war.

Die Ähnlichkeit der Eigenschaften, die den Metaphern in beiden Sprachen zugrunde liegen, ermöglicht sogar eine wörtliche Übersetzung. Bei entfernten Kulturen kommt es häufiger zur Nichtübereinstimmung von Eigenschaften, die einem Tier zugeschrieben werden – ein klassisches Beispiel stellt die Wahrnehmung der Kuh im europäischen Raum und in Indien dar, wo sie als göttliches Wesen verehrt wird. Die Verehrung der Kuh im Alten Ägypten hallt bis heute in Vergleichen nach – eine Freundin von mir war höchst irritiert, als sie während ihres Urlaubs in dem Land am Nil ein Kompliment bekam, dass sie Kuhaugen habe. Erst als sie sich bewusst Kuhaugen in Erinnerung rief, wurde ihr klar, dass diese wirklich sehr schön sind.

Beim Nichtübereinstimmen von Eigenschaften erweist sich das Übersetzen einer Tiermetapher in eine andere Sprache oft als eine recht schwierige Aufgabe. Auch bei Kulturen, die sich näherstehen – und das habe ich im Laufe der Arbeit am *Deutsch-Ukrainischen Schimpfwörterbuch* festgestellt –, kommt es häufig vor, dass mit einem Tier in einer anderen Sprache keine negative stereotype Vorstellung verbunden wird. So steht im Ukrainischen die *Pute* mit keinerlei negativen Eigenschaften in Verbindung, und ich musste nach einem Tier suchen, das im Ukrainischen ebenfalls mit Dummheit assoziiert wird und dieses Wort mit вівця/*wiwzja* (Schaf) übersetzen. In anderen Fällen wurden im Ukrainischen die betreffenden Tiere (*Ochse* und *Eule*) mit positiven Eigenschaften verbunden (arbeitsam beziehungsweise klug) und eigneten sich deshalb nicht als tierische Schimpfwörter. Deshalb griff ich bei *Ochse* zu einem anderen Paarhufer, dem Muflon (муфлон/*muflon*), die Eule musste dagegen eine kompliziertere Verwandlung durchmachen und wurde zum Affen (мавпа/*mawpa*). In allen diesen Fällen bewegte ich mich beim Übersetzen im Rahmen einer metaphorischen Gruppe »Tiere«, was aber nicht immer möglich ist. In so einem Fall ist es notwendig, sich auf die Suche unter den Metaphern anderer Gruppen zu begeben. So kann aus einer *Rübe* auch ein *Käfer* (*жук/zhuk*) werden.

WAS SEHEN WIR IM SPIEGEL DER SPRACHE?

Die Sprache bildet nicht nur die Realität ab, sondern gestaltet diese auch mit und schafft Bewusstsein für bestimmte Vorgänge und Handlungen. Als gutes Beispiel dient hier das Wort *Mobbing*, dass das Bewusstsein für gewalttätige Handlungen geschaffen hat, obwohl dieses Phänomen auch früher auftrat, ohne dass wir uns dieses so bewusst wie heute waren und es so bezeichnet haben.

Der deutsche Denker Johann Gottfried Herder postulierte einst, dass die Seele des Landes sich in seinen Volksliedern offenbart. Als Sprachwissenschaftlerin würde ich diesen Gedanken noch auf die Wörter ausdehnen, denn es sagt viel über das Land aus, wofür es in der Sprache Bezeichnungen gibt und wofür sie fehlen. In der modernen Sprachwissenschaft gehen wir von einem gegenseitigen Zusammenwirken zwischen der Sprache und der Realität aus. Es zeigt sich darin, dass Erscheinungen und Sachverhalte, die für eine Gesellschaft wichtig beziehungsweise problematisch sind, in der Sprache stark differenziert werden (weil dabei kleinste Unterschiede von Bedeutung sind) und durch viele Begriffe vertreten sind. Als Beispiel dafür werden oft die vielen Wörter zur Bezeichnung von Schnee bei den Inuit oder verschiedener Kamelarten im Arabischen angeführt. Aus diesem Grund ist es nachvollziehbar, dass es im Österreichischen Deutsch wie auch den einzelnen Dialekten des Alpenlandes viele Bezeichnungen für unterschiedlichste Bergformen gibt: *Pichl, Abhang, Kofel, Kogel, Gupf, Pofel* und so weiter. Und da es in den Bergen oft regnet, gibt es nicht nur eine Reihe von Bezeichnungen für den Regen und seine unterschiedlichsten Ausprägungen, sondern sogar für das Geräusch, mit dem die Regentropfen aufs Dach fallen (*dächlo*) und die Folgen des Regenwetters: *pfnozgen* beschreibt den Laut, der beim Herausziehen des Fußes aus dem Matsch oder dem nassen Schuh entsteht, *suppetzen* das Gehen in Schuhen, die voll Wasser sind.

Da ich mich wissenschaftlich verstärkt mit dem Österreichischen Deutsch und dem Wienerischen beschäftige, werde ich noch zwei Beispiele daraus anführen und Sie, liebe LeserInnen, animiere ich dazu, nach Belegen in Ihren Sprachen und Dialekten zu suchen. Ausgehend von der Rolle, die der Kaffee im Wiener Alltag spielt – denken wir an die Institution Wiener Kaffeehaus, die 2011 von der UNESCO zum immateriellen kulturellen Erbe erklärt wurde –, ist auch die Vielfalt der Namen für dieses Getränk erklärbar. Dazu fällt mir ein Witz ein, den WienerInnen selbst gern erzählen:

In einem Wiener Kaffeehaus treffen sich vier elegante Damen. Die eine bestellt eine Melange, die zweite den Kleinen Braunen, die dritte einen Kaffee verkehrt und die vierte einen Kapuziner. Der Ober notiert alles ganz konzentriert, geht dann in die Küche und ruft: »Vier mal Kaffee!«

In dieser Selbstironie zeigt sich der spezifische Wiener Humor, der auch als *Wiener Schmäh* bekannt ist.

Während ich in den Wörterbüchern des Österreichischen Deutsch oder des Wienerischen blätterte, staunte ich nicht schlecht, als ich gleich mehrere, nämlich achtzehn Bezeichnungen für »ohrfeigen« und fünfzehn für die Ohrfeige selbst fand. Diese Wortvielfalt macht es möglich, die unterschiedlichen Techniken des Ohrfeigens zu bezeichnen: neben dem *datschkerl* (mit der offenen Handfläche ohrfeigen) gibt es noch *nussen* (mit den Knöcheln ohrfeigen) sowie eine *Dachtel* (ganz leichte Ohrfeige) oder *Patentwatschen* (saftige Ohrfeige). Auch für Handlungen, die zum Ohrfeigen provozieren, gibt es einen bildhaften Ausdruck (*am Watschenbaum rütteln*) wie auch für das Geräusch beim Ohrfeigen (*Klescher*) oder den Gesichtsausdruck, der überhaupt erst zum Ohrfeigen provoziert (*Watschengesicht*). Diese Wortvielfalt steht mit der Ohrfeige als Mittel in der Kindererziehung in Verbindung, die bis in die Achtzigerjahre hinein nicht nur in Österreich (*a g'sunde Watsch'n*) eine Rolle gespielt hat.

Kehren wir aber zu den Schimpfwörtern zurück. Anhand des Schimpfvokabulars können wir über die stereotypen Vorstellungen, Wertesysteme und Probleme des jeweiligen Kulturkreises schlussfolgern, denn beschimpft wird, was von der Norm abweicht beziehungsweise als Problemstelle in der Gesellschaft gilt. Reinhold Aman (1996), der leider vor einigen Jahren verstorbene »Papst der Schimpfwortforschung«, hat hierfür ein Beispiel erwähnt, dass es im Englischen über zweihundert Wörter zur Bezeichnung eines Betrunkenen gibt, bei den Ostjuden, wo die Trunkenheit nicht verbreitet war, hingegen nur zwei. Beim Zusammenstellen des *Deutsch-Ukrainischen Schimpfwörterbuchs* hatte ich kein Problem damit, ausreichend Wörter zur Bezeichnung eines Trunkenbolds zu finden, da diese reichlich in beiden Sprachen vertreten sind. Denn Trunkenheit gehört zu jenen Eigenschaften, die in vielen Sprachen Impulse für die Bildung einer Reihe von Schimpfwörtern geben. Zu diesen allgemeinmenschlichen negativen Eigenschaften, die sich in Schimpfwörtern verschiedener Sprachen manifestieren, gehören auch Dummheit (die im breiten Sinne und nicht nur als Mangel an Intelligenz verstanden wird), Rücksichtslosigkeit, Egoismus, Boshaftigkeit, Schmeichelei, Lügenhaftigkeit, Feigheit, Faulheit und so weiter.

Eine interessante Beobachtung, die ich bei der Arbeit am Wörterbuch machte, war, dass es in den beiden Sprachen viel mehr Schimpfwörter für eine sexuell aktive Frau als für einen Mann mit demselben Verhalten gibt. Außerdem sind die auf Frauen gerichteten Schimpfwörter viel vulgärer, während diejenigen für die Bezeichnung von Männern oft ambivalent sind und neben Abschätzung auch Anerkennung und Bewunderung ausdrücken.

Diese linguistische Tatsache zeugt davon, dass die Liebesabenteuer von Männern eher toleriert wurden und, obwohl sich die Ansichten im Zuge der Emanzipation allmählich ändern, wie tief Stereotype in der Sprache immer noch verwurzelt sein und weiterleben können.

Bei einigen Schimpfwörtern ist es tatsächlich schwer, eine Entsprechung in der anderen Sprache zu finden. So verfügt das Ukrainische über eine Reihe von expressiven Wörtern zur Bezeichnung einer korrupten Person, im Deutschen kenne ich dagegen kein entsprechendes Substantiv. Man kann schon mit dem Attribut »korrupt« jedes andere universale Schimpfwort in eine entsprechende Beschimpfung verwandeln, etwa *korruptes Arschloch* oder wie bei Thomas Bernhard – *korruptes Schwein*:

Wenn Sie heute in Österreich einen Politiker wählen
Wählen Sie doch nur ein korruptes Schwein (*Heldenplatz* 2012: 309)

Ein einzelnes Schimpfwort zur Bezeichnung einer korrupten Person im Deutschen suche ich seit Jahren, und wenn Sie eins kennen, so wäre ich für den Hinweis dankbar.

Mithilfe von Schimpfwörtern kann man jedoch nicht immer Schlussfolgerungen über die gesellschaftlichen Stereotype anstellen. Die Sprache als dynamisches Gebilde reagiert, wie wir erst vor Kurzem an vielen Corona-Neologismen gesehen haben, umgehend auf die gesellschaftlichen Veränderungen. Geht es aber darum, Worte in den Ruhestand zu versetzen, ist die Sprache oft etwas träge und lässt diese nicht so schnell gehen. So können die in der Gesellschaft überwundenen Stereotype noch längere Zeit in der Sprache weiterleben, zum Beispiel als übertragene Bedeutungen in Form von Schimpfwörtern, die auf Bezeichnungen unehelicher Kinder zurückgehen (*Bastard, Bankert*), während im deutschsprachigen Raum die Geburt eines Kindes außerhalb eines ehelichen Rahmens schon längst nicht negativ betrachtet wird. Mit der Zeit haben diese Schimpfwörter universale Bedeutung bekommen, sodass wir jetzt kaum an ihre wörtliche Bedeutung zurückdenken und diese irgendwann den Schimpfenden überhaupt nicht bewusst wird.

Bei der Übersetzung von Schimpfwörtern fällt es oft schwer, sich für ein einzelnes Schimpfwort zu entscheiden. So kam einmal nach einem der öffentlichen Vorträge auf mich eine elegante ältere Dame zu und fragte bezüglich der Übersetzung des Anti-putin-Sprechgesangs *putin chujlo*: »Sind Sie der Meinung, dass »Riesenarschloch« stark genug ist, um *putin* damit zu bezeichnen? Ich würde »Riesenscheißhaufen« vorschlagen.« Und von einem Schüler stammt der Vorschlag *putin ist ein Hurensohn*.

Nun, ich kann mit diesen beiden Vorschlägen sehr gut leben.

WIE SCHIMPFEN FRAUEN?
WIE SCHIMPFEN MÄNNER?

Obwohl auf dem Gebiet »Sprache und Geschlecht« in den letzten Jahrzehnten rege geforscht wird, bleibt das Schimpfen in der Genderlinguistik weitgehend unberücksichtigt. Auch die MalediktologInnen (SprachwissenschaftlerInnen, die sich auf Erforschung von Schimpfwörtern spezialisieren) sind sich, was das Schimpfverhalten von Männern und Frauen anbetrifft, nicht einig:

- die einen sehen klare geschlechtliche Unterschiede und behaupten, Männer schimpfen und fluchen öfter als Frauen und verwenden dabei mehr sowie stärkere Ausdrücke
- die anderen sehen dagegen im Schimpfverhalten keinen wesentlichen Unterschied zwischen den Geschlechtern und verbinden das Phänomen mit der Emanzipation und daher auch der Bestrebung von Frauen, den Männern in allen Bereichen, darunter auch beim Schimpfen, gleichgestellt zu sein.

Diese emanzipatorische Funktion des Schimpfens mag im deutschsprachigen beziehungsweise westeuropäischen Raum in den 1960er bis 1980er-Jahren eine Rolle gespielt haben; momentan beobachte ich sie im alltäglichen Gebrauch aggressiver Sprechakte selten. Einzig in den Jugendsprachen kommt es vor, dass beispielsweise Mädchen zu den Beleidigungen *Deine Mutter!* oder *Ich ficke deine Mutter!* greifen, die ansonsten fast ausschließlich von Jungs gebraucht werden. Deshalb hat es mich gewundert, als ich in einem Interview mit Emma Byrne[48], der Autorin von *Swearing is good for you: The amazing science of bad language,* las: Sie selbst benutze oft Schimpfwörter, um in der Männerdomäne, in der sie arbeitet, akzeptiert zu werden. Anders sieht es in patriarchalen Gesellschaften wie zum Beispiel in russland aus, wo die **emanzipatorische Funktion** des Schimpfens den Frauen hilft, sich in patriarchalen Strukturen zu behaupten: Die russische Ex-Politikerin Irina Khakamada bekräftigt dies mit einem Beispiel aus ihrer Amtszeit, als sie in der russischen Volkskammer (Duma) von ihren männlichen Kollegen bis zu jenem Moment nicht ernstgenommen worden war, als sie in einer Debatte Schimpfwörter gebraucht und sich dadurch »in einen Mann verwandelt hatte« (Високий замок/Wysokyj samok 21.-27.03.2013: 14).

Im westeuropäischen Raum ist die emanzipatorische Funktion des Schimpfens auf einzelne sprachliche Varietäten wie zum Beispiel Jugendsprachen oder die (immer weniger werdenden) von Männern dominierten Branchen begrenzt. Die Rapperin und promovierte Sprachwissenschaftlerin Reyhan Şahin aka Lady Bitch Ray erzählt in einem Video[49] über weiblichen Hip-Hop und wie Künstlerinnen in diesen maskulin geprägten Musik-Genres mit ihren männlichen Kollegen mithalten, indem sie sich ebenfalls der rauen Sprache bedienen.

Bei den gängigen Vorstellungen über das Schimpfverhalten von Frauen und Männern werden Stereotype in Form von intuitiv vertretenen Hypothesen, die sich auf keine empirischen Grundlagen stützen, weiter aufrechterhalten. Deshalb bin ich in meinen For-

---

48 https://freizeit.at/fit-gesund/schimpfwoerter-gesund-fluchen-tut-gut/401870123 [Zugriff am: 24.05.2023].
49 https://potzblitz.museumsstiftung.de/lady-bitch-ray/#lady-bitch-ray [Zugriff am: 16.06.2023].

schungsarbeiten der Frage nachgegangen, ob es Unterschiede im Schimpfverhalten von Frauen und Männern gibt, indem ich diese Hypothesen anhand von durchgeführten schriftlichen und mündlichen Umfragen[50] überprüfte.

Bei den Umfragen ging ich davon aus, dass es wichtig sein könnte, nicht nur das Geschlecht, sondern auch das Bildungsniveau der Interviewten zu berücksichtigen. Und tatsächlich zeigt sich ein anderes Bild, je nachdem, ob wir uns nur auf das Geschlecht konzentrieren oder es im Zusammenspiel mit dem Bildungsniveau betrachten. Ich werde dies an folgender Hypothese veranschaulichen:

Die Frauen neigen zur indirekten Form des Schimpfens (in Abwesenheit der Adressatin oder des Adressaten), die Männer dagegen zur direkten.

Wenn wir uns die Ergebnisse der Umfrage nach Frauen und Männern ansehen, wird diese Hypothese bestätigt (wobei der Unterschied nicht groß ist). Wenn wir aber noch das Bildungsniveau in Betracht ziehen (Gruppe 1 – Personen ohne Abitur, Gruppe 2 – Personen mit Abitur, Gruppe 3 – Personen mit Hochschulstudium), stellt sich heraus, dass indirektes Schimpfen nur bei den Frauen in der Gruppe 1 im Vergleich zu den Männern überwiegt. In den anderen zwei Gruppen neigen sowohl Frauen als auch Männer gleichermaßen dazu, über jemanden hinter seinem Rücken zu schimpfen.

Auch wenn wir uns die Funktionen des Schimpfens bei den Frauen und Männern anschauen, sehen wir, dass in der Frauengruppe das Schimpfen zum Abreagieren von negativen Emotionen häufiger als bei den Männern erwähnt wird, bei denen wiederum scherzhaftes Schimpfen eine wichtigere Rolle spielt. Diese Besonderheit ist wiederum nur dank den starken Unterschieden in der

---

50 Die empirische Basis bilden 36 mündliche und 72 schriftliche Umfragen von Wienerinnen und Wienern (insgesamt 108 Personen, je 18 Frauen und 18 Männer in jeder der drei Bildungsgruppen).

Gruppe 1 – Personen ohne Abitur – festzustellen, in den anderen Gruppen gibt es keine signifikanten Unterschiede zwischen Frauen und Männern.

Ähnliches beobachten wir beim Sprechakt »Verwünschung«: Wenn wir uns die angeführten Verwünschungen in beiden Geschlechtergruppen ansehen, stellen wir fest, dass sie von den Frauen drei Mal häufiger als von den Männern angeführt werden. Doch bei der Projektion auf die einzelnen Bildungsgruppen beobachten wir das uns nun schon bekannte Phänomen: Diese Besonderheit lässt sich nur in der Gruppe 1 festmachen, wobei sich der große Unterschied im Gebrauch von Verwünschungen bei den Männern und Frauen auf das Gesamtbild der beiden Geschlechtsgruppen auswirkt.

Wie alle diese Beispiele zeigen, scheint das Bildungsniveau keinen Einfluss auf das Schimpfverhalten der Frauen zu haben. Anders in der Männergruppe: Da sehen wir starke Unterschiede zwischen den Männern ohne Abitur und den Männern mit Abitur beziehungsweise mit Hochschulbildung.

Bei den weiteren Aspekten des Schimpfverhaltens von Frauen und Männern hat das Bildungsniveau keine Rolle gespielt: Als Erstes habe ich anhand meines empirischen Materials die schon erwähnte These überprüft, dass Männer mehr schimpfen und stärkere Schimpfwörter benutzen. Allerdings konnte ich keine wesentlichen Unterschiede in der Schimpfwortvielfalt feststellen, die von Männern und Frauen in mündlichen und schriftlichen Interviews angeführt wurden. Unter den zehn häufigsten Schimpfwörtern sind sieben in beiden Geschlechtsgruppen dieselben, wobei bei den drei häufigsten – *Trottel, Arschloch, Idiot* – auch die Häufigkeit der Erwähnung bei Frauen und Männern gleich ist. Lediglich drei Schimpfwörter in den Top 10 sind unterschiedlich, dabei handelt es sind in jeder Gruppe um Schimpfwörter, die sich auf das eigene Geschlecht beziehen: *Kuh, Gans, Trampel* in der Frauengruppe und *Hund, Wichser, Wappler* in der Männergruppe.

Frauen	Männer
Trottel	Trottel
Arschloch	Arschloch
Idiot/Vollidiot	Idiot/Vollidiot
Arsch	Sau
Koffer/Vollkoffer	Depp/Volldepp
Depp/Volldepp	Koffer/Vollkoffer
Kuh	Arsch
Sau	Hund
Trampel	Wichser
Gans	Wappler

Tabelle 2. Die Top-10 der Schimpfwörter

Die Vielfalt sowie die Häufigkeit der Erwähnung einzelner Schimpfwörter widerspricht somit der These, die den Männern häufigeres Schimpfen und ein größeres lexikalisches Schimpfrepertoire zuschreibt.

Auch Ersatzwörter wie *Scheibenkleister! Scheibe!* u. a. werden gleich häufig von Frauen wie von Männern verwendet, was die Hypothese widerlegt, dass Frauen eher verhüllende Wörter gebrauchen als Männer. Ebenfalls wurden die Annahmen nicht bestätigt, dass die Männer häufiger zum scherzhaften Umgang mit den aggressiven Sprechakten und die Frauen zur Selbstbeschimpfung neigen.

Emotionsthematisierungen (*Du bringst mich zur Weißglut! Du gehst mir am Arsch vorbei! Ich koch über!*) und Situationsthematisierungen (*So eine Frechheit! Das ist wirklich das Letzte!*) kommen dagegen bei den Frauen häufiger vor. Die Erklärung dafür sehe ich in der Tatsache, dass die Frauen ihr eigenes verbalaggressives Verhalten sowie ihre eigenen Emotionen besser reflektieren können (dieselbe Meinung vertritt auch Stawyz'ka 2008: 62). Bei den schriftlichen Umfragen zeigt sich dies in metasprachlichen Kommentaren, die Frauen häufig zu den Wörtern dazuschreiben: *Das würde ich nur indirekt sagen; Das sage ich nur, wenn ich sehr wütend bin; Das sage ich nur zu einer konkreten Person* usw.

Pejorative Adjektive und Partizipien (*beschissen, blöd, verflucht, verdammt* u. a.), die sowohl unabhängig als auch in Begleitung von Schimpfwörtern auftreten können, kommen bei den Frauen ebenfalls viel häufiger vor. Auch beleidigende Vergleiche (*hässlich wie die Vogelscheuche; dumm wie Stroh/wie ein Stiefelabsatz/wie Brot*), Bemerkungen (*Du bist zu blöd zum Scheißen; der/die gehört zurückgefickt und abgetrieben*) und rhetorische Fragen (*Hast du 'nen Vogel? Hat dich die Hebamme nach der Geburt fallen lassen?*) führen Frauen in meinen Umfragen häufiger als Männer an. Das Schimpfverhalten von Frauen zeichnet sich somit durch höhere Expressivität aus. Dieser Meinung ist auch ukrainische Schimpfwortforscherin Lesja Stawyz'ka, die das Schimpfverhalten von Frauen für »bissiger und kreativer« als das der Männer hält, die ihre negativen Emotionen, im Gegensatz zu den Frauen, »eher eintönig und standardmäßig äußern« (2008: 135).

Als männerspezifisch hat sich dagegen der Gebrauch von Beschimpfungen erwiesen, die sich gegen Gegenstände richten (*Schrott, Mist, Scheißkiste, Blechtrottel, Scheiß-PC* u. a.) und doppelt so häufig erwähnt werden, als Frauen es tun. Dieses Ergebnis wundert mich sehr, denn ich persönlich verfluche gerne Gegenstände – sei es meine Waschmaschine, an der die Elektronik verrücktspielt, der PC, der sich aufhängt, oder ein Möbelstück, an dem ich mich gestoßen habe.

Typisch für einen männlichen Freundeskreis ist der Gebrauch von Schimpfwörtern bereits bei der Begrüßung, wie wir bereits im Kapitel »Bestie, ich hab dich gern! Schimpfwort als Kosewort?« erfahren haben:

Grüß dich, du Arsch!
Wie geht's dir, alter Sack?

Der scherzhafte Gebrauch von Schimpfwörtern ist zwar für beide Geschlechter kennzeichnend, doch gerade diese Form – besagte Beschimpfung bei der Begrüßung – wird bei erwachsenen Frauen selten beobachtet. In Mädchengruppen werden dagegen *bitch* (wie auch *Schlampe*) häufig scherzhaft zur gegenseitigen Begrüßung verwendet: *Hi, bitch!* Ich sehe hinter diesem Gebrauch die unbewusste beziehungsweise halbbewusste Absicht, durch Selbstbezeichnung das Wort abzuschwächen und folglich für Beleidigungen untauglich zu machen. Die Rapperin Lady Bitch Ray benutzt das Wort *bitch* in ihrem KünstlerInnennamen und verwendet in ihren Texten bewusst auch andere auf Frauen gerichtete Schimpfwörter, damit sie durch häufiges Vorkommen sich abnutzen und an Schärfe verlieren. Dieser Prozess wird in der Psycholinguistik als »semantische Sättigung« bezeichnet. Anlehnend an schwarze US-amerikanische Rapperinnen wie Missy Elliott, Lil' Kim oder Foxy Brown war sie auch die Erste, die den Begriff »bitch« positiv umgedeutet und in den Deutschrap eingeführt hat. Zur Illustration dieses Gebrauchs sei hier ein Auszug aus dem Liedtext »Ich bin ne Bitch« von Lady Bitch Ray angeführt:

Ich bin ne Bitch!
Du meinst, dass du mich disst, nennst du Ficker mich Bitch?
Junge, die Wahrheit ist – Ich bin ne Bitch!
Bitch ist für mich en Trend, für mich ein Kompliment, Junge du bist verklemmt!
Ich bin ne Bitch![51]

Noch eine männerspezifische Verwendung von Schimpfwörtern sind jene zur Selbstinszenierung. Das geschieht sowohl im engen Freundeskreis, um zu beweisen, dass man ein »echter Kerl« sei, als

---

51 https://lyricstranslate.com/de/lady-bitch-ray-ich-bin-ne-bitch-lyrics.html [Zugriff am: 05.06.2023].

auch in der Politik, um »Volksnähe« zu suggerieren. Erinnern Sie sich an das Beispiel mit dem Wahlplakat *Fünfhaus, du Opfa, gib Stimme* im Kapitel »Warum wir schimpfen«?

Klare Geschlechtstendenzen lassen sich auch bei der Wahrnehmung der Intensität einzelner Schimpfwörter feststellen. Nehmen wir als Beispiel das Schimpfwort *Sauluder*: die Frauen schätzen seine Intensität als »sehr stark« ein und erklären seine Bedeutung folgenderweise: »eine Frau, die sich gleichzeitig mit drei Männern trifft«, »eine Frau, die Männer ausnutzt«, »eine, die sich mit vielen Typen umgibt«, »eine Frau, die mir den Mann/Freund und den Kindern den Vater wegnimmt«, »skrupellose Frau« »falsch, gemein«, »böses Weib« und so weiter lauten die gleichsam negativen Definitionen. Die Männer dagegen schätzen das Wort vorwiegend als »schwach« oder »mittelstark« ein und geben ambivalente Definitionen: »schlaue und hübsche Frau«, »raffiniert, schlau«, »durchtrieben«, »abenteuerlustige Frau«, »hübsche Frau, die sich sexy kleidet« oder auch »sexy angezogen und aufgedonnert«. Dieses für die Männer typische Empfinden sprechen auch die Frauen in ihren Definitionen des Wortes Sauluder an: »als Anerkennung eines Mannes gegenüber einer Frau«, »könnte ein Mann bewundernd über eine Frau mit betont weiblichem Auftreten sagen«.

Auch auf die Frage, welches Schimpfwort man niemals über sich selbst hören möchte, werden von beiden Geschlechtern unterschiedliche angeführt. So nennen die Frauen hier folgende Schimpfwörter:

- die auf Besonderheiten des Aussehens und das Alter gerichtet sind: *Blondi, fette Kuh, alte/fette Schachtel, fettes Weib*
- Schimpfwörter zur Bezeichnung einer promiskuitiven Frau: *Hure, Flittchen, Luder, Sauluder, Fickfetzen, Schlampe*
- metonymische Schimpfwörter, die sie auf Geschlechtsorgane reduzieren: *Fut, Fotze, Muschi*.

Bei meiner Arbeit am *Deutsch-Ukrainischen Schimpfwörterbuch* stellte ich fest, dass es in beiden Sprachen mehr Schimpfwörter mit der Bedeutung »hässliche Frau« als »hässlicher Mann« gibt. Diese linguistische Tatsache lässt sich dadurch erklären, dass dem Aussehen der Frau sowohl von ihnen selbst als auch vom Umfeld mehr Aufmerksamkeit beigemessen wird. Laut stereotypen Rollenmustern spielt das Äußere für eine Frau eine wichtigere Rolle als für einen Mann. Auf diese sensible Stelle richten sich dann die Schimpfwörter. Dass das Aussehen für Frauen ein sensibler Punkt ist, zeigt sich auch an oben angeführten Schimpfwörtern, die Frauen als besonders beleidigend wahrnehmen.

Auch in den Wörterbüchern des Wienerischen habe ich fast dreißig universale Schimpfwörter zur Bezeichnung einer unschönen Frau gefunden, für den Mann dagegen nur eines – *schiacha Uhu*. Die anderen Schimpfwörter beziehen sich auf konkrete Besonderheiten des Aussehens und bezeichnen etwa einen besonders dicken oder dünnen Mann. Diese Asymmetrie in den Bezeichnungen »hässliche Frau« – »hässlicher Mann« beobachten wir auch in vielen anderen Sprachen.

Eine weitere Besonderheit betrifft negative Bezeichnungen sexuell aktiver Frauen und Männer. Eine promiskuitive Frau wird mit abwertenden Ausdrücken wie *Hure, Schlampe, Dorfmatratze* und andere belegt. Die Bezeichnungen für einen Mann, der Geschlechtsverkehr mit häufig wechselnden Partnerinnen hat, sind dagegen nicht so vulgär, sondern ambivalent beziehungsweise anerkennend konnotiert (*Deckhengst, geiler Bock*) oder werden höchstens ironisch (*Schürzenjäger*) gebraucht.

Zudem überwiegen Schimpfwörter, die promiskuitive Frauen bezeichnen, auch zahlenmäßig wesentlich diejenigen, die sich auf Männer mit gleichem Verhalten beziehen: Eine amerikanische Studie führt hierzu zweihundertzwanzig Schimpfwörter für Frauen und nur zweiundzwanzig Schimpfwörter für Männer an (Wyss 1981: 10).

Einige weibliche Befragte haben auch das normalerweise auf einen männlichen Adressaten gerichtete *Arschloch* als für sie persönlich besonders beleidigend angeführt. An diesem Beispiel sehen wir, dass ein prototypisch auf das andere Geschlecht gerichtetes Schimpfwort als stärker empfunden wird. Dies widerspricht der intuitiv vertretenen feministischen These, dass das Männliche mit positiven, das Weibliche dagegen mit negativen Werten besetzt wäre und das ausschließlich »die Bezeichnung eines Mannes mit einem Femininum beziehungsweise der Vergleich mit dem weiblichen Geschlecht als Degradierung verstanden wird und als Schimpfwort wirkt« (Samel 2000: 42). Auch der Schimpfwortforscher Reinhold Aman (1972) beobachtet, dass die Wörter zur Penis-Bezeichnung negative Bedeutungen wie »dumm« und »grob« aufweisen, während das weibliche Pendant – Vulva – positiv beziehungsweise ambivalent konnotiert ist: »gerissen«, »raffiniert« oder »gemein«. Auch wenn wir uns die drei häufigsten Schimpfwörter – *Arschloch, Trottel, Idiot* – anschauen, dann sehen wir, dass es sich um die Schimpfwörter handelt, die auf Männer abzielen und Frauen nur »mitmeinen«. Bei skatalogischen Schimpfwörtern fällt ebenfalls auf, dass sie sich auf Männer beziehen: *Scheißkerl* und *Scheißtyp* sind sehr häufig, *Scheißmädchen* oder *Scheißfrau* – durchaus möglich, aber kaum verbreitet.

Nun kehren wir zur Frage der Wahrnehmung von Schimpfwörtern bei den beiden Geschlechtern zurück. Welche Schimpfwörter werden von den Männern als besonders beleidigend empfunden? Vor allem werden von männlichen Befragten Schimpfwörter angeführt, die auf verschiedene Eigenschaften gerichtet sind: Faulheit (*faules Aas, fauler Hund, Nichtsnutz, Parasit, Schmarotzer*), Dummheit/Inkompetenz (*Dummkopf, Depp, Idiot, Trottel*), Unaufrichtigkeit (*Lügner, verlogenes Schwein*). Einige der Schimpfwörter, die sich auf die Charaktereigenschaften und das Benehmen richten, sind nur männerbezogen (*fauler Hund*); andere könnten auch an Frauen gerichtet sein, werden aber trotzdem meistens den Männern gegenüber gebraucht (*Nichtsnutz, Parasit*). Wiederum andere können mit weiblicher Endung Frauen bezeichnen (*Arschkriecherin, Versagerin, Loserin, Schmarotzerin*), treten aber meistens in männlicher Form auf und werden spontan mit einem männlichen Adressaten verbunden: *Arschkriecher, Versager, Loser, Schmarotzer*. Bei den häufigsten Schimpfwörtern zur Bezeichnung eines dummen Menschen denken wir auch meistens an einen Mann: *Depp, Dummkopf, Tölpel, Trottel* und so weiter.

Verfestigte gesellschaftliche Stereotype zeichnen das Bild des erfolgreichen, leistungsorientierten Mannes, folglich sind auch Schimpfwörter, die jedwede Unfähigkeit betreffen (sowohl im beruflichen wie auch im sexuellen Bereich) besonders kränkend: *Impotenter, Loser, Schlappschwanz, Weichei, Versager*. Auch Schimpfwörter, die auf ihren wirklichen beruflichen Status (*Scheißbeamter, Bulle*) oder ihre sexuelle Ausrichtung (*Homo, Schwuchtel, Schwuli, Warmer*) abzielen, weisen starkes kränkendes Potenzial auf. Sehr beleidigend empfinden die Männer auch Schimpfwörter, die ihre Herkunft infrage stellen und gleichzeitig die Beleidigung der Mutter implizieren: *Hurenbankert, Hurenkind, Hurensohn*.

Zum Schluss möchte ich noch die Wahrnehmung von Schimpfwörtern aus dem Munde eines Mannes und einer Frau ansprechen. Meine Umfragen wie auch die von anderen WissenschaftlerInnen belegen, dass sowohl Frauen als auch Männer das Schimpfen von Frauen härter verurteilten:»Es ist entsetzlich, aber es ist nach wie vor so, dass fluchende Männer akzeptabel sind und fluchende Frauen anstößig.«[52]

Aggressives Verhalten generell und verbal aggressives im Einzelnen seitens der Männer wird eher toleriert, von der verbal aggressiven Frau wird dagegen oft behauptet, sie sei hysterisch, ungehalten, zu emotional und so weiter. Dieses Verhalten wird in

---

[52] https://freizeit.at/fit-gesund/schimpfwoerter-gesund-fluchen-tut-gut/401870123 [Zugriff am: 28.06.2023].

Zusammenhang mit ihrem privaten Leben (Familienstand, Kinderlosigkeit, Scheidung usw.) oder ganz allgemein mit ihrem Geschlecht erklärt. So scheint es, dass sich seit dem 1673 erschienenen Buch *The Ladies Calling* von Richard Allestree wenig geändert hat: »*Es gibt kein Geräusch, das in den Ohren Gottes widerwärtiger klingt als ein Schimpfwort aus dem Mund einer Frau*«.[53]

Als Fazit lässt sich festhalten, dass die Ergebnisse meiner Forschungsarbeiten zur verbalen Aggression die aktuelle psychoanalytische Hypothese bestätigen, dass beide Geschlechter gleichermaßen zur verbalen Aggression neigen, aber manchmal zu unterschiedlichen Mitteln und Formen greifen. Zudem konnte ich feststellen, dass die geschlechtlichen Unterschiede im verbalaggressiven Verhalten oft mit dem Bildungsniveau zusammenhängen. An konkreten Beispielen habe ich Ihnen vorgeführt, dass die Unterschiede im Schimpfverhalten von Männern und Frauen oft nur bei den Personen ohne Abitur auftraten.

Die berühmte Hypothese vom häufigeren Schimpfen und dem Gebrauch krasserer Schimpfwörter und Ausdrücke bei Männern (Jay 2000: 165, Pinker 2014: 427) hat sich ebenfalls nicht bestätigt, im Gegenteil: Die Schimpfkultur von Frauen erscheint sogar vielfältiger und bildkräftiger.

---

[53] Ebd.

SELBER ARSCHLOCH! WAHRNEHMUNG VON UND REAKTIONEN AUF BESCHIMPFUNGEN

Wie eine Beschimpfung wahrgenommen und wie auf sie reagiert wird, hängt von vielen Faktoren ab, vor allem – wie bereits mehrfach betont – wer zu wem was unter welchen Bedingungen sagt. In einer angespannten Verkehrssituation wird *Ich hau dir eine runter* von einem unbekannten Autofahrer anders wahrgenommen als dieselbe Drohung beim Herumblödeln mit einem Freund. In der Regel aber werden Beschimpfungen von Unbekannten als schwächer im Vergleich zu Beschimpfungen von jemandem aus dem Familien- oder FreundInnenkreis wahrgenommen: »*Wenn mich ein Freund mit nicht gerade starken Schimpfwörtern beschimpft, ist das beleidigender als wenn mich ein Fremder mit starken Schimpfwörtern beschimpft*«. Dass die Beschimpfungen seitens uns nahestehender Leute beleidigender wahrgenommen werden als von Fremden, erkläre ich auch dadurch, dass die schimpfende Person die Schwächen der beschimpften Person gut kennt (was im Falle einer Beleidigung eines Unbekannten nicht zutrifft) und die Schimpfwörter dementsprechend auswählt. Besonders beleidigend laut Angaben von Interviewten ist außerdem die soziotäre Erniedrigung (beispielsweise vor Arbeitskollegen). Eine soziotäre Erniedrigung ist dann erfolgreich, wenn die Gruppe den Eindruck gewinnt, dass die Erniedrigung gerechtfertigt ist, weil der oder die Beschimpfte gegen die Normen dieser Sozietät verstoßen hat. Die Strategie der sozietären Erniedrigung hängt deshalb von den Normen und der Moral der konkreten Sozietät ab.

Auch universale bedeutungsentleerte Schimpfwörter, die zu jeder Person und in jeder Situation gebraucht werden können (*So ein Idiot! Arschloch!* oder *Dummkopf!*), werden als schwächer wahrgenommen als diejenige, die sich auf eine sensible Stelle richten (*Du Loser* zur arbeitssuchenden Person oder *Fette Kuh!* zu einer Frau, die übergewichtig ist und darunter leidet). Der Wahrheitsgehalt spielt beim Empfinden eines Schimpfwortes eine wichtige Rolle und lässt ein derbes Wort wie *Hure* als schwächer im Vergleich zum relativ schwachen *Alte* empfinden. Warum? Weil, wie eine Befragte es formulierte, »ich weiß, dass ich keine Hure bin«. Dass sie mit sechzig Jahren nicht mehr zu den Jüngsten gehört, ist ihr bewusst, deshalb schmerzt auch die auf das Alter gerichtete Beschimpfung mehr.

Auch Umstände, unter denen eine Beschimpfung erfolgt, sind wichtig: Eine Beschimpfung vom Vorgesetzten unter vier Augen geht uns wahrscheinlich weniger nah, als wenn er uns vor KollegInnen herabsetzt.

Natürlich sind die Wahrnehmung von und die Reaktionen auf eine Beschimpfung vor allem auch individuell geprägt und hängen mit unserem Temperament, unserer Erziehung und unseren Erfahrungen zusammen. Allein unsere Laune oder anderweitige Verfassung an einem Tag kann entscheidend sein, wie wir reagieren. So kommt es vor, dass wir plötzlich in einer Situation aggressiv agieren, in der wir sonst gelassen geblieben wären (und vielleicht selbst darüber überrascht sind). Das ist übrigens ein Argument, das ich gern gegenüber HundebesitzerInnen anführe, wenn sie meinen, ihr Hund tue nichts oder wolle nur spielen: »Wie können sie sich der Reaktionen ihres Hundes so sicher sein, wenn ich mir meiner eigenen Reaktionen nicht immer sicher bin?«

Der situative Aspekt hat auch bei dem berühmten Vorfall zwischen Zinedine Zidane und Marco Materazzi während des WM-Finales 2006 zwischen Italien und Frankreich eine entscheidende Rolle gespielt. Zidanes Kopfstoß gegen die Brust von Materazzi, nachdem dieser eine abwertende Äußerung machte, die Zidanes Schwester zum Inhalt hatte, hat bis zuletzt als ein Beispiel kulturell bedingter Reaktion auf Familienbeleidigung gedient. An seinem fünfzigsten Geburtstag erzählte Zidane, wie die tatsächlichen Gründe für seine Reaktion aussahen:[54] Er sei in großer Sorge um seine Mutter gewesen, die sich an diesem Tag nicht gut fühlte. Deshalb habe er mehrmals mit seiner Schwester telefoniert und sich nach ihrem Befinden erkundigt. Materazzi habe seine Schwester in einem Schimpfausdruck erwähnt,[55] und obwohl er an solche derben Ausdrücke im Sport gewohnt sei und darauf normalerweise gar nicht reagiert hätte, hätten in diesem Fall die aktuellen familiären Umstände eine derart heftige Reaktion ausgelöst.

Jeder Mensch verfügt über ein gewisses individuelles aggressives Potenzial, das er, im Gegensatz zum Tier, regulieren kann. So kann jemand über starkes aggressives Potential verfügen, doch seine Erziehung, soziale Normen, das Bewusstsein über negative Auswirkungen des Beschimpfens (zum Beispiel des Vorgesetzten, der KundInnen, des physisch Stärkeren) können ihn daran hindern, jemanden direkt anzugehen und ihn statt dessen die Aggression in einer indirekten Beschimpfung (in Abwesenheit der Beschimpften) ausklingen lassen. In diesen Fällen sehen wir, wie der Verstand (Kognition) über der Emotion steht. Der Affektzustand kann aber so stark sein, dass die Emotion über der Kogni-

---

[54] https://www.blick.ch/sport/fussball/international/anekdote-zum-50-geburtstag-zidane-verraet-wahren-grund-fuer-legendaeren-kopfstoss-id17602751.html [Zugriff am: 12.06.2023].
[55] Nach einem Freistoß hat Marco Materazzi Zidane am Trikot festgehalten, worauf dieser sagte, er kann ihm sein Trikot geben, wenn er es will. Darauf meinte Materazzi: »Ich nehme lieber deine Schwester, die Hure.«

tion obsiegt, sodass der Schimpfende auf sämtliche soziale Normen und Konsequenzen pfeift und seinem Chef, einem wichtigen Kunden, einem Muskelpaket Beschimpfungen an den Kopf wirft. Wie die Beschimpften reagieren werden, ist wiederum individuell, weshalb die Folgen eines solchen Ausbruchs in den Sternen stehen, in der Regel aber negativ sein werden.

Obwohl die Reaktion auf eine Beschimpfung von der konkreten Situation abhängt, versuche ich anhand meiner Forschungsergebnisse pauschale Ratschläge zu geben. Zuerst macht es einen Unterschied, ob die Beschimpfung von Unbekannten oder aus dem Kreis der uns nahestehenden Leute kommt. In beiden Fällen sollte auf die Beschimpfung nicht gleich mit einer Gegenbeschimpfung oder anderer Form verbaler Aggression geantwortet werden. Das ist oft leichter gesagt als getan, deshalb sollten wir uns vorab die Möglichkeiten in Erinnerung rufen, die uns von spontanen Gegenbeschimpfungen abhalten. Am besten ist es, auf Distanz zum Schimpfenden zu gehen, indem wir den Raum verlassen, etwas frische Luft schnappen und vielleicht einige Runden um den Häuserblock drehen. Müssen wir im selben Raum bleiben, helfen vielleicht Klassiker wie tief durchzuatmen und bis zehn zu zählen. Das Ignorieren einer Beschimpfung lohnt sich in jedem Fall, wenn wir von Fremden beschimpft worden sind. Kam die Beschimpfung von uns nahestehenden Leuten, sollte man nach einer Pause über den Vorfall beziehungsweise den Grund der Beschimpfung versuchen, ein konstruktives Gespräch zu führen. Oft wird der Schimpfende schon vorher auf uns zugehen und um Entschuldigung bitten, aber wenn das nicht der Fall ist, können wir großzügig den ersten Schritt wagen.

Zum Ignorieren als Reaktion auf eine Beschimpfung fällt mir ein Gleichnis ein:

Ein Weiser hat einen Schüler, der sich beklagt, dass er von anderen beschimpft und verleumdet wird. Der Weise überlegt kurz und sagt: »Siehst du dort den Haufen Kuhmist? Geh hin, nimm es in die Hände und bring es mir.« Der Schüler tut wie ihm geheißen und kehrt mit einer Handvoll Dung zurück. »Und jetzt gib es mir«, forderte der Weise und versteckte dabei seine Hände hinter dem Rücken. »Aber Meister! Das wird mir nicht gelingen, Sie haben doch die Hände hinter dem Rücken versteckt und können die Scheiße gar nicht nehmen!«, rief der Schüler aus. »Genau«, erwiderte der Weise. »So ist es auch mit den Beschimpfungen: Du nimmst sie einfach nicht an, und derjenige, der dich beschimpft, bleibt mit seiner Scheiße allein.«

Auf das Ignorieren als sinnvollste Reaktion auf eine Beschimpfung verweisen sowohl Volksweisheiten, die aus Sprichwörtern zu uns sprechen (*Der Weise vergisst die Beleidigung wie ein Undankbarer die Wohltaten; Wer zum ersten Schimpfwort schweigt, bricht dem zweiten die Knochen*) als auch die großen Denker:

»Bei einer Beleidigung besteht die Absicht, ein Übel zuzufügen. Ein Übel aber kann die Weisheit nicht treffen /.../ Beleidigung reicht also nicht an den Weisen heran.« (Seneca. *Von der Stärke des Weisen: 5*)

»Es gibt kein sicheres Merkmal der Größe, als kränkende oder beleidigende Äußerungen unbeachtet hingehen zu lassen, indem man sie eben wie unzählige andere Irrtümer der schwachen Erkenntnisse des Redenden ohne weiteres zuschreibt und sie daher bloß wahrnimmt, ohne sie zu empfinden.« (Arthur Schopenhauer. *Parerga und Paralipomena II*)

Andererseits kann sich Schweigen unter Umständen auch negativ auswirken, denn wenn jemand auf Teufel komm raus provozieren will, wird ihn diese Reaktion nur noch zusätzlich anspornen.

Scherzhafte Antworten werden unterschiedlich wahrgenommen: Für diejenigen, die, wie es eine der Befragten treffend formulierte, »in ihrem Ärger ernst genommen werden möchten«, sind scherzhafte Antworten wie auch das Lachen als Reaktion auf eine Beschimpfung absolut ungeeignet. Die anderen sind der Meinung, dass eine scherzhafte Antwort, insbesondere im Kreis nahestehender Leute, die Situation entspannen kann. Etwa wenn auf die Aufforderung *Leck mich am Arsch!* mit der Gegenfrage *Reinigend oder zum Genuss?* oder der Aufforderung *Häng ihn an die Wand und mach es selbst!* reagiert und gemeinsam gelacht wird.

Ein Bekannter von mir, der als Lehrer tätig ist, erzählte mir davon, wie ihm ein Schüler, der gerne provozierte, vor der ganzen Klasse zurief: »*Leck mich am Arsch!*« Der Lehrer antwortete ganz ruhig: »*Ich mag das nicht, ich krieg dann Sodbrennen*«. Diese coole Reaktion nahm dem Schüler den Wind aus den Segeln und hat dem Lehrer die Anerkennung und den Respekt der Klasse eingebracht.

Während wir die Reaktionen von Freunden und Bekannten mehr oder weniger vorhersagen können, begeben wir uns mit einer scherzhaften Antwort auf die Beschimpfung von Unbekannten auf eine Reise ins Ungewisse. In dieser Geschichte, die mir eine Befragte erzählte, hat die scherzhafte Antwort bei Zuhörenden für Lachen gesorgt, während der Adressat die Flucht ergriff. Der Vorfall passierte in der Straßenbahn, als die Frau sich neben einen Fahrgast hinsetzen wollte, der auf den einzigen freien Sitz neben sich seine Tasche gestellt hatte und sich weigerte, ihn freizugeben. Im Verlauf der Kommunikation sagte der Mann zu ihr »*Leck mich am Arsch!*« Darauf erwiderte die Frau: »*Danke für das Angebot, ich leck aber nicht jeden*«. Die Fahrgäste haben gelacht, und der Mann ist gleich an der nächsten Station ausgestiegen.

Scherzhafte Kommunikation war schon immer im multikulturellen Alltag präsent: Der Witz erfüllt die Rolle eines Blitzableiters in Konfliktsituationen und ermöglicht es, in abgeschwächter Form auf ernsthafte Probleme hinzuweisen. Deshalb haben sich in multikulturellen Städten, in denen verschiedene Kulturen, Sprachen, Sitten und Bräuche aufeinandertreffen, diverse urbane Regiolekte gebildet, die im humoristischen Gewand daherkommen, wie *Berliner Schnauze, Wiener Schmäh, Pariser Esprit,* die scherzhaft-ironischen Kommunikationsstile von NewYorkerInnen oder den EinwohnerInnen Odessas wie auch mein muttersprachlicher

Lwiwer/Lemberger balak. *Wiener Schmäh* hat sich vor dem multikulturellen Hintergrund der Habsburgermonarchie gerade als Kommunikationsstil mit dem Fremden herausgebildet, der das langsame sich Herantasten an den Fremden, das Austesten von seinen Wahrnehmungen und Reaktionen ermöglichte. Ich möchte aber hier hervorheben, dass es sich im Fall von *Wiener Schmäh* um einen Fremden aus demselben oder nahen Kulturkreis handelte, was seine Reaktionen mehr oder weniger vorhersehbar machte. Die moderne globale Mobilität stellt für den *Wiener Schmäh* wie auch für andere scherzhafte Kommunikationsstile dagegen eine Herausforderung dar, eröffnet aber gleichzeitig neue Entwicklungswege.

Eine weitere scherzhafte Reaktion auf eine Beleidigung besteht darin, dass der Akzent weg vom Schimpfwort auf ein anderes Wort verschoben wird, wie der folgende, schon etwas ältere Witz demonstriert:

Du bist ein kleines, dreckiges Arschloch!
Nimm sofort das »klein« zurück, ich bin immerhin eins neunzig!

Ein Fußballfan berichtete mir auch von einem Vorfall, als ein wütender Spieler nach verlorener Partie den Schiedsrichter anblaffte: »*Du bist echt ein Riesenarschloch!*« Der Schiedsrichter reagierte cool: »*Wir sind immer noch per Sie!*« Darauf der Spieler nach einer Schocksekunde schon etwas weniger erregt: »*Dann eben: Sie Riesenarschloch.*« »*Geht doch*«, erwiderte der Schiedsrichter, und beide mussten lachen.

Noch eine Möglichkeit, auf eine Beleidigung zu antworten, besteht darin, die schimpfende Person zu verwirren. Mein Kollege, zum Beispiel, reagiert auf die Beschimpfung seitens Unbekannter auf der Straße mit *Und wo ist hier die U-Bahn?* oder ähnlichen Fragen, die sein Gegenüber total durcheinander und zum Schweigen bringen.

Die Aggression kann auch mit **Höflichkeit** entschärft werden: Einmal erlebte ich mit, wie ein verärgerter Fahrgast eine Mitarbeiterin der Wiener Linien mit »*Du Arschloch!*« beschimpfte, weil es zu langen Wartezeiten in der U-Bahn kam. Ihre höfliche Replik: »*Was können wir denn dafür? Wie kann ich Ihnen helfen?*« wirkte so beruhigend, dass er sich schließlich entschuldigt hat.

Mit Höflichkeit können wir auch notorische Miesepeter entwaffnen: So erzählte mir eine Bankangestellte, dass sie einen Kunden hatten, der immer unzufrieden und schnell dabei war, die Angestellten zu beschimpfen. Niemand von ihren KollegInnen wollte mit ihm reden, als seine Telefonnummer auf dem Display erschien. Auch dieses Mal duckten sich alle weg, bis sie den Hörer abnahm, aus dem es statt einer Begrüßung gleich lautstark schallte: »*Wie können Sie so blöd sein!*« »*Oh je, was haben wir wieder getan, das darf doch nicht wahr sein…*« Am anderen Ende des Hörers wurde es still, bevor der Nörgler nach einer Pause sagte: »*Na ja, so schlimm ist es eh nicht… Wir können es gemeinsam überprüfen, vielleicht ist es ja auch gar nicht euer Fehler gewesen…*«

Die Höflichkeit kann aber auch zur Verstärkung der Beschimpfung eingesetzt werden, wenn diese in eine überzogene höfliche Rede eingebaut wird. Ich bin einmal Zeuge eines Streits zweier Autofahrer gewesen: Während der eine begann, den anderen wüst zu beschimpfen, stieg der andere Fahrer aus dem Auto, kam auf den Wüterich zu und sagte: »*Finden Sie nicht, dass Sie sich angesichts der Art, wie Sie mit mir reden, unter Wert verkaufen?*« Der andere Fahrer war ziemlich perplex, bevor er schließlich zu hören bekam: »*Und gehen Sie scheißen!*«

Wie das Lachen kann auch die übertrieben höfliche Reaktion die schimpfende Person in Rage bringen. In einem Interview berichten der Kabarettist Reinhard Nowak und der Sänger Roman Gregory über ihre Erfahrungen mit Hasspostings und dass es die Leute am meisten ärgert, »wenn man nett zurückschreibt« (*Heute* 12.12.2019: 14).

Im Affektzustand verschlägt es uns oft die Sprache und somit auch die schlagfertigen Antworten. Eine verbreitete Reaktion auf die Beschimpfung, insbesondere auf eine, die unerwartet kommt, ist deshalb die Retourkutsche:

»*Schwein.*«
»*Selber Schwein.*«
»*Du bist das Schwein.*«
»*Nein, du.*« (2013: 11)

Da vielen spontan keine treffenden Gegenbeschimpfungen einfallen, werden zu einigen aggressiven Äußerungen gleich vorgefertigte Antworten kreiert – wie die Antwort *Und das größte Stück soll dich treffen!* auf Verwünschung *Zerreißen sollst du!* Im Internet wimmelt es von schlagfertigen Antworten auf die Aufforderung *Leck mich am Arsch* – hier nur eine kleine Auswahl von derben bis zu den dezenten Antworten – für alle, denen *Du mich auch* als Antwort zu fade ist:

Ich lecke keine Sau (oder: *keinen Hund*) *am Arsch.*
Geht nicht, das habe ich schon einer anderen Sau versprochen.
Nein, putz' dein Gesicht selbst!
Vor meinem ist auch kein Gitter.
Davon wirst du nicht sauber und ich nicht satt.
Nicht, solange Schokolade noch so billig ist.

Trotz all der Anekdoten rund um eine lustige Antwort auf eine Beschimpfung ist es meines Erachtens am besten, sie im Idealfall einfach zu ignorieren. Denn eine Gegenbeschimpfung provoziert eine neue Beschimpfung, die Situation schaukelt sich hoch, es entsteht leicht ein Teufelskreis, der erst durch Dritte durchbrochen wird oder nicht selten auch in körperliche Gewalt übergeht. Dass sich die Situation so entwickelt wie in der berühmten Szene aus

Remarques *Drei Kameraden*, ist im realen Leben eher untypisch: zwei Fußgänger rempeln sich aus Versehen an, es gibt ein Hin und Her mit selbst kreierten Schimpfwörtern, bis mit *Beefsteakfriedhof* ein sehr kreatives Schimpfwort fällt, dass den anderen Schimpfwortliebhaber erfreut, sodass sich die beiden Fußgänger nicht als Feinde, sondern als einander respektierende Gegner trennen: »*Beefsteakfriedhof ist gut!*«, sagte er. »*Kannte ich noch nicht. Kommt in mein Repertoire!*« Alsdann – er lüftete den Hut, und wir trennten uns voll Achtung voneinander. (1963: 59–60)

Vielleicht fällt es uns leichter, eine Beschimpfung nicht persönlich zu nehmen oder diese zu ignorieren, wenn wir uns vor Augen führen, dass die Schimpfwörter in erster Linie nicht uns, sondern die schimpfende Person charakterisieren, denn sie sind Ausdruck ihres Temperaments, ihres emotionalen Zustands, ihrer Probleme und Ängste, ihrer Schwäche und Hilflosigkeit.

Empathie anderen gegenüber beeinflusst ebenfalls unsere Reaktion auf eine Beschimpfung: In einem Workshop mit SchülerInnen haben wir uns zusammen Gedanken gemacht, warum die Neulinge am Gymnasium den älteren Jahrgängen gegenüber oft frech und auch verbal agressiv sind. Dabei dachten die Kinder an die Zeit, als sie selbst nach der Grundschule aufs Gymnasium wechselten, in eine neue Umgebung, in der sie sich unsicher fühlten beziehungsweise Angst vor Neuem hatten. So kamen die Workshop-Teilnehmenden zur Schlußfolgerung: »*Die schimpfen ja nicht, um uns zu beleidigen, sondern weil sie Angst haben.*« Alsdann entwickelten sie Ideen, wie sie auf solche Beschimpfungen reagieren sollten: Nach erstmaligem Ignorieren empfahlen sie, mit den neuen SchülerInnen in Kontakt zu treten und Ihnen Hilfe im Schulalltag anzubieten.

Auch für uns Erwachsene lohnt es sich, kurz innezuhalten und nachzudenken, bevor wir spontan zur Gegenbeschimpfung greifen: Warum beschimpft mich der Fahrgast, den ich in der überfüllten U-Bahn unabsichtlich und leicht gestreift habe? Vielleicht hatte er gerade bei der Arbeit Ärger mit seinem Chef? Vielleicht hat ihn seine Frau verlassen, oder er hat eine schlimme Diagnose bekommen? Wir selbst können aber auch in der Situation sein, wenn wir beruflichen oder familiären Stress haben und folglich nicht empathisch reagieren, sondern ebenfalls mit einer Gegenbeschimpfung.

Zum Schluss möchte ich noch einen wichtigen Aspekt für Entschärfung von Konfliktsituationen hervorheben, der sowohl in der wissenschaftlichen Literatur als auch in konkreten gewaltpräventiven Maßnahmen kaum berücksichtigt wird: Genauso wichtig wie die Sensibilisierung gegenüber den anderen ist die Desensibilisierung sich selbst gegenüber. Dazu sowie zur Rolle der Empathie möchte ich eine Stelle aus Harper Lees Roman *Wen die Nachtigall stört* zitieren:

> *Kind, du darfst dich nie beleidigt fühlen, wenn jemand dir etwas nachruft, was er als Schimpfnamen betrachtet. Das zeigt nur, was für ein armseliger Mensch der andere ist, es verletzt nicht. Lass dich also von Mrs. Dubose nicht unterkriegen. Und sei nachsichtig mit ihr, sie hat es nicht leicht.* (2015: 175 f)

Nun, da wir über die starken Bande zwischen dem Schimpfwort und dem Schimpfenden im Bilde sind, können wir bewusst eine Schutzmauer um uns errichten, an der die beleidigenden Worte abprallen.

BIN ICH NOCH AGGRESSIV ODER SCHON GEWALTTÄTIG?

Woran denken Sie bei dem Begriff »Gewalt«? Höchstwahrscheinlich sind es Szenen physischer Gewalt, die Ihnen spontan in den Sinn kommen. Auch während meiner Treffen mit SchülerInnen bekomme ich Antworten wie »*Gewalt ist, wenn mich jemand schlägt, haut, schubst, kneift...*« An verbale Gewalt wird dagegen meist erst gedacht, wenn ich explizit danach frage.

Diese Antworten wundern mich nicht, denn verbale Gewalt spielt auch bei den Präventivmaßnahmen eher eine nachgeordnete Rolle. In vielen Broschüren zur Gewaltprävention an Schulen werden diesem Phänomen nur wenige Absätze gewidmet.

Gleichzeitig wurde die Sprache in der Wissenschaft und Kunst oft als gewaltfreie Zone betrachtet. In den sprachwissenschaftlichen Hypothesen wurde lange Zeit die gewaltfreie Natur der Sprache hervorgehoben und die Ansicht vertreten, dass dort, »wo gesprochen wird«, die Waffen schweigen, und umgekehrt – die Waffen erst dort zu sprechen anfangen, »wo nicht mehr miteinander gesprochen wird« (Herrmann/Kuch 2007: 11). Der französische Philosoph Jacques Derrida vertritt ebenfalls die Ansicht, dass »das gesprochene Wort bereits eine erste Niederlage der Gewalt« sei (1976: 178), und bei den literarischen Zitaten fällt mir in erster Linie die Aussage von Ingeborg Bachmann ein:

»Hätten wir das Wort, hätten wir die Sprache, wir bräuchten Waffen nicht.« (1978: 185)

Doch gerade die Sprache selbst kann als Waffe eingesetzt werden. So finden sich in verschiedenen Sprachen Sprichwörter, Aphorismen und Vergleiche, die verletzende und zudem längerfristige Wirkung verbaler Gewalt thematisieren. In meiner Muttersprache kenne ich viele Beispiele, im Deutschen sind mir lediglich diese eingefallen (Sie können die Liste beliebig fortsetzen):

Worte sind wie Schläge
Das Wort als Waffe
Die Worte tun weh/verletzen
Die Zunge hat keine Knochen, aber bricht Knochen

Die Überbetonung gewaltfreier Natur von Sprache hat zur Folge, dass verbale Gewalt als eigenständige Gewaltform unterschätzt wird. Deshalb fand ich es wichtig, dass der ukrainische Präsident, Wolodymyr Selens'kyj, in einer seiner Reden die Rolle verbaler Gewalt in Form von Kremlpropaganda im russischen Angriffskrieg gegen die Ukraine nicht nur hervorgehoben, sondern diese auf eine Stufe mit der physischen Gewalt gestellt hat:

»Ich will ihnen [den Kremlpropagandisten] Folgendes sagen: sie werden die Verantwortung für ihre Taten genauso tragen, wie jene, die die Bomben abwerfen.«[56]

Die Sprache kann somit zur Waffe in den Händen der TäterInnen und dadurch zur Komplizin der Kriegsverbrecher werden.

Folgen des Hervorhebens gewaltfreier Natur von Sprache sind auch, dass die Sprache oft als Vorhang, hinter dem Gewalt ausgeübt wird, genutzt wird: So wurden die ukrainischen Städte jedes Mal verstärkt bombardiert, wenn sich Emissäre beider Länder zu Verhandlungen trafen. Noch ein Beispiel für die ablenkende Funktion

---

56 https://www.pravda.com.ua/news/2022/03/10/7330067/ [Zugriff am: 29.07.2023].

stellt der Friedenssong dar, mit dem russische Sängerin beim Song Contest 2015 auftrat, während russland im Osten der Ukraine den Krieg führte. Die Sprache steht hier im Dienst der kulturellen Gewalt, denn kulturelle Gewalt bedeutet nicht nur, physische Gewalt zu rechtfertigen (wie sie meistens verstanden wird), sondern auch von ihr abzulenken und ihr ein Mäntelchen überzuwerfen.

Hier mal ein Beispiel ablenkender Funktion von Sprache aus dem nicht-kriegerischen Alltag: Einmal beobachtete ich, wie eine Mutter ein trotziges Kleinkind heftig in den Arm kniff, während sie mit einer hohen Stimme und aufgesetztem Lächeln, die für die übrigen Fahrgäste bestimmt waren, »Schätzchen, steig bitte in den Bus ein« zwitscherte.

Die Sprache hat instrumentalen Charakter – diese Auffassung geht noch auf Platon zurück, der die Sprache als Werkzeug verstanden hat. Folglich liegt es in unserer Hand, was wir mit der Sprache bewirken, denn »sprechen« bedeutet »handeln« – das ist die Grundthese der Sprechakttheorie, die sprachliche Äußerungen als Handlungen betrachtet. Und wenn wir schon bei der Sprechakttheorie angelangt sind, ist es sinnvoll, die wichtigsten Termini, die Teilaspekte einer sprachlichen Handlung bezeichnen, zu erläutern. Demnach besteht eine sprachliche Handlung aus drei Aspekten:

- Lokution/lokutiver Akt (Gesagtes)
- Illokution/illokutiver Akt (Gemeintes)
- Perlokution/perlokutiver Akt (Wahrnehmung der Äußerung vom Adressaten/von der Adressatin/von Zuhörenden)

Die menschliche Kommunikation ist ein facettenreiches Phänomen, und diese Akte stimmen oft nicht überein. So entspricht die Lokution (das Gesagte) beim scherzhaft Schimpfen nicht der Illokution (das Gemeinte). Wie die Perlokution aussehen wird, ist immer offen: Je nach dem Kontext kann eine scherzhafte Beschimpfung als solche wahrgenommen werden und die so beschimpfe Person sich darüber amüsieren oder aber auch beleidigt reagieren. Dem Aspekt der Wahrnehmung von Sprechakten wird in der Linguistik wenig Aufmerksamkeit gewidmet. Die Erforschung perlokutiver Akte haben auch Sprechakttheoretiker wie Austin, Searle oder Wunderlich vermieden, weil die damit verbundenen Wirkungen bereits der allgemeinen Handlungstheorie und Psychologie nahestehen.

Sprache und Gewalt sind eng verbunden: Sprache kann sowohl zur Eskalation als auch zur Entschärfung einer Konfliktsituation beitragen; verbale Aggression kann physische ersetzen, aber auch einleiten; mittels Sprache kann verbale Gewalt ausgeübt und physische Gewalt vorbereitet werden.

VERBALE AGGRESSION UND VERBALE GEWALT: TRENN- UND BERÜHRUNGSPUNKTE

In der Sprachwissenschaft werden diese beiden Phänomene – verbale Aggression und verbale Gewalt – oft als Synonyme verstanden. Wenn wir uns die Definitionen verbaler Aggression ansehen, werden wir diese Position verstehen, denn verbale Aggression wird, angefangen von alten (Gruber 1928: 15) bis zu den neueren Studien (Bonacchi 2012: 133) ausgehend von der beleidigenden, kränkenden Absicht definiert. Meine Forschungsergebnisse zeigen dagegen, dass die verbale Aggression ein komplexes Phänomen darstellt, dem mehrere Intentionen zugrunde liegen können und die Beleidigungsabsicht bei Weitem nicht die wichtigste ist. Sie haben bereits im Kapitel »Warum schimpfen wir?« eine Reihe von Funktionen kennengelernt, die als produktiv betrachtet werden können: die kathartische, lobende, tröstende und pathische Funktion wie auch der Ersatz physischer Aggression. Dem produktiven Aspekt verbaler Aggression wird in der Sprachwissenschaft bis heute wenig Aufmerksamkeit gewidmet. In der Psychologie, Psychiatrie, Psychoanalyse sowie bei den AntigewalttrainerInnen werden auch produktive Aspekte (verbaler) Aggression hervorgehoben, die sich positiv auf physische und mentale Gesundheit Schimpfender wie auch ihre sozialen Kontakte auswirken können.

Diese produktive Seite ist bereits in der Etymologie des Wortes verankert: Das lateinische »aggredior« bedeutet in erster Linie »herantreten«, »sich annähern« und erst dann »angreifen«.

Im Gegensatz zur verbalen Aggression, die positive Funktionen erfüllen kann, ist verbale Gewalt ausschließlich darauf ausgerichtet, einen Schaden anzurichten. Ausgehend von dieser Intention ergibt sich die weitere Abgrenzung zwischen verbaler Aggression und verbaler Gewalt. Die verbale Gewalt richtet sich obligatorisch an einen Menschen; auf diese Binsenweisheit machen mich die Kinder bei den Workshops als Erstes aufmerksam: »Für Gewalt braucht es einen Menschen!« Verbale Aggression kann sich dagegen auch auf Tiere, Gegenstände oder Situationen richten: Wenn wir einen Gegenstand mit *So ein Scheißding!* beschimpfen oder, nachdem wir uns an der Tischkante gestoßen haben, *Verdammt!* ausrufen, sind wir sehr wohl verbal aggressiv, aber als verbale Gewalt kann man es nicht bezeichnen. Bei dem indirekten Schimpfen, etwa wenn wir am Feierabend zu Hause unserem Ärger über den unfähigen Kollegen mit *Dieser Idiot, er ist total unfähig, dieser Loser* Luft machen, handelt es sich ebenfalls um eine verbale Aggression, aber nicht um Gewalt.

Obwohl es für das Vorliegen verbaler Gewalt ausschlaggebend ist, dass sie sich an einen Menschen richtet, ist die Anwesenheit dieses Menschen beim Akt verbaler Gewalt nicht immer notwendig, beispielsweise bei übler Nachrede oder Verleumdung, wenn die Persönlichkeitsrechte eines Menschen betroffen sind.

Noch ein Parameter, der bei der Gewaltbestimmung hervorgehoben wird, ist das hierarchische Verhältnis: »Wenn sich zwei gleichstarke Kinder beschimpfen, gilt das kaum als Gewalt, wohl aber, wenn eine sozial mächtige Person beschimpft und droht.«

(Selg 1997: 8) Dem kann ich nicht zustimmen, denn es gibt Gewaltformen, die gerade unter Gleichrangigen wie Kindern oder KollegInnen (*Mobbing/Bullying*) erfolgen.

Wir sehen: Verbale Aggression und verbale Gewalt weisen Trenn- und Berührungspunkte auf, sind aber keinesfalls deckungsgleich. Weitere Trenn- und Berührungspunkte möchte ich an Modellen sprachlicher Handlungen (in unserem Fall Beschimpfungen) skizzieren:

- Fangen wir mit dem einfachsten Modell an, wenn verbale Aggression mit verbaler Gewalt gleichgestellt werden kann. Das trifft zu, wenn der Äußerung eine beleidigende, herabwürdigende Absicht zugrundeliegt (illokutiver Akt) und sie als solche wahrgenommen wird (perlokutiver Akt). Im Falle einer Beschimpfung bedeutet es, dass sie bewusst als Beleidigung, Kränkung oder Herabsetzung gestaltet wird (es werden zielgerichtet Wörter gewählt, die die beschimpfte Person besonders schmerzhaft treffen) und die so beschimpfte Person sich beleidigt, gekränkt oder herabgesetzt fühlt. Nicht immer sind die Zusammenhänge zwischen verbaler Aggression und verbaler Gewalt so einfach und eindeutig. Das sehen wir an weiteren Modellen:
- Der Äußerung liegt keine beleidigende Absicht zugrunde, sie wird aber als Beleidigung wahrgenommen. Zum Beispiel, wenn wir im Affektzustand spontan *Du Idiot!* zu jemandem rufen, über den wir uns geärgert haben, aber ohne diese Person beleidigen zu wollen, sondern lediglich um Dampf abzulassen. Je nach der Situation kann diese Beschimpfung dazu führen, dass sich die beschimpfte Person beleidigt fühlt; dann stimmen Illokution (Absicht) und Perlokution (Wahrnehmung) nicht überein. Da für die Definition verbaler Gewalt die Wahrnehmung eine vorrangige Rolle spielt (vgl. »Allemal steht es zunächst den von sprachlicher Gewalt

getroffenen zu, über sie zu befinden« (Liebsch 2007: 136)), wird auch eine unbeabsichtigte Beleidigung als verbale Gewalt betrachtet. Denn in aktuellen philosophischen und linguistischen Studien erfolgt die Definition verbaler Gewalt in erster Linie ausgehend von der Wirkung sprachlicher Äußerung, nach dem Motto: Gewalt ist, was als Gewalt empfunden wird. Das nächste Modell veranschaulicht, dass diese Regel auch umgekehrt gilt: Was nicht als Gewalt empfunden wird, stellt keine Gewalt dar:

- Die Beschimpfung ist als Gewalt gedacht, aber von der beschimpften Person wird sie nicht als solche empfunden. In diesem Fall stimmen die Illokution und die Perlokution ebenfalls nicht überein, denn die geplante beleidigende Wirkung bleibt aus. Bei der engen Gewaltdefinition wird dieser Fall als keine Gewalt betrachtet (zum Beispiel Hornscheidt 2011, Liebsch 2007). Dieser Position kann ich mich nicht anschließen, denn auch wenn die Empfindungen der AdressatInnen den Ausgangspunkt darstellen, darf die Rolle Schimpfender und ihrer gewalttätigen Absichten nicht unterschätzt werden. Ich würde in diesem Fall von versuchter Gewaltzufügung reden und diese ebenfalls ernst nehmen, analog zu diversen Straftatbeständen, bei denen der Versuch ebenfalls eine Straftat darstellt. Zudem wird die Person, deren gewalttätiger Akt nicht die beabsichtigte Wirkung erzielt hat, höchstwahrscheinlich versuchen, den gewalttätigen Akt zu wiederholen oder ihr gewalttätiges Potenzial auf andere Personen zu richten.

Wir müssen auch in Betracht ziehen, dass Perlokutionen keine Handlungen, sondern ihre Folgen darstellen und es daher problematisch erscheint, die Art sprachlicher Handlung allein auf Grundlage ihrer Wirkung zu bestimmen. Die sprachlichen Äußerungen müssen im Zusammenspiel ihrer Teilaspekte betrachtet werden, und das Vorkommen von Gewalt darf in einem dieser Aspekte nicht ignoriert werden. Des Weiteren kritisiere ich diese enggefasste Betrachtung verbaler Gewalt, die sich ausschließlich auf die Empfindungen von AdressatInnen stützt, denn das öffnet Tür und Tor für Manipulationen. Schließlich ist es schwer einzuschätzen, ob es sich um eine real erlebte oder vorgetäuschte Kränkung handelt. Ebenfalls ist es möglich, dass die Person ihre Kränkung nicht zeigen will und vorgibt, nicht beleidigt zu sein. Es ist deshalb sowohl für die juristische als auch linguistische Betrachtung wichtig, sprachliche Äußerungen in der Komplexität ihrer Aspekte zu betrachten.

Ich bin deshalb dagegen, unbeabsichtigt getätigte beleidigende Äußerungen gleich als Gewalt zu betrachten. Denn es würde den Begriff »verbale Gewalt« sehr ausdehnen und Fälle bewusster verbaler Gewalt mit spontanen Ausrufen im Affektzustand gleichstellen und dadurch nivellieren. Gleichzeitig will ich auf keinen Fall die unbeabsichtigten Beleidigungen verharmlosen und ordne sie an der Schwelle zur verbalen Gewalt ein. Gerade diese Fälle sollen uns auf das gewalttätige Potenzial der Sprache aufmerksam machen und zum behutsamen Umgang mit Worten bewegen.

Auf diese Weise kommen wir zum nächsten wichtigen Kriterium der Abgrenzung verbaler Aggression und verbaler Gewalt – *dem bewussten Charakter verbaler Gewalt*. Auch andere WissenschaftlerInnen (Bäck (2004: 224), Nunner-Winkler (2004: 49)) engen den Gewaltbegriff durch die Bedingung ein, dass eine gewalttätige Handlung bewusst und absichtlich ausgeführt werden soll. Der bewusste Gewalteinsatz wird ebenfalls von der Weltgesundheitsorganisation bei der Gewaltbestimmung in dem 2002 erschienenen Weltbericht *Gewalt und Gesundheit* hervorgehoben.

Es spielt für die Wahrnehmung sehr wohl eine Rolle, wenn der Adressat oder die Adressatin bemerken, dass die beleidigende Äußerung auch als Beleidigung geplant war und die beschimpfende Person ein Gefühl der Genugtuung empfindet. Ganz anders wird dieselbe Äußerung wahrgenommen, wenn der oder die Beschimpfte sehen, dass sie spontan im Affektzustand geäußert wurde und die schimpfende Person ihren Ausbruch sogleich bedauert. Denn die Wirkung einer Beschimpfung betrifft nicht nur die beschimpfte Person, sondern auch die schimpfende: Im Fall einer nicht geplanten Beleidigung kann die schimpfende Person überrascht, verwundert, irritiert, beschämt oder betrübt reagieren. Wenn wir jemanden ungewollt beleidigt haben, wird eine aufrichtige Entschuldigung die Situation höchstwahrscheinlich entschärfen.

Verbale Gewalt lässt sich also wie folgt skizzieren: Als verbale Gewalt gelten sprachliche Äußerungen, die sich an einen Menschen oder eine Menschengruppe richten und denen die bewusste Absicht zu beleidigen, zu kränken beziehungsweise herabzusetzen zugrunde liegt. Oft haben wir es hier mit sich stets wiederholenden sprachlichen Handlungen zu tun. Der bewusste Charakter verbaler Gewalt bewirkt, dass sie meist nicht spontan im Affektzustand erfolgt, sondern geplant und durchdacht ist. Damit hängt auch die Besonderheit der Wortwahl zusammen: Bei der verbalen Aggression, die sich spontan im Affektzustand ergibt, wird zu häufig gebrauchten und universalen Schimpfwörtern gegriffen, die in jeder Situation verwendet werden können. Bei der verbalen Gewalt sieht es mit der Wortwahl anders aus: Es werden bewusst Wörter ausgesucht, um das Gegenüber in seiner Persönlichkeit zu treffen – ob auf die Herkunft, Charaktereigenschaften, Aussehen oder andere identitätsstiftende Aspekte gerichtet.

Es gibt aber auch Formen verbaler Aggression, die auch im Affektzustand ernst genommen und als Gewalt betrachtet werden sollen. Ich meine hier die Mord- und Todesdrohungen, die strafbar sind und von universalen Ausbrüchen wie *Ich bring dich um!* oder *Ich erwürge dich!* bis zu denjenigen reichen, die konkrete Umstände berücksichtigen wie *Ich weiß, wo du wohnst und warte eines Abends mit einem Messer vor deinem Haus.* Dazu rechne ich allerdings nicht die metaphorischen Drohungen, deren Ausführung unrealistisch erscheint und die gerade durch ihre Bildkräftigkeit und Fiktionalität gebraucht werden, um der eigenen Emotionen Herr zu werden, was der Betroffene deutlich merken muss. In der Tat fürchtet sich bei der Drohung *Ich reiß dir den Schädel ab und schmeiß 'n dir ins Gesicht!* kaum jemand um seine Existenz.

Zur Wortwahl, mit der verbale Gewalt ausgeübt wird, möchte ich noch hinzufügen, dass verbale Gewalt nicht ausschließlich mittels Beschimpfungen und anderen aggressiven Sprechakten erfolgt, sondern auch mit neutralen sprachlichen Mitteln: durch Verleumden, Lästern, Erpressen, Vorwürfen, Verbreiten falscher Gerüchte, durch falsche Beschuldigungen oder das Ausgrenzen (*Du bist ja gar nicht von hier!*, statt unvermittelt fremdenfeindliche Ausdrücke wie *Kanake, Scheißausländer* oder *Schlitzauge* zu gebrauchen). Wortsticheleien in Form ironischer und sarkastischer Aussagen gehören ebenfalls zur verbalen Gewalt.

Beispiele verbaler Gewalt ohne Einsatz von Schimpfwörtern haben wir auch während der Covid-19-Pandemie gesehen: das Denunzieren sowie das Verbreiten von Falschinformationen bezüglich der Corona-Erkrankung oder des Einhaltens von Schutzmaßnahmen.

Auch beim Verbreiten von Lügen und falschen Gerüchten haben wir es mit der verbalen Gewalt zu tun. Ein aktuelles Beispiel stellt hier die Kremlpropaganda dar, die auf diese Weise jahrzehntelang Lügen über die Ukraine und UkrainerInnen verbreitet, Hass gegen sie geschürt und den Weg für den Krieg geebnet hat. Ein prägnantes Beispiel hierfür stellt der russische Film *Brat 2/Bruder 2* (2000) dar, der ukrainophobe und chauvinistische Szenen bis zur Tötung eines Ukrainers im Klo beinhaltet und an putins Äußerung 1999 im Kontext des Zweiten Tschetschenienkrieges erinnert, man werde »die Gegner im Plumpsklo ertränken«[57].

---

57 https://www.youtube.com/watch?v=-2f-Q4K_J70 [Zugriff am: 29.07.2023].

Wir können Gewalt nicht nur dadurch, was wir sagen, sondern auch durch Sprachverweigerung vollziehen – dieser Gewaltakt steht an der Grenze zur psychischen Gewalt und wird als sehr schmerzhaft empfunden. Zur Bekräftigung der zerstörerischen Wirkung des Ignorierens und der Gleichgültigkeit führe ich noch zwei prominente Zitate an:

> *Um den Menschen zu zerstören, reicht es, ihn zu ignorieren. Gleichgültigkeit tötet /.../.*
>
> (Papst Franziskus)

> *Das Gegenteil von Liebe ist nicht Hass, sondern Gleichgültigkeit.*
>
> (Elie Wiesel, Friedensnobelpreisträger und Holocaust-Überlebender)

Dass Gleichgültigkeit und Ignorieren eine schlimmere Wirkung als Beschimpfungen entfalten können, illustriert dieses Gleichnis über einen Mann, der Reis in drei Töpfen in Wasser einweicht und folgendes Experiment durchführt: einen Topf bedenkt er mit positiven Worten, den zweiten beschimpft er, während er den dritten schlicht missachtet. Der Reis im ersten Topf blieb frisch und duftend, der Reis im zweiten Topf fing an zu brodeln, und der Reis im dritten Topf verdarb und begann zu stinken.

GEWALT KOMMT SELTEN ALLEIN

Die komplexen Zusammenhänge zwischen verschiedenen Gewaltformen sehen wir aktuell im russischen Angriffskrieg gegen die Ukraine. Sie wissen bereits, dass verbale Gewalt die Ouvertüre zu körperlicher Gewalt sein kann. Verbale Gewalt kann auch *gleichzeitig* mit anderen Gewaltformen erfolgen – mit physischer, psychischer oder sexueller Gewalt. Beispiele gleichzeitiger sexueller und verbaler Gewalt stellen grausamste Vergewaltigungen ukrainischer Frauen und Mädchen von russischen Besatzern dar, die mit Beschimpfungen oder Worten wie »Wir werden dich so lange vergewaltigen, bis du keine ukrainischen Kinder mehr in die Welt setzen kannst« begleitet werden.

Zum Schluss sei noch eine Gewaltform erwähnt – die strukturelle Gewalt, die in die sozialen Strukturen russischer Gesellschaft eingebaut ist und ihre BürgerInnen im Zustand der Angst, Passivität und Gleichgültigkeit hält. Der russische Angriffskrieg ist direkte Folge dieser Gleichgültigkeit und politischer Passivität, die Widerstandskämpfer und Bestsellerautor Stéphane Hessel als »das Schlimmste, was man sich und der Welt antun kann« (2011: 13) bezeichnet und in seinem gleichnamigen Essay aufruft: *Empört euch!*

DANKSAGUNG

Nun ist es an der Zeit, mich bei den Leuten zu bedanken, die zur Entstehung dieses Buches einen Beitrag geleistet haben. Mein Dank geht an die Verlegerinnen Julia Loschelder und Verena Schörner, die mit ihrem Vorschlag, ein Buch zu schreiben, den bei mir seit Jahren langsam vorangehenden Reifeprozess beschleunigt haben. Insbesondere bin ich Julia Loschelder sehr dankbar, die mich von ihrer ersten E-Mail an bis zum Erscheinen des Buches in allen Fragen rund um das Buch kompetent und geduldig betreut hat.

Allen MitarbeiterInnen des Komplett-Media Verlags, die an der wundervollen Verwandlung eines Manuskripts in ein Buch beteiligt waren, möchte ich meine aufrichtige Dankbarkeit ausdrücken. Es war mir eine Freude.

Mein großer Dank geht an meine Familie:

Meinen Mann, den bedeutenden ukrainischen Schriftsteller Tymofiy Havryliv, der mich durch sein Schaffen nicht nur zum Schreiben inspirierte, sondern in vielen Gesprächen während der Arbeit an diesem Buch mit wertvollen Tipps, mit Kritik und Anregungen zur Seite gestanden hat.

Meinen Söhnen Severyn und Luca, mit denen ich so einige lustige Situationen, die mit den Schimpfwörtern verbunden sind, erlebt und in diesem Buch mit Ihnen, liebe Leserinnen und Leser, geteilt habe. Die mich stets herausfordern, positive wie negative Sprache zu verwenden und zur Entstehung einer scherzhaften interfamiliären Beschimpfung während des Schreibens dieses Buches beigetragen haben: »*Seid still, ihr Verrückten, Mama schreibt einen Bestseller!*« So wurde das noch unfertige Buch zu dem, was es vielleicht werden könnte.

Meinen Eltern, Olha und Yevhen, die meine sprachwissenschaftliche Begabung in früher Kindheit erkannt und gefördert haben sowie mich im erwachsenen Alter bei vielen Projekten tatkräftig unterstützen. Da sie in dieser schwierigen Zeit ihr Heimatland, die Ukraine, nicht verlassen wollten, hätte ich dieses Buch nicht schreiben können, ohne sie unter dem Schutz Ukrainischer Streitkräfte (ЗСУ) zu wissen, denen ich meine tiefe Dankbarkeit bekunde. Dieses Buch möchte ich auch mit ihrem Gruß, der weltweit zum Motto des ukrainischen Wiederstandes geworden ist, beenden:

Слава Україні – Героям слава!/Slawa Ukrajini – Herojam slawa! Glory to Ukraine! – Glory to the heroes!

Wien, im Sommer 2023

PRIMÄRLITERATUR

Artmann, Hans Carl. How much, schatzi? Frankfurt a. M.: Suhrkamp, 1973.

Barylli, Gabriel. Honigmond. München: Nymphenburger, 1993.

Bauer, Wolfgang. Magic Afternoon. In: Wolfgang Bauer. Drei Stücke. München: Deutscher Taschenbuchverlag, 1969. S. 7–45.

Baum, L. Frank. Im Reich des Zauberers von Oz. Deutsche Übersetzung von Christine Hettinger. München: Heyne, 1981.

Bernhard, Thomas. Claus Peymann verlässt Bochum und geht als Burgtheaterdirektor nach Wien. In: Thomas Bernhard. Werke. Huber, Martin, Schmidt-Dengler Wendelin (Hg.). Frankfurt a. M.: Suhrkamp, 2012. S. 61–75.

Bernhard, Thomas. Heldenplatz. In: Thomas Bernhard. Werke. Huber Martin, Schmidt-Dengler Wendelin (Hg.). Frankfurt a. M.: Suhrkamp, 2012. S. 215–340.

Dostojevskij, Fjodor = Достоевский Федор. Дневник писателя. 1873 год. In: Достоевский Ф.М. Полное собрание сочинений в 30 т. Т. 21. Ленинград: Наука, 1980. С. 5–136. Dnjewnik pisatelja 1873. In: Dostojevskij F.M. Polnoje sobranije sotschinjenij w 30 t. T. 21. Leningrad: Nauka, 1980. S. 5–136.

Goethe, Johann Wolfgang von. Götz von Berlichingen. Stuttgart: Reclam, 1965.

Haas, Wolf. Auferstehung der Toten. Hamburg: Hoffmann und Campe, 2006.

Handke, Peter. Publikumsbeschimpfung. In: Peter Handke. Publikumsbeschimpfung und andere Sprechstücke. Frankfurt a. M.: Suhrkamp, 1966. S. 5–48.

Hessel, Stéphane. Empört euch! Aus dem Französischen von Michael Kogon. Berlin: Ullstein, 2011.

Kehlmann, Daniel. F. Reinbek bei Hamburg: Rowohlt, 2013.

Kürthy, Ildiko von. Sternschanze. Reinbek bei Hamburg: Rowohlt, 2014.

Lee, Harper. Wer die Nachtigall stört … Aus dem Englischen von Claire Malignon. Reinbek bei Hamburg: Rowohlt, 2015.

Lind, Hera. Verwechseljahre. München: Diana, 2013.

Musil, Robert. Über die Dummheit. In: Robert Musil. Gesammelte Werke. Bd. 8. Reinbek bei Hamburg: Rowohlt, 1978. S. 1270–1291.

Reichart, Elisabeth. Fotze. Salzburg: Otto Müller, 1993.

Remarque, Erich Maria. Drei Kameraden. Moskau: Verlag für fremdsprachige Literatur, 1963.

Remarque, Erich Maria. Im Westen nichts Neues. Köln: Kiwi, 1987.

Remarque, Erich Maria. Schatten im Paradies. Stuttgart: Deutscher Bücherverbund, 1971.

Schwab, Werner. Antiklimax. In: Werner Schwab. Dramen III. Graz – Wien: Droschl, 1994. S. 261–303.

Schwab, Werner. Der Himmel mein Lieb meine sterbende Beute. In: Werner Schwab. Fäkaliendramen. Graz – Wien: Droschl, 1992. S. 193–236.

Schwab, Werner: Eskalation ordinär. In: Werner Schwab. Dramen III. Graz – Wien: Droschl, 1994. S. 197–260.

Schwab, Werner: Hochschwab. In: Werner Schwab. Königskomödien. Graz – Wien: Droschl, 1992. S. 63–120.

Schwab, Werner: Pornogeographie. In: Werner Schwab. Dramen III. Graz – Wien: Droschl, 1994. S. 135–196.

Schwab, Werner. Troiluswahn und Cressidatheater. In: Werner Schwab. Dramen III. Graz – Wien: Droschl 1994. S. 7–74.

Schwab, Werner. Übergewicht, unwichtig: UNFORM. In: Werner Schwab. Fäkaliendramen. Graz – Wien: Droschl, 1993. S. 59–120.

Sevindim, Asli. Candlelight Döner. Geschichten über meine deutsch-türkische Familie. Ullstein: Berlin, 2005.

Siegner, Ingo. Der kleine Drache Kokosnuss und die starken Wikinger. München: Cbj-Verlag, 2010.

Twain, Mark. The awful German language. Die schreckliche deutsche Sprache. Aus dem Englischen von Peter Sindlinger. Frickenhausen/Nürtingen: Sindlinger-Burchartz, 1996.

SEKUNDÄRLITERATUR

Aman, Reinhold. Die klügsten Beschimpfungen findet man im Jiddischen. In: Psychologie heute, Bd. 23, 11/1996. S. 32–35.

Aman, Reinhold. Psychologisch-sprachliche Einleitung in das Schimpfen. In: Bayrisch-Österreichisches Schimpfwörterbuch. München: Süddeutscher Verlag, 1972. S. 153–188.

Bach, George R.; Goldberg, Herb. Keine Angst vor Aggression. Frankfurt a. M.: Fischer, 1981.

Bachmann, Ingeborg. Frankfurter Vorlesungen »Über Fragen zeitgenössischer Lyrik«. I: Figuren und Scheinfragen. 1959. In: Werke Band 4 (Essays usw.). München: Piper, 1978.

Bäck, Allan. Thinking Clearly about Violence. In: Philosophical Studies 117/2004. S. 219–230.

Behaghel, Otto. Die deutschen Scheltwörter. Eine sprachwissenschaftliche Plauderei. In: Münchener Neuste Nachrichten vom 20.2.1929, Nr. 50. S. 1–2.

Bonacchi, Silvia. Zu den idiokulturellen und polykulturellen Bedingungen von aggressiven Äußerungen im Vergleich Polnisch – Deutsch – Italienisch. In: Magdalena Olpińska-Szkiełko, Sambor Grucza u. a. (Hg.) Der Mensch und seine Sprachen.. Frankfurt a. M. u. a.: Peter Lang, 2012. S. 130–148.

Borneman, Ernest. Unsere Kinder im Spiegel ihrer Lieder, Reime, Verse und Rätsel. Olten: Walter, 1973 (Bd. 1), 1974 (Bd. 2).

SEKUNDÄRLITERATUR

Burgen, Stephen. Bloody hell, verdammt noch mal! Eine europäische Schimpfkunde. München: Deutscher Taschenbuch Verlag, 1998.

Daniel, Walter Karl. Das nicht immer so goldene Wienerherz. Das besondere Schimpfwörterlexikon mit ausgewählten 1300 Spitzenausdrücken. Eigenverlag: Wien, 2006.

Derrida, Jacques. Die Schrift und die Differenz. Frankfurta. M.: Suhrkamp, 1976.

Dundes, Alan: Sie mich auch! Das Hinter-Gründige in der deutschen Psyche. Weinheim und Basel: Beltz, 1985.

Ermen, Ilse. Fluch – Abwehr – Beschimpfung. Pragmatik der formelhaften Aggression im Serbokroatischen. Frankfurt a. M. u. a.: Peter Lang, 1996.

Essig, Rolf-Bernhard. Holy shit! Alles über Fluchen und Schimpfen. Berlin: Rütten & Loening, 2012.

Evans, Patricia. Worte, die wie Schläge sind. Verbaler Missbrauch in Beziehungen. Reinbek bei Hamburg: Rowohlt, 1995.

Freud, Sigmund. Der Humor. In: Alexander Mitscherlich u. a. (Hg.). Studienausgabe Bd. IV, 8 Auflage. Frankfurt a. M.: Fischer, 1994. S. 275–282.

Gauger, Hans-Martin. Das Feuchte und das Schmutzige. Kleine Linguistik der vulgären Sprache. München: C.H. Beck, 2012.

Grice, Paul. Logik und Konversation. In: Handlung, Kommunikation, Bedeutung. Georg Meggle (Hg.) Frankfurt a. M.: Suhrkamp, 1979. S. 243–265.

Gruber, Karl. Schelten und Drohungen aus dem Mittelhochdeutschen. Inaugural-Dissertation. Köln: Druckerei der Kölner Studentenburse, 1928.

Herrmann, Steffen Kitty; Krämer, Sybille; Kuch, Hannes (Hg.). Verletzende Worte. Bielefeld: transcript, 2007.

Hornscheidt, Antje; Lann, Jana Ines; Acke, Hanna (Hg.). Schimpfwörter – Beschimpfungen – Pejorisierungen. Wie in Sprache Identitäten verhandelt werden. Frankfurt a. M. u. a.: Peter Lang, 2011.

Jay, Timothy. Why we curse: A neuro-psycho-social theory of speech. Philadelphia: Benjamins, 2000.

Kiener, Franz. Das Wort als Waffe. Zur Psychologie der verbalen Aggression. Göttingen: Vandenhoek & Ruprecht, 1983.

Liebsch, Burkhard. Subtile Gewalt. Weilerswist: Velbrück Wissenschaft, 2007.

Lorenz, Konrad. Das sogenannte Böse. Zur Naturgeschichte der Aggression. Wien: Schoeler, 1965.

Nunner-Winkler, Gertrud. Überlegungen zum Gewaltbegriff. In: Gewalt. Wilhelm Heitmeyer, Hans-Georg Soeffner (Hg.). Gewalt, Frankfurt a. M.: Suhrkamp, 2004. S. 21–61.

Pfeiffer, Herbert. Das große Schimpfwörterbuch. Frankfurt a. M.: Eichborn, 1996.

Rosenberg, Marshall. Gewaltfreie Kommunikation. Eine Sprache des Lebens. Paderborn: Junfermann, 2005.

Samel, Ingrid. Einführung in die feministische Sprachwissenschaft. Berlin: Schmidt, 2000.

Schmauks, Dagmar. Rezension – Oksana Havryliv (2009): Verbale Aggression. Formen und Funktionen am Beispiel des Wienerischen. In: Kodikas/Code – Ars Semeiotica 33/1–2/2010. S. 193–197.

Sedlaczek, Robert. Wörterbuch der Alltagssprache Österreichs. Innsbruck, Wien: Haymon, 2014.

Selg, Herbert; Mees, Ulrich; Berg, Detlef (Hg.) Psychologie der Aggressivität. Göttingen: Hogrefe Verlag für Psychologie, 1997.

Seyboth, Hermann. Hohe Schule des Schimpfens. Ehrenwirth: München, 1958.

Stawyz'ka, Lesja = Ставицька Леся. Українська мова без табу. Словник нецензурої лексики та її відповідників. Київ: Критика, 2008. Ukrajins'ka mova bes tabu. Slovnyk nezensurnoji leksyky i jiji vidpovidnykiv. Kyjiw: Krytyka, 2008.

Storfer, Adolf Josef. Im Dickicht der Sprache. Passer: Wien – Leipzig – Prag, 1937.

Waldbillig, Malou. »Beschimpfen. Lustig? Beleidigend? Aggressionsabbauend?« Abschlussarbeit im Rahmen des Aufbaulehrganges Jugendarbeit. Wien: Institut für Freizeitpädagogik, 2014.

Wehle, Peter. Sprechen Sie Wienerisch? Wien: Ueberreuter, 1980.

Wittgenstein, Ludwig. Philosophische Untersuchungen. Frankfurt a. M.: Suhrkamp, 1977.

Wyss, Laure. Vorwort. In: Frei Luise. Die Frau. Scherz-, Schimpf- und Spottnamen. Frauenfeld: Huber, 1981. S. 7–1.